陈春花文集

第三集

春暖花开 ②

正在发生的未来

陈春花商业洞见

陈春花 著

华南理工大学出版社
·广州·

图书在版编目（CIP）数据

正在发生的未来：陈春花商业洞见/陈春花著.—广州：华南理工大学出版社，2018.9

（陈春花文集.第三集，春暖花开；2）

ISBN 978-7-5623-5767-4

Ⅰ.①正⋯　Ⅱ.①陈⋯　Ⅲ.①陈春花-企业管理-经验　Ⅳ.①F279.23

中国版本图书馆CIP数据核字（2018）第193428号

Zhengzai Fasheng De Weilai：Chen Chunhua Shangye Dongjian
正在发生的未来：陈春花商业洞见

陈春花　著

出 版 人：卢家明

出版发行：华南理工大学出版社
（广州五山华南理工大学17号楼，邮编510640）
http://www.scutpress.com.cn　　E-mail:scutc13@scut.edu.cn
营销部电话：020-87113487　87111048（传真）

总 策 划：卢家明

策划编辑：罗月花

责任编辑：鲁　佳　李良婷

印 刷 者：广州市新怡印务有限公司

开　　本：787mm×960mm　1/16　印张：23.5　字数：435千

版　　次：2018年9月第1版　2018年9月第1次印刷

印　　数：1~2000册

定　　价：106.00元

版权所有　盗版必究　　印装差错　负责调换

《陈春花文集》总序

对实践敬仰，守理论自信

如果不是这样的幸运，我相信这套文集不会有面世的一天。

我是幸运的。1982年开始能够在华南理工大学学习和工作，让我有机会置身于改革开放浪潮下的珠江三角洲这片热土。1992年开始，因为青年教师需要到基层学习和实践，我来到东莞厚街镇，在这里我直接接触并切身体会到乡镇经济发展的点点滴滴。之后由于学校的机缘到汕头春源集团任职，在这家香港企业家投资创办的加工企业参与管理，深入了解境外投资企业本土化的管理过程。随后，我开始有机会到康佳、TCL、科龙、美的、万和、顺德农商银行（原顺德信用合作社）、南方航空、深圳航空、南方电网、广东电信、珠江啤酒、香港星光集团、招商基金、威创股份、东方园林等企业做管理顾问工作或者主持咨询项目，与这些企业一起成长并拥有了长期近距离观察企业的机会。更有幸的是，2003—2004年出任山东六和集团总裁，2013—2016年出任新希望六和股份有限公司联席董事长兼首席执行官，2017年则接任新华都集团的工作。这些直接的管理实践，让我更清晰地理解管理研究与管理实践之间的融合度，也为我能够展开研究奠定了丰厚的企业实践基础。

而对我而言，最大的幸运是一直可以保有作为一个管理学教师和研究者的身份，与众多的商学院学生们一起学习和交流，见证和参与了中国改革开放40年间中国企业的成长与进步。这些经历无疑给了我巨大的帮助，让我能够因应企业的成长去透彻理解管理理论的价值，去理解并找寻理论的本质内涵，去发现和发展管理理论与研究的真正意义。也正因如此，在过去30年从教经历中，可以针对管理问题展开充分的讨论，并形成了这些文字。企业实践中不断涌现出新的方案，也促使我的思考、研究与写作源源不断，那些实践激荡我的想法，甚至有无法停下来的感觉，这种感觉真的很好。感恩这所大学，感恩这片热土，感恩这个时代，感恩中国，感恩中国企业实践。

研究会带来什么？

当我决定做一个教师，把教学与研究作为终生职业的时候，我并未真的理解"研究到底意味着什么"。20多年前，我把自己的研究目标确定为研究"中国本土企业成长模式"时，我和我的团队开始对研究进行了漫长而艰难的思考，其产品就是那本《领先之道》。这本书的内容是对中国企业成长的分析，在其中，我们试图回答这些问题：一些中国企业为什么可以成为领先者？这个成长的过程到底发生了什么？这些影响因素是否可以让其他企业借鉴并获得成长？对于这三个问题的追问和探讨，持续了接近30年，我们持续给出阶段性的答案，这些答案帮助到一些企业成长，也帮助了我和我的团队成长。更重要的是，对这些问题的答案的不断追寻使我持续与企业互动，并将感悟持续融入教学、研究中，让更多人去关注这三个问题，去寻找属于每个思考过这三个问题者自己的答案。接近30年持续的研究，让我可以真切地理解研究带来的贡献到底是什么，研究本身给我的帮助是什么。

我深受彼得·德鲁克先生的影响，德鲁克先生1994年写给《经济学人》主编的信中再一次重申管理研究要解决实践问题。在信中，他列举自己1950—1971年间从事管理学研究和实践的累累硕果。这一时期，他完成了自己9部主要管理学著作中的6部；这一时期，他是纽约大学研究生院的全职管理学教授，其中有10年，他还在宾夕法尼亚大学沃顿商学院任兼职教授；他的主要商业咨询活动也是在这一时期完成的。这样的研究路径，让德鲁克的著作承载着其极具旺盛生命力的管理实践思想。

德鲁克先生认为，管理研究要解答实践问题。能提出管理实践中出现的问题并解决这些问题，是管理学进步的标志。在其一系列经典著作中，德鲁克回答了管理实践研究中最根本的问题：管理作为独特的组织活动如何设定自己的结构？管理中如何面对人？管理决策的依据是什么？管理的范围如何界定？管理实践界定的标准是什么？管理的成效如何评价？当德鲁克先生清晰、准确地回答了这些问题的时候，管理实践所取得的成效成为人类历史上最激动人心的一项创新。而对于管理教育应该如何具有价值，也应该如德鲁克先生所设计的那样，让管理者"可以把课堂上学的东西立即运用到他们的实践中，同时把他们在日常工作中的经验和问题拿到课堂上进行讨论分析"。

"比使命更重要的是实践"这句话是我总结德鲁克先生经典著作《价值贡献》一文的结束语。在点评先生的信件时，我忍不住还是用这句话做结束语，但是改动了一个词"行动"——"比使命更重要的是行动"。我们一直在思考德鲁克思想旺盛生命力的来源，最后发现其长盛不衰的原因就在于，作为旁观者的德鲁克的思考是如此地贴近管理实践的真实情况，以至于后人的所有优秀作品的重要观点几乎都可以从其思想中找到根源。德鲁克的思想可以被不同的个人和组织所接受，并且应用于不同的领域。正是源于他对于管理本质的界定："管理是一种实践，其本质不在于'知'，而在于'行'，其验证不在于逻辑，而在于成果。"对于每一个管理学者而言，比使命更重要的是行动，就像德鲁克先生倾力实践他的使命一样。我是这样评价先生的，也是这样去要求自己的。

研究会带来什么？在管理学领域，研究可以解答实践问题。我的研究致力于关注中国企业的实践，那些存在于管理日常行为中的、对绩效和成长有意义的、充满着鲜明个性的却又隐含着共性价值的各种真实案例。在我看来，如果不能够真切地去观察、去理解并融入其中，是无法真正理解管理本身、无法真正理解管理理论本身的。管理研究的对象不仅仅是管理本身，同时也是管理研究及理论在管理实践中的位置，它对日常管理生活的意义，它在日常管理生活中的功能，尤其是它的思想方式和行为方式本身，都会直接或者间接地彰显着管理理论及研究的价值。如果作为管理研究学者，根本未关注到这些真实的管理对象，未能真正接受和理解这一事实，我们又怎么可能真正有对于管理理论与知识的自信呢？

波提舍（Sulpiz Boisser`ee，1783—1854）说过一句让我记忆深刻的话："对不引人注意之事的虔敬。"在19世纪的进程中，这一揶揄之词却成了充满敬意的话语，因为人们开始将许多被忽略的民间文化看作是文化的见证。每每想到这句话，我也总是对企业实践充满敬意，从1992年的东莞厚街开始，我几乎一半的时间都在与实践者交流、与实践对话，这些交流与对话，给了我用实践的视角去看待管理问题的帮助，正如哲学家恩斯特·布洛赫（Ernst Bloch）提出的警言，即我们不能隔岸钓鱼。

我也同样要求自己拿出另外一半的时间，保持与实践的距离，因为我把自己定位于一个研究学者，定位于一个让理论与研究创造价值的人，如果我完全陷入到具体的日常管理中，这又会导致我因缺少必要的时间和距离，无法去反思实践，无法去找寻理论的价值，或者只是满足于解决个案，满足于具体的实践绩效，而陷入到经验主义之中。

珠江三角洲企业的实践给了我莫大的帮助，这里有大量的企业实践、大量的创新和可见的绩效，这里区域经济发展和产业集群的功效，让我既可以看到企业成功的个案，也可以理解产业价值链的集合成效；让我既可以了解非经济因素的作用，也可以感受每一次外部环境变化对企业成长的影响；只要我踏实地走在这片土地上，这里的企业实践总是会以它们鲜活的事例，给我的研究以支撑和启示，甚至于我的很多观点完全是因为它们而得出。

保持对实践的敬仰，又坚守理论的自信，这就是过去近30年的研究带给我的帮助。正是这个帮助，让我可以安静而持续地做研究，可以真切地与中国本土企业成长互动，可以呈现出自己的思考和观点，并与企业实践做深度的对话。

研究学者会带来什么？

在我的初中学习生活中，因为宁齐堃老师，每一天我们都要提前一个小时到学校，大声朗诵《古文观止》《增广贤文》和唐宋诗词。年少的我并不知道这样的学习，对我意味着什么。到了大学的时候，我保留了阅读典籍的习惯，《大学》《论语》《道德经》《金刚经》《易经》和《六祖坛经》等，这些经书典籍的阅读，在其时我并不能够完全理解，只是因为阅读变成习惯，保持了下来。但是多年后，我才恍然大悟，这些不期然的、积极投入的朗诵和阅读，已经把这些经典沉淀在我的认知和秉性里，这些我早年并不理解的典籍，已经在多年前成了改变我人生埋入的种子。时至今日,这些看似遥远的典籍,却真实地解决了今天世事的苦恼与问题——怎样与自然相处?怎样与变化相处?怎样与人相处?怎样去发现和想象美好?选择怎样的生活?让我在今天,能够去理解"如何成为一个更好的人"和"如何创造一个更好的世界"的思维方式和可能性。

借助于怀特海在《教育的目的》一书中的一段话来说明我的想法,他在书中写道:"要用充满想象力的视角去看任何人类组织的约束力,用充满同情的眼光去看人类天赋的局限性以及唤起服务忠诚度的条件。要掌握一些养生规律、疲劳规律和保持持久耐力的条件的知识。要富有想象地理解工厂的社会影响。要对科学对现代社会的作用有充分的概念。要懂得对别人说'不'或是'好'的原则,不是出于盲目的固执,而是出于对相关可选择的方案经过理智的评估后得出的坚定回答。"

无论是中国传统文化的典籍还是有关现代大学教育作用的诠释,都给予我们有关知识的魅力和价值的理解。美国《独立宣言》的作者杰弗逊(Thomas Jefferson)曾说:"我们相信最终会证明,人是可以受理性和真理支配的。"先贤把知识比喻为一个代代相传的火炬,照亮着人类前行的路,并指向人类的理想。人类的自信心是由人类社会在获取知识进步方面所取得的成就而产生的自豪感,如果回顾人类发展的历程,进步的地方通常就是那些知识空前繁荣的地方。怀特海继续写道:"学者的作用是唤起生活中的智慧和美……一个前进中的社会需要依靠这三类人:学者、发现者和发明者。它的进步也依赖这样一个事实,即社会中的受教育人群由同时具有些许学识、发现能力和创造能力的人组成。我在这里用的'发现',指的是关于具有高度一般性的原理方面的知识进步;'发明',指的是根据当前的需求,一般原理以某些特殊方式进行应用的知识进步。"

研究学者会带来什么?在管理学领域,研究学者带来理论知识与实践经验的完美组合。我从这个组合中获益良多。我之所以能够享受到管理研究与管理实践之间的自由切换,正是基于这样的原因:一是理论研究与教学,让我得以了解较为完整的知识体系;更多的阅读让我了解丰富的案例和文献,让我可以隔开一定的距离理性地面对问题,并了解其中关联与相互的影响。二是承担具体的企业绩效成长,让我得以面对各式各样的实际问题与挑战,并与同事们寻找一个又一个解决方案，从而取得绩效实现目标；承担具体的绩效成长，让我得以承受压力而去感受管理者真实的立场和角色，从而要求自己做出理性决策并承担责任。

我明确地意识到了这种组合的完美，我们去看管理经典理论产生的背景和缘由，不难发现，那些贡献了经典管理理论的研究学者，无一不是把理论知识与实践经验完美组合的人。Coloquitt和Zapata-Phelan（2007）回顾了1963—2007年在AMJ杂志上发表的667篇文章，发现管理学领域中的大部分理论都是在20世纪50—80年代之间发展起来的。结合管理实践现象不难发现，在这个时期出现了有意思的实践现象。在20世纪50—80年代，是欧美经济快速发展、工业化进程非常高的时期，也就是在这个时期，管理实践的创新层出不穷。以前从来没有过一家工厂可以有十几万人，在大工业革命时代成为现实；以前从来没有过一个小的组织单元可以全球分布，这个时候已经做出来了；以前也从来没有过用绩效来获取收益的职业经理人。所以我们会发现，实践上做出一堆创新，研究上就会贡献出一堆新理论。管理研究和管理实践本身的合一，造就了非常多的、具有影响力的、改变世界进程的管理理论。这些理论学者共性的地方，是密切观察，并且亲身经历了他们那个时代的社会问题。更重要的是他们对已观察到的各种组织形式和实践的变异，具有很深的感受和困惑，然后试图去解答它，而且幸运的是，他们解答出来了，也就出现了相应的管理理论。因此研究与实践是本源归一的。

所以，管理研究学者的基本价值取向是：理论研究与实践经验不能分离，研究主题的选择要基于某些管理实践现实中的问题并包含着对现实的启蒙。就如《浮士德》里的句子："如果你们没有感觉，你们就不能有所追求！"在具体责任之下的、对决策结果的理解是最真实的。当你需要对几万人的成长负责、对每一个顾客负责、对每一分钱的投资负责、对利益相关者和社会负责的时候，对于管理决策本身的理解是极为深刻而清晰的，而由此对理论价值的阐述和界定也是深刻而清晰的。就如泰勒对于生产效率的理解，波特对于成本与竞争优势关系的理解，德鲁克对于知识员工价值创造的理解，他们都是把自己置身于真实的管理实践之中，寻找到有效的答案——将实践经验升华为理论知识。

康德在《实践理性批判》第一卷第一章第一节中，对实践原理下了定义，在他看来，所谓实践原理是包含意志一般决定的一些命题，这种决定在自身之下有更多的实践规则。当主体认为条件仅对自己的意志有效时，这些原理是主观的，或者是准则；当主体认为条件是客观的，对于每个理性存在者的意志均有效时，这些原理是客观的，或者就是法则。这些话的意思其实就是说只有这些实践原理对每个理性存在者都是客观有效的，才能够成为普遍受用的法则，否则就是准则了，这些准则只能主观上受用。康德还明确地指出："实践的规则始终是理性的产物，因为它指定作为手段的行为，以达到作为目的的结果。"我试着去理解康德，去理解实践理性，这也许可以帮助我们去理解研究学者的价值与意义。

研究学者必须强调学术性，必须能够运用抽象的、理论性的表述，准确的引文以及规范性训练，这是基本技能，但是这不是学术本身，即便是詹姆斯·马奇（James G. March），一个被誉为一以贯之的数理科学倾向的学者，其核心也是一直围绕着人类的各种决策过程和问题的解决过程，以及这些过程在不同组织中的表现和意义。

研究主题的选择要基于某些管理实践中的问题并包含着对现实的启蒙，这就是研究学者能够贡献的价值。《墨经》上说：知，接也。人的知觉，是与外面物质界接触而生的。我依然觉得自己幸运，可以与中国企业的实践界充分接触，从而有机会去感受管理理论知识的意义与价值，并有机会把这些理论知识借助课堂传递出去，从而见证和参与了一些企业的成长和发展。

重新创造"道"

我曾经为我的一个班的学生写过一段毕业寄语，这段话比较完整地表达了我之所以写出这样多文章的原因。毕业寄语如下：

你们无疑会成为各自领域里的未来领导者，也正因如此，你们的品性与思想将会显得更重要，因为那会影响到很多人。所以，我决定手抄《德道经》送给大家，因为这是对我影响至深的，关于"道"的启悟。

很多人都相信每个人应该是一个充分认识自我的独特个体，尤其是在互联网技术的驱动下，每个人都相信自己应该活得真实，对真理保持忠诚。所以，我们都会为"如何成为一个更好的人"和"如何创造一个更好的世界"做出努力，这也是我想教授给你们的一种世界观。

因我们拥有着共同生长的训练，你不会让自己从整个世界中抽离出来，而是让自己深深地融入现实世界中,因为你我都很清楚,唯有在实践与行动中,人的性格才会被培养出来。换句话说:我们不止于我们现在的样子,我们还可以成为更好的人。这项任务并不简单,这要求我们改变自己,而从你我认识的那一天开始,我希望改变开始发生。

我们再回到"道"。"道"并不是一个我们必须尽力遵循的"理想",而是一条通过我们自身的选择、行动与努力而不断去开拓的道路。

这套文集就是我的选择、行动与努力,集合了过去20多年我对于中国企业实践的观察、思考与判断。这套文集,我并不曾想如管理学家们,有系统、有组织、严格地、精准地,把思想凝练在一条线上,依照逻辑的推演,祈求创造出一个理论体系。我只是想把伴随中国企业成长过程中所遭遇的各种真实问题,展开真实的对话,让理论与实践之间实现动态呼应,让管理研究与管理教育,能够根植于中国企业的实践,能够面向中国企业实践,能够与企业管理者交流,并给实践以理论的回应和支持。

所以这套文集分为3集10卷,第一集《管理研究》,包含5卷,分别为:《组织与文化管理》《变革与创新》《企业家与领导力》《组织学习与知识管理》《本土管理研究》,这是我在管理学研究领域所发表的观点,我在自己定位组织与文化管理领域、关注组织与文化管理过程中所产生的问题,以及有关这些问题的答案。第二集《商业评论》,包含3卷,分别为:《经营》《管理》《成长》,这是围绕着每个阶段现实案例和企业实践所面对的现实问题而展开的思考,我曾经分别在主要的财经杂志开设专栏,及时与大家探讨中国企业面临的现实问题,并给出我自己的答案。第三集《春暖花开》,包含2卷,分别为:《不为彼岸只为海:陈春花人生感悟》和《正在发生的未来:陈春花商业洞见》,这是在我所主持的微信公众号"春暖花开"上所发布的一系列的随笔,虽然不是全部,但是也收入了大部分。在"春暖花开"公众号上,我不仅仅关注企业管理实践,也关注人们的日常生活,甚至是人生部分的自我管理与自我成长,这是我另外一部分的价值创造。

整理这套文集出版,是接受了华南理工大学出版社卢家明社长的建议,社长从学术价值如何得以更持久展开的视角,尤其是对于中国改革开放40年取得成效的视角,给了我这个建议,让我深受感动和鼓舞;编审罗月花老师细心地和我探讨具体的内容安排、文体以及相应的建议和帮助，罗老师从其专业的视角给出明确的指引和帮助，让我下定决心整理这套文集。整理这套文集整整花费了10个月的时间，在这10个月的时间里，苏涛、程城、李芷慧、王霞、袁璐、蔡明峡、刘祯一直陪伴着我，刘祯最后还承担了分类和分卷的工作。这些工作需要极大的耐心和细心，需要专注与认真，当我看到最后文集总成的文稿时，内心充满了感激，感恩学生们与我在一起，激励并启发我。而在这套文集整理好交付给出版社后，华南理工大学出版基金又给予了巨大的支持，让这套文集得以呈现在大家面前，正如我开篇说的那样，能够在华南理工大学学习与工作，是我的大幸！

整理出版这套文集，我需要着重强调，我坚持持续研究写作，也是为了鼓励我的同仁们采取行动。管理本身是知行合一的，而其核心在于"行"。在过去40年中国企业成长的过程中，管理研究与管理教育产生了很大的影响并贡献了价值，但是在学界和实践界也一直存在着质疑，质疑管理研究是否对管理实践真正发挥了应有的价值影响。我对这种质疑深表理解，但依然坚持认为管理研究与管理实践是合一的，并确信管理理论能够解决管理实践的问题，我是这样想的，也是这样做的，并借此希望，我的写作能够起到一种作用，促使管理学界付诸行动，让自己的研究面向企业实践，面对现实问题并对现实启蒙。

对中国企业来讲，我们来到了一个最重要的时代机遇点。这是中国企业从未有过的一个时间点，我们在改革开放40年前里一直都在跟随西方先进企业，并没有太多的优势，无论是在规模上，还是在技术、人才和资本积累上，都无法与传统强国企业竞争。但是，我们来到了一个特殊的时间点，互联网技术使得数据、协同、智能等全新的生产力要素能高效组合在一起，也就重构了整个商业系统。

处在整个商业系统重构的今天，无论是中国企业还是世界企业，都重新站在同一条起跑线上。所以，有人跟我讲我们要不要做"弯道超车"，我不同意这个词。我们今天没有弯道，我们共同站在一个全新的起点上，我们不需要在弯道超越谁，只需要站在一个新起点上重新开始就可以。

而且已有很多中国企业的确做到了。在彭博社公布的2017年4月份全球市值排名榜中，中国有两家企业进入前十，这在以前是不可思议的，可见中国企业进步的速度是非常快的。在2017年世界500强的名单中，无论是中国的国有企业，还是民营企业，都在彰显着它们的中国力量，也越来越多进入世界500强的排行榜。再看看中国的"新四大发明"以及很多的优秀产品案例,其实中国企业正在悄然地改变着世界。不仅仅是在规模和市值方面,我觉得最重要的是中国企业开始真正去创造一些全新的价值,这个价值跟人类所追寻的美好生活相关,蕴含着生活的意义。

如果说中国企业已经来到最好的时代机遇点上,这也同样意味着中国管理研究也已经来到最好的时代机遇点上。说到致敬改革开放40年,我们最好的致敬方式就是:站在这个时代最好的机遇点上,昂然走出一条全新的道路来。这条道路如果按照十九大的报告,用国家领导人的说法就是"中国智慧和中国方案"。我相信经历了改革开放40年的中国实践,肯定会为世界贡献一个优秀的中国方案,这就是我们研究学者的价值贡献,这是使命更是行动!

陈春花

2018年1月3日于朗润园

第三集

序

春到浓时花自开

"春到浓时花自开"这句话是2015年立春日"春暖花开"公众微信号发刊词的标题。我在发刊词中写出来说明自己开设这个公众号的缘由。"微博出现，我还是固守写信的习惯，希望能够沉淀自己的想法，获得真正的交流和回馈，保留属于自己的思考空间。直到有一天，发现别人在用'陈春花教授'开设微博时，我忽然明白，这个时代，你不去与别人沟通，别人会'帮'你沟通。也许在某些地方我仍固执和保守，依然确信写信仍是我的喜爱。但是知道自己需要融入时代，才可与变化共舞，这是我开启微信公众号的缘由。"

但是创刊之时，坦白讲，我并未深刻理解这个选择对于自己是多么大的挑战，当时间来到2018年1月时，也就是"春暖花开"将要迎来第三个立春周年日的时候，我已经深深地知道，这份选择是一个巨大的挑战，我唯有竭力前行。

快三年的时间里，我把"春暖花开"看成是自己的禅修之地，也许是用一种修行的态度来对待这份选择，让我可以很从容地、安心地并充满喜悦和感恩地去努力。每一天、每一周、每一个月、每一年，与公众号运营小伙伴们持续地耕耘着这个田园。到了2017年，"春暖花开"已经影响到了接近700万的人群，每每念及此，我更不敢有半点懈怠。

持续的管理研究，一方面需要自己不断地关注环境变化，关注企业实践。另外一方面也需要回归本心，需要自己不断地关注内心，关注人性，这也是在"春暖花开"中，我每一周都要安排一篇随笔发布，每一天都有"每日花语"发布的缘由。在我浅显的认知里，曾经以为每个人都沉迷在物质世界的追求里，认为一个被物质文明所惯纵的人，怎么可能有着强韧的精神？而没有强韧的精神的人，又怎样可以具有品格，又怎样可以具有"商道"呢？

其实，人们在不断地为了摆脱物质贫困的状态，为了过上富裕生活而拼命劳作的时候，精神同样获得了富足的提升，也理解了和力行了财富的价值，正如我把"春暖花开"作为禅修之地一样，人们也可以把商业之地变成精神提升之地，从而获得升华。因为最好的"生意"，正是呈现生活的意义。

每个人都需要问自己为什么要做这件事情，必须知道这件事情本身带来的快乐是什么，就如我现在需要先问自己为什么要开设"春暖花开"一样，我想这份快乐是来自于呼应变化、顺应时代、挑战自己并由此获得的成长。

记得到不丹禅修时仁波切讲过的一个故事：一个很穷苦的人，住在一个藏着黄金的屋子里，因为他并不知道所住的屋子底下藏有很多黄金，所以他一直很贫困。如果他早知道屋子底下有黄金，他早拿出来，生活就会好起来而不至于贫困。这就是人生的寓意，其实自己的黄金屋就在自己的脚下。快乐不依赖于外在，而依赖于内心，这是极其简单的道理，而"春暖花开"就是我的"黄金屋"。

继续在发刊词中写道："因为名字的缘故，我喜欢春天，喜欢春暖花开的感觉，恰巧今天是2015年立春之日，一早起来看到学生们发来的问候，远在悉尼的正在上课的新加坡国立大学的学生们用接龙的方式，在微信中让'春暖花开'延展开来。所以一直以为，一切都是顺势而为，哪怕遇到逆境，也可逆来顺受，单纯地，按照自然和内心去做即可，春到浓时花自开。"

陈春花

2018年1月18日 于福州

目录

第一部分　环境观

2015：正在发生的未来　/ 002

互联网不是关键，走到顾客端才是关键　/ 005

再论互联网2.0时代，传统企业的"春天到来了"　/ 008

平衡现在与未来的3个方法　/ 011

2016年的关键词　/ 016

管理进步了，未来中国经济才能真正飞速增长　/ 019

从的士行业变化看行业面临的不确定性　/ 023

四个观点支撑我应对挑战和变化　/ 025

2016年：自我生长才可应对　/ 029

面对不确定性　/ 033

在巨变的环境下：企业如何获得可持续增长　/ 037

关键是实现价值增长　/ 039

如何从业务中创造价值　/ 041

具体行动的六点建议　/ 044

懂管理变得比任何时候都重要　　/ 047
环境变化的这几个重要特征你知道吗　　/ 052
组织处在不确定的商业世界，
这四个层面的思考你都做到了吗　　/ 055
以未来决定现在　/ 059
为什么"计划没有变化快"　/ 063
中国管理模式的机遇　/ 065
2052年，世界将迎接什么　/ 069
中国管理模式研究之道　/ 072
2017年关键词　/ 076
2017年：需要定力来面对不确定性　/ 081
危机的本质是机遇　/ 084
如何面对数字化生存模式　/ 088

第二部分 战略观

企业必须关注的十类问题 / 092

互联网2.0时代到来：传统企业与互联网企业价值共生 / 095

超越变化的四个关键选择 / 098

必须转型，因为这两点 / 100

转型，让改变在"现场"发生 / 104

转型出现"冲突"怎么办 / 108

转型必须"向自己挑战" / 113

转型必备的四个新技能 / 117

这五个企业浴火转型，值得学习 / 121

重拾经营之本质 / 124

小米没有卖"手机"，褚橙没有卖"橙子" / 128

英雄领袖：确立价值观 / 132

缺少这三样东西，中国企业何以走得更远 / 134

企业保持螺旋上升的法宝居然是保守的财务制度 / 138

与任正非先生：围炉日话 / 142

比全球化更重要的是全球思维 / 147

转型比创新更难，只有改变才能成长 / 151

在不确定的环境下企业需要全新的战略出发点 / 153

无论营销模式怎么变，都要在这四个层面上做出努力 / 157

战略思维就是选择不做什么 / 161

价值增长的两个关键问题：在哪里增长和如何增长 / 164

企业实现服务转型要做哪些准备 / 167

赋予产品"生命的意义" / 171

"生意"就是"生活的意义" / 176

第三部分　组织观

变革的"死穴与生机" / 180

激活组织，需要坚持的八个原则 / 183

调整心态，享受变化 / 186

多变环境下的管理创新　　/　188

让谷歌来告诉你：如何避免大企业式下滑　　/　193

如何提升管理水平和能力？请先看看组织管理四大命题　　/　196

你是否搞混了高层、中层、基层的职责　　/　199

走进GE无边界组织：互联时代企业如何运行　　/　202

张瑞敏经典问答：如何让石头浮起来　　/　205

重新理解组织管理的核心命题　　/　208

组织因目标而存在　　/　213

企业管理就是简化、简化、再简化　　/　215

信息共享可以更好地激活组织活力　　/　218

激活组织就是一个集合智慧的过程　　/　220

重塑边界已经成为事实　　/　226

管理者为什么要成为企业的布道者　　/　230

决定企业文化变革成功的四个关键要素　　/　233

如何设计一个有效的组织结构　　/　236

第四部分　人才观

经营转型对经理人的要求　/ 240

落地执行，才有美好：与管理团队的第七封交流信　/ 243

当代中国需要更多像任正非这样的"商业思想家"　/ 250

激活个体，"变"及雇佣　/ 252

管理者如何表达对员工的尊重　/ 255

你是否乐于接受这样的管理理念　/ 259

如何建立信任，激活员工　/ 262

要与对的人在一起　/ 264

牢记三个特征，助你找到对的人　/ 267

为顺丰总裁点赞：管理就是向下负责　/ 270

稻盛先生的爱人和利他　/ 273

企业如何激发"80后""90后"　/ 275

产品没有市场竞争力，你给一线员工授权了么　/ 278

转型成功，人的因素最关键　/ 281

最好的管理方式是人先于利润　/ 283

要学会摒弃个人决策的局限性　/ 285

管理好员工的期望值 / 288

手比头高——比使命更重要的是行动 / 292

第五部分　绩效观

卓有成效，你理解对了吗 / 298

德鲁克：企业的目的就是"创造顾客" / 301

德鲁克：成长必须健康才能有效 / 304

顾客是唯一能够解雇我们的人 / 306

三个提示教你如何制定高效工作计划 / 310

从"做完"到"做好"，你需要遵循这三条法则 / 315

向自己挑战！任正非：今天的市场竞争是"班长战争" / 317

领导者的气质与魅力能否决定企业的成败 / 319

医治大公司病，症结在哪里 / 321

下一轮的赢者可能是你 / 323

为什么从事管理工作多年执行力依然不足 / 325

企业停滞不前？是你的组织结构出了问题 / 327

年底了，明年目标究竟应该怎么设定 / 331

企业文化真是竞争优势的来源吗 / 334

领导力不够？做好这三点试试 / 337

服务的真谛是用心和创意带给顾客超值的体验 / 340

管理总是失控？我们需要改变的四个习惯 / 342

管理能力的提升唯有知行合一 / 345

有价值的服务要让顾客来决定 / 349

第一部分

环境观

2015：
正在发生的未来

从将要进入2015年开始，我就问自己，该怎样去理解2015年？或者新一年的环境变化到底该如何描绘？又该如何应对？

如果倾听身边的声音，不难发现，人们对于今天所处环境的描述是那样地统一：不确定性、不可预测性、多变性、复杂性；互联网技术、移动技术、大数据这些词汇直接成为代表生活方式的术语。而从我的角度去看，我用"正在发生的未来"来表达2015年后开始的环境基本特征。

"正在发生的未来"意味着现在所发生的一切，具有未来的属性，未来本身就是现在。这样说起来似乎有些拗口，但这的确是一个真正要面对的事实，那就是未来正在现实中不断地发生和生成，互联网不再代表过去，而是代表一切可能；存在不再是单纯的现实，而是变化的现实，存在本身就是变化。

2014年两部电影《超体》（Lucy）与《星际穿越》（Interstellar），前一部是法国导演吕克·贝松执导的科幻动作片，后一部是克里斯托弗·诺兰执导的一部原创科幻冒险电影。对这两部片子很多人有不同的解读，但是我认为它们可以很好地表达我对于2015年环境的认知。

吕克·贝松的《超体》在约2个小时的时间里探讨"时间与生命"这个宏大的命题。电影中的教授说："细胞的一切活动都是为了获得更多的时间。在适宜的环境下，细胞选择繁衍，成为大量个体的集合；在恶劣的环境下，细胞选择永生，成为独立的个体。这是否就是生命最终的意义呢？"

影片到最后，女主角露西消失了，留下来的是一个巨大的闪盘，电影结尾响起露西的画外音："生命是在10亿年前被赋予我们，现在你知道能用它来做什么。"的确，世间万物是一体的，而存在只有通过实践才能证明。我们是否真的理解，生命的力量和美妙，是透过你的每一个行动去感知的。只要行动，生命就在焕发魅力；只要让每个时间充满价值，生命就拥有了意义。所以生命的每一个瞬间都是对于未来的选择，无论是选择繁衍还是选择独立个体生存，每一个选择都是已发生的未来。

克里斯托弗·诺兰的《星际穿越》通篇只是最真实的目的、最艰难的抉择和最现实的挑战，这就是触手可及的未来、人类最可能遇到的麻烦。

片中的科学概念，我应该未能很好地把握。不过，这部片子给了我内心的触动，未来似乎就在我们触手可及的地方，只要更多人为此努力，我们的足迹一定会行至更远。

片子给我真正的启示是：人类返回家园是最初的选择。Brand教授反复念及的诗句，这就是指引人类的明灯，同时也是导演诺兰向观众传达的意思，所有遥远的未知都不及Cooper对女儿突破次元的爱。爱是推动一切的关键要素，影片的两个关键词分别是"爱"与"重力"，唯有这两者可以穿越时空。所以当影片出现两个空间中父亲看女儿的画面时，眼前正在发生的一切，也是未来发生的一切。

这两部片子刚好可以诠释我对于2015年环境的基本认知，一个"正在发生的未来"。这样的环境特征，就要求无论是企业还是个人，要有能力与变化共存，要能够组合变化的要素，以及具有未来属性的能力，要真正寻求核心价值并有能力让核心价值最大化。这样的理解，让我对2015年经营环境做出了判断。

从经营的宏观环境去看：

关键词一："互联与融合"

2015年最关键的是选择和什么样的人或者企业合作，与谁融合在一起；如果你不能够和更多资源有效组合在一起，你可能就不符合这个时代的首要特征了。

关键词二："线上与线下"

更大的互动才会带来机会，为什么会有B2C、B2B、B2B2C、O2O等这么多的商业模式，就是要增加与变化融合的机会，就是要组合更多的变化要素。

关键词三："知识与资本"

今天价值驱动力来源于这两者的原因是，它们具有真正变化的内在驱动力，无论是知识还是资本，增值是其核心属性，所以是它们在最大限度地发挥作用，创造市场价值。

从经营的微观环境去看：

关键词一:"生产效率"

在2015年,关键还是看你的生产力够不够,这才是你真正的竞争力,所有资源整合和创新,最终还是要产出有效,足够的效率也会让企业拥有平衡变化的能力。

关键词二:"回归产品"

回归产品本质,把产品做到极致。大家不用担心互联网,认真把产品做好,很多人会来与你互联,如果可以连接到最有价值的资源,引领市场变化的将会是你,而不是你的对手。

关键词三:"与顾客互动"

顾客(包括用户)在今天具有一个从未有过的特殊性,那就是让一切皆可发生。请大家想想,是"小米"成就了"米粉",还是"米粉"成就了"小米"?是阿里巴巴成就了"双十一",还是"双十一"这一天线上数以万计的消费者成就了阿里巴巴?所以让顾客去了解你,把顾客嵌入公司的内部流程,与顾客在一起,这是关键。

我们都知道中国经济进入新常态,这需要每个企业从全新的角度去寻求新的增长方式。但是,如果你可以用"正在发生的未来"来理解外部环境,从变化中寻找机会,在我看来,不是机会变少了,而是机会变得更多了。这样的2015年,你准备好与之相处了吗?

(原载:春暖花开公众号,2015年2月7日)

互联网不是关键，
走到顾客端才是关键

　　一个企业能不能走得很好，并不是取决于今天所拥有的一切，而是取决于今天做的事情能不能让它在未来还有竞争力，这是通常意义说的战略，战略思维就是"以未来决定现在"。理解战略就一定会知道，未来一段时间内什么是市场的关键要素，并确保今天必须去做。

　　所以企业经营者需要了解变化的趋势并做出选择和行动安排。我们从战略的视角来看变化，可以比较容易去理解企业发展变化所对应需要做出的选择。

　　企业在过去的创业阶段，因需要确立市场地位，核心的目标就是规模增长。早期中国领先企业的发展，之所以能够成功，就是把握了规模发展的机会。如海尔、美的、格力、TCL、国美、苏宁、联想、新希望等等，这些都是规模增长最快的公司，它们在企业发展第一个阶段，都做得很好，为未来的发展奠定了坚实的基础。同样，那些没有了解到此阶段规模重要性的公司，虽然曾经很赚钱，但是无法度过第一阶段。20世纪80年代创业，90年代还非常好的企业，在今天已经没有太多的竞争力，甚至被淘汰出局，其背后的原因就是规模不够。

　　在今天，规模不再是最重要的，重要的是让顾客感知你的价值，其核心就是改变商业模式。很多企业都会有过这样的感受，企业一直保持增长，但是增长到一个阶段，就无法再继续增长，甚至开始出现下滑。这是因为企业不能再依赖于原有增长的方式，要想增长，就要靠商业模式的改变，这是一个基本的企业发展逻辑。在20多年的企业发展研究中，我理解并感受到这样的危机，如果不从原有的规模增长方式转变为新的商业模式，企业是会被淘汰的。

　　同样的问题IBM也在20世纪90年代遭遇过，产品与技术的模式让IBM高速发展，但是高速发展之后，没有商业模式的转变，使得IBM出现了业绩大幅下滑，甚至到了亏损的地步。郭士纳到任，进行全面的商业模式改变，从以产品与技术为中心的导向，转向以顾客为中心的导向，让顾客感知到IBM直接为其创造的价值。因为商业模式的改变，IBM重新获得增长。

IBM的结论是，企业从第二阶段向第三阶段过渡，要能够拥有构建前端业务线的能力。我举一些例子，在电脑产业链上有很多关键的价值环节，如芯片、整机、处理器、操作系统等等，这些产业链上各个环节整合在一起，形成顾客所需的完整价值创造。但是随着行业的发展，很多非常优秀的企业被淘汰掉了，IBM也在2004年把PC卖掉，因在PC行业中，顾客并不是买IBM或者买联想，买的是"微软操作系统＋英特尔公司芯片"，操作系统与芯片就叫前端业务线。前端业务线是什么？就是直接与顾客沟通的部分，让顾客直接感知的价值。前端业务线能力是什么？就是强调实现客户服务和客户体验的能力。

中国企业已经经历了30年的发展，有相当多的一部分企业进入到企业发展的第二阶段，也就是通常所说的"二次创业"。所以对于一个企业经营者而言，必须反问自己，我的企业发展模式是否具有前端业务线的能力？是否能够直接让顾客感知价值？我之所以带领我的同事们一起做新希望六和的转型，是因为过去的"公司＋农户"模式，不具有前端业务线的能力，"公司＋农户"是一个后端业务线。对我们这个行业来讲，与食品相关的能力才是前端业务线的能力，让消费者直接感知价值是前端业务线的能力，所以我们才把整个公司的战略调到"基地＋终端"模式，我才将养殖端的价值创造能力延伸到终端消费者端。

请大家一定要理解，传统制造企业相比于新兴的互联网企业，为什么有焦虑之感，为什么会危机更重？相反，新兴的互联网企业为什么可以发展如此迅速，为什么会具有快速打造品牌的能力？其根本的原因是：传统制造企业并未能够直接让顾客感知其价值，而新兴互联网企业本身就与顾客在一起创造价值。

很多人问我，传统制造企业如何面对互联网带来的冲击，我的回答很明确，传统制造企业拥有后端业务线能力，而后端业务线最重要的是提高效率、降低成本、保障品质，所以越简单越好。后端业务线尽量简化，尽量高效，尽量快速，就会让传统制造企业具有了后端业务线优势。同时必须具有打造前端业务线的能力，让自己后端业务线的能力能够延伸到顾客直接感知的价值上，这样才能保证企业在新的发展阶段，增长速度变快。

苹果公司是个典型的例子，苹果公司理解到，重要的是要让产品能够与顾客直接互动，所以乔布斯把手机全面简化，简约再简约，使其变成了移动终端。小米是另外一个典型例子，小米以最高的效率和最有效的成本生产小米手机，小米同时以最高的效率和最有效的方式与"米粉"互动，让"米粉"们直接感知小米手机的价值。

阿里巴巴、腾讯、小米这些新兴企业高速成长，很多人归结为互联网带来的影响，我不反对这一观点，但是我认为这个观点并未找到根本原因。这些新兴企业之所以发展得很好，是因为他们直接构建前端业务线，直接与顾客在一起，而大部分传统制造企业是拥有后端业务线，无法让顾客直接感知其价值，这是两者在今天发展情形完全不同的根本原因。

在我看来，互联网是工具，是商业模式，更是生活方式，所以对所有企业来说，挑战和机遇是一样的。如何真正获得发展空间和契机，取决于你是否拥有前端业务线的能力，是否真正走到顾客端，与顾客沟通，让顾客直接感知你的价值创造，或者与你一起创造价值。

今天与以往所不同的是，互联网让企业创造价值的能力更容易被顾客感知，企业可以更快速地集聚顾客。如果可以这样理解，我相信无论是新兴的互联网企业，还是传统的制造企业，机会是一样的。

（原载：春暖花开公众号，2015年2月12日）

再论互联网2.0时代，传统企业的"春天到来了"

2015年3月16日新闻联播当中的主题"互联网＋农业，打开创业新空间"时长达5分钟，报道了农业"触电"，利用"大数据"提升生产效率，融合农村信息化与农业互联网，快速推动产业发展，吸引越来越多的年轻人积极投身农业创业。而我前天发表的文章核心观点是：互联网2.0的时代到来，传统企业的价值创造回归到来。这个时代的创新价值在于：产品至上、服务为王、共生经济。说得夸张一点，是传统企业给互联网企业一个新的发展机遇。新闻联播播出之后，有人发信息问我，为什么我能够提前做出判断，我想再从另外一些角度来做出阐述。

今晚刚好和彭剑锋、施炜两位老师进行交流，两位老师也很认同我的判断，并给出具体的案例来做说明，正好正和岛也在做我们"三人行"的对话节目，一些不同视角的阐述，大家很快会看到，我先继续论述我的观点，与大家分享。

我们还是先回到企业的本质和企业家的本质上来思考，应该更能够说明问题。

在我看来，真正影响企业持续成功的主要重心不是公司的策略目标，不是技术，不是资金，也不是发展策略的流程，而是专注、集中焦点为顾客创造价值的力量。企业因为什么而存在是一个非常明确的答案：企业因顾客而存在。德鲁克先生也很直截了当地表明了自己的立场：企业只有一个定义，那就是创造顾客。所以背离顾客价值的选择都是错误的，如果企业不能够让自己的战略原点放在顾客价值的这一端，一定是会被顾客淘汰的。

商业模式成功，都是取决于一个组织建立客户价值的核心逻辑。任何一个商业模式都是一个由客户价值、企业资源和能力、盈利方式构成的三维立体模式，企业资源和能力以及盈利方式的构成是企业经营模式的设计。对于传统企业而言，从商业模式本身去看，客户价值主张并没有问题，出问题的是具体经营模式。

传统企业在自己发展的过程中，非常清楚企业存活的理由，也非常清楚自己与顾客的关系，更清楚顾客价值创造才是企业的根本追求。但是为什么在我称之为互联网1.0时代，出现"集体焦虑"，究其原因，互联网不仅仅是技术，更是生活方式，是从未有过的全新顾客价值体验。这种全新的顾客价值属性，传统企业从原有的商业模式中，无法找到理解的途径。而新兴的互联网企业，正好迎合了拥有互联网思维和生活方式的"新族群"的价值需求，而这个族群又具有愿意尝试新东西的习惯，顾客新需求和新顾客两个因素的叠加，给新兴互联网企业一个机会窗口，而让传统企业应对不及。

到了今天，传统企业从最初的慌乱与迷茫中苏醒过来，新顾客也从单纯互联网工具化思维回归到理性思维，新兴企业也从消费端转向产品和服务端，小米模式可以说是一个非常有价值的创造，雷军总结小米模式的五点经验，也正说明了基于产业价值的互联网企业的商业模式核心要素。雷军总结的小米模式如下：①真材实料；②尽可能砍掉成本，提高效率；③人人参与，人人与顾客互动；④用硬件搭平台，用软件做服务；⑤打造生态链。小米模式从商业模式的角度去看，更适合于传统企业商业模式的转型。

所以，传统企业只要能够转变经营模式，就会找到符合这一时代的商业模式，而此时做经营模式转变，无论是互联网带来的信息对称，还是互联网企业本身的可持续发展，都提供了最佳的时机和帮助。

以手机为例，以往各厂家要生产尽可能多的产品型号，每种型号还要提供不同配置的多种细分产品，还要有几种甚至十几种外壳颜色提供给消费者作为个性化选择；但是今天无论是苹果还是小米，只是提供非常精简的产品型号，把一个产品做到极致就可以了。这个改变意味着什么？请大家仔细去思考。互联网以及互联网企业能够提供更加细分的多样化选择，这也恰恰让产品可以更为精准地与顾客对接，让顾客价值最大化得以实现。

我很喜欢腾讯与春晚互动发红包这个案例，腾讯早在2005年9月推出专业在线支付平台财付通。2013年7月3日，微信5.0版本上线微信支付功能。然而，数据显示，财付通远不能撼动支付宝的大哥地位。但是2015年春节晚会，这一切被颠覆，除夕全天微信红包收发总量达10.1亿次，祝福在185个国家传递了3万亿公里。腾讯的确是最大的赢家，但是央视春晚也一样获得属于自己的胜利，央视春晚微信摇一摇互动总量达110亿次，又给了大家一个看春晚的理由。

今天，只需要传统企业能够真正开放自己，把自己变成平台，让互联网企业能够与这个平台对接；只需要传统企业真正做好产品，把产品做到极致，让互联网企业能够愿意把产品价值交付给顾客；只需要传统企业能够释放产业价值，把专业性表达出来，让互联网企业能够把专业性转化为对顾客的服务。传统企业只要做到平台开放、产品极致和专业服务，互联网企业就一定会与其融合，一起释放产业价值，并迎来一个更为巨大的新商业时代。

历史似乎总是进行着一次又一次有趣的轮回。五百多年前，哥伦布使用简陋至极的导航技术穿越海平面，并安全返航，以此证明"世界是圆的"。他们在茫茫大海中折腾了71个昼夜，一直到1492年10月12日凌晨，才发现第一块陆地。哥伦布深信他脚下所踩的正是印度，而实际上，那是后来被命名为"亚美利加洲（America美洲）"的崭新大陆。

几个世纪后，美国最受欢迎的专栏作家托马斯·弗里德曼去到真正的印度，同样进行了一次目的地为"印度"的旅行。他将自己比作现代版的哥伦布，并向世界得出了与哥伦布截然相反的结论。在将近500页的著作中，他竭尽全力地证明"世界是平的"。

这段有趣的历史轮回，是否也是传统企业与互联网之间的价值发现之途？

（原载：春暖花开公众号，2015年3月18日）

平衡现在与未来的3个方法

转型最大的挑战就是如何做好当期，又能够转向未来。多年前我特别喜欢IBM前总裁彭明盛说的一句话"变革当趁好时光"，这句话在我看来，是提醒大家，变革需要付出成本，需要时间，如果企业在经营良好的情形下，可以从容去做转型与变革。我很认同这句话，但是也非常清楚，中国大部分企业在好时光的时候，并没有去做转型和变革的事情，而是想趁着好行情，把属于自己的机会全部拿完，根本没有想去做改变的事情。往往在企业遭遇到困境，或者行情不好，或者市场发生根本性变化的时候，不得不做出改变，此时已经不是企业好时光，这也是为什么中国企业做转型和变革如此困难的根本原因。

但是，即使企业处在不好的光景里，正如之前的文章所阐述的那样，技术与市场的变化，要求企业必须做出改变，作为企业的领导者，就需要在转型与变革中，既要把当期业绩做好，又要为未来成长做出投入，这的确是非常困难的事情，但是也是确保转型成功必须要做的事情。如何做到这两者的平衡呢？需要在行动中做出安排。

方法1：用不亚于任何人的努力改造当期业务

我切身体验到，当公司处在一个需要转变的时刻，你和你的团队能够在转变中，不惊慌、不烦躁、不迷茫，是作为管理者首先需要解决的问题。因为转型首先要解决持续经营的压力，当期业务如果解决不好，就很容易造成员工莫衷一是、失去信心与动力。

与公司的同事们在一起工作，让我亲眼看到一个团队拥有奋发而为的激情、克服困难的决心和能力、寻求发展的强烈欲望，以及对事业和工作的专注时，他们可以远离家园坚守异国他乡，踏实打造转型目标的核心基础。因为他们坚信公司的事业一定可以在这里落地、生根、开花、结果，也因此缔造出一个又一个奇迹。而之前大家会认为这是完全不可能的事情。

我也看到有的区域团队，因为上半年的经营情况非常糟糕，大家对于是否能够如期完成全年目标，是否能够如期完成业绩承诺持怀疑的态度。正是由于过度强调客观环境，认为行情绝不可能大逆转，抱着悲观态度，认为奇迹绝对不可能发生——奇迹最终也没有发生。

当我在布局几大特区同时转型调整的时候，有不少人告诉我调整的步伐太快了，一定会失败，一定会出问题，一定会乱，一定会……但同样有不少人，全力转型、克服各种困难、抛开自我界限、努力配合协同，快速恢复区域竞争能力，深入了解产品力的结构，从品质和成本入手，从协调和约束着力，仅仅2个月的时间就已经开创出了全新的局面，因为他们坚信聚焦区域的发展、聚焦顾客价值的创造，一定会获得市场的认同。

为什么一个公司的不同团队会存在截然不同的情形？我从成功推进市场、积极转型的团队那里收到极大的鼓舞，也因此看到了努力行动的力量。

转型首先遇到的肯定是困难，当下的行情、消费的状态、宏观经济的不确定性、既有经营压力的传递等，都是实实在在的客观存在。甚至组织本身也有着许多问题，经理人的待遇、公司文化的不适应、同行发展的诱惑、成长空间的压力、组织内部的不协调等，也都是实实在在的现状。但是，当你眼里只是盯着这些似乎天大的障碍时，也封闭了脚下的路。你根本看不到公司目前的规模、产品、市场理解能力、团队基础等，以及正在变化的消费需求本身，都是实实在在的机会。那么，你也根本看不到雨后的彩虹。

是的，关键是你是否确信自己可以解决这些困难，转变这些现状。关键是你能否付出不亚于任何人的努力。当期业务都是团队成员自己所熟悉的业务，之所以遭遇到困境，客观环境一定是原因，但是客观环境也是同行都遭遇到的环境，所以只要解决自己内部的问题，就可以取得好的绩效，而内部问题的解决只需要我们自己做出努力即可。

大前研一的著作《专业主义》中有这样一段话："无论是国家、企业还是个人，都非常需要具备使自己的肉体和精神在未知的空间中经受锻炼的气魄。"这段话留给我深刻的印象，所有能够战胜挑战，不断创造奇迹的人或者组织，都是全力以赴，专注于所追求的目标的。耐克公司的菲尔·奈特说："即使是想开餐馆，如果没有每天在厨房工作23小时的思想准备，那么还是放弃为好。""如果不能够专注于自己的工作，目不斜视地埋头于自己的工作，便无法成就事业。""我别的什么都没有了，只剩下这件事。"——只有对这项工作如此专注，并时刻记住这一点，就必定会获得发展达成目标。

方法2：用组织效率和顾客语言创造当期业绩

如果用心观察就会发现一个共性，那些急需转型的企业，之前随着组织的日益庞大，也日渐远离了消费者，组织成员更多会被公司的管理事务所困惑，会本能地恐惧转型带来的压力。若此，又何谈介入顾客的价值创造中？忘记了初心，不专注于客户端，又如何获得当期绩效和市场价值呢？

中国企业发展到今天，营销的基本要素已经在行业中扎根，如回归顾客、产品品质、满足顾客需求等，成本要素、规模要素、产品服务、技术创新等已经普遍在行业内展开。从外部而言，行业同质化竞争带来压力和困扰；从内部看，效率低下，内耗以及没有创造活力带来的增长乏力。这两者使得你的企业无法从创造顾客的价值中脱颖而出。如果做一个推断，当同行都在做相同的事情时，"组织效率"和"顾客语言"才是帮助你走出困境的核心要素。

组织效率：企业发展到一定的阶段，内部效率会成为一个影响当期业绩的重要因素，从职能、分工、流程、会议、决策以及资源的使用，每个环节都会产生冗余。更大的消耗是在工作习惯以及固有的经验上，因为之前的成功使得很多经理人非常自信于自己的经验，学习能力甚至也因此而衰退，这一切会导致组织效率非常低下。同时，因为组织结构的稳定性不容易被打破，决策者往往离市场和顾客很远，让本来就低效的决策，有可能本身就不符合顾客或者市场的要求。如果你可以在组织效率上做出改善，可以确信，经营的能力就会得到提升，从而实现当期业绩目标。

顾客语言：任何企业想获得业务上的绩效，一定是要与顾客在一起，让顾客选择你。我曾经谈论过这个话题，自己给了一个概念，叫作"顾客语言"，也就是让顾客能够听懂你，理解你为他所做的事情的价值。当顾客转了一圈后发现，原来有一个企业给他的正是他所关注的一切，无论是自身的成长、盈利还是抵抗风险的对策，都是他日思夜想的问题。这种"语言"让顾客与这个企业完全融合在一起，根本无法区分，甚至是一个共同工作体，工作标准、模式以及流程完全融合在一起。当企业拥有了专注于这样的"顾客语言"时，顾客会帮助你实现当期业绩目标。

我至今记得美的人为了设计出"供应商成长模式",从产品研发到制造流程规划,以及培训学习的设计和实施,都是完整的供应商解决方案,都是完整的供应商语言。记得有一次参加美的供应商年度会议,整个会议的议题就是讨论每一个供应商在新的年度里面,如何获得盈利和提升规模,提升的路径和方式是什么?美的专注于供应商建设的努力,使得它能够在拥有千亿规模的时候,依然可以获得稳健的增长和有效的盈利。

我们都很清楚,业绩的获得一定是与顾客在一起,一定是为顾客成长作出贡献,但是更多的中国企业是规模至上,而不是专注于顾客及其成长,从而导致其最终失去引领市场的能力。可以想见,当一个企业与顾客价值、顾客成长之间似乎失去了联系,这是多么可怕的事情!但是很多企业依然习惯关注于规模,忘记了专注于顾客及其成长,这也是企业无法获得绩效以及成长的原因。

所以需要专注于顾客,专注于核心价值的创造。放弃思维行为惯性,更不能心存侥幸。要知道,我们付出多少,顾客给我们的感觉和信任就会是多少。服务,一定是一个行动结果。请记住:无论你的目标多么宏大,竞争如何残酷,只要有"必胜"的信念、坚定创造价值的信仰以及不亚于任何人的努力,必能达成所愿!

方法3:开放组织,为未来成长做布局

所谓转型,就是为未来做出现在的选择,并落实到具体的行动上。中国企业在过去30年间并未遇到太大的挑战,是因为在许多行业和领域都是一个自然增长的状态,这也使得企业一直在做着自己熟悉的业务、自己习惯的动作,并未有什么不适应的情况出现。很多企业就误以为,这是一个可以长期使用的方式,增长是一个自然而然的事情。市场自然增长给企业带来的增长和业绩,误导了很多企业,也掩盖了企业对未来关注不足的缺陷。但是随着各个行业产能过剩,供大于求,市场自然增长停滞,用一个现在大家常说的"新常态"的出现,企业如果不做出转型,一定是无法持续的。

意识到需要转变并不是一个太难的事情,因为外部的压力会给企业感觉。如何去为未来成长做出投入,怎样做才可以保障到新的发展方向能够切实获得发展?这的确是两个根本的问题,如果不能解决,也自然无法实现转型。

新的发展方向同样也需要新的组织能力,而且一个更为现实的问题是,新能力无法在组织原有的能力上生长出来，甚至因为原有组织力量的强大，会让新业务以及新能力被遏制住；更因为新业务还无法贡献当期的价值，原有业务依赖于自己的价值贡献，也不会给新业务以好的成长空间，哪怕人们已经在转型上达成共识，习惯和固有的经验也会条件反射般做出选择，让新业务无法顺利地嫁接到组织中。

我开始引领公司变革和转型的时候，所遭遇的情况就是如此，所以我提出了"新希望六和+"的模式，这个选择帮助公司与新的商业模式组合，与新的组织能力组合，从而让公司在很短的时间里，获得了很多新发展，并借此让公司拥有了一些全新的能力。我们和统一方便面相"+"，使得公司拥有了直接面对消费者沟通的能力；我们与永辉生鲜相"+"，使得公司拥有了大型商超的能力；我们与和创科技相"+"，让我们拥有了移动互联网的能力；我们与全球最强的供应商以及跨国银行相"+"，使得我们拥有了全球融资的能力以及整合资源的能力。

当我刚刚开始告诉大家，我们的战略选择是从饲料生产商转变为食品供应商，很多人会认为我们做不到，因为这是两个完全不同的产业属性以及能力要求，甚至我的同事也会怀疑在这么短的时间，在业绩如此大的压力下，这样的转型是根本做不到的。但是经过两年的努力，我们已经开始尝到了开放合作的好处，已经开始了公司多元化业务的可能性，也在新业务的布局与发展中，看到了机会和可能。

正如公司变化所带来的成长那样，只要组织开放，一定会带来新的机会和发展，2015年我设立了四个新的业务平台：农村互联网金融、食品投资发展、养猪服务和20/30计划。这四个平台的打造，是进一步开放组织平台的设计和推进，在短短的一个季度里，因为组织开放所释放的价值，的确令人鼓舞，在我写完此稿的时候，看到万达集团与万科集团两个中国地产业的领军者战略联合的信息，这难道不是一个令人愉悦的事情吗？

只要开放合作，未来就一定属于你。

（原载：春暖花开公众号，2015年6月30日）

2016年的关键词

应新加坡国立大学商学院EMBA24班同学的邀请,我去参加了一场有关服务机器人产品的发布会,从工业机器人到服务机器人,人类生活中除了多了一个互联网带来的在线生活空间之外,同样又迎来了新的伙伴——机器人。由此我们再一次感受到,每一天几乎都在一种全新的变化中,这的确就是我们所生活的场景。

每到年底的时候,人们依旧在判断未来一年的经济环境,的确,这是非常重要的,没有人可以离开大的环境而独立发展。最近总是被问到,如何判断2016年的经济环境?我没有直接回答,在一个经济增长变缓的情形下,环境就只是生存条件,而非决定性影响因素了。因此,自己的习惯是去判断经营环境,通过对于经营环境的理解,来安排企业发展的策略。

企业经营环境的三个判断

2016年的经营环境判断,我用三句话来描述:

第一,创造未来比预测未来更重要。管理大师Clayton Christensen提出的"颠覆性创新"(Disruptive Innovation)概念是用于描述新的竞争者如何瞄准市场根基,攻占市场,最终实现洗牌,这样的情形在过去曾经是非常罕见的,而在今天则非常普遍。利用新技术或者新模式进行颠覆的情形,几乎每一天都在发生,所以,当人们希望预测未来的时候,这些频繁发生的颠覆,已经让未来不可预测,所以总的来说,预测未来已经不再符合现在的环境。在这一系列的颠覆与被颠覆中,新的变化可能不断呈现,企业已经不能够仅从行业或者企业自身的视角来理解环境,而需要从理解创造本身的特性去引导自己的战略。

第二,市场与技术的力量在改变格局。对于技术力量的认知和体验已经成为常识,人们越来越深地感受到技术从各个角度对企业的影响。对于市场力量的认知则是我要特别强调的，相信在过去的2015年的"双十一"实现超过900亿销售额的事实，可以让我们认知到消费者的力量。企业与顾客之间，如果找不到一个合适的交互途径，顾客完全可以重新定义企业。

第三，边界被打破。一方面是行业边界被打破，每个行业的特征变得越来越模糊。智能互联产品不但会影响公司的竞争，更会扩展整个行业的边界。竞争的焦点会从独立的产品到包含相关产品的系统，再到连接各个子系统的体系。一家产品制造商可能要在整个行业领域内竞争，甚至消费者也一并参与进来，所以在今天没有人可以确定竞争对手是谁。腾讯是一个很好的例子，你几乎无法界定腾讯属于哪一个行业，也不知道腾讯的对手是谁；但是你会知道在腾讯的帮助下，可以感受到"在线一站式服务"的生活状态。另一个方面生产者与消费者的边界被打破，互联时代，消费者也会成为生产者，Uber模式就是这样的模式，也才具有了无法想象的魅力。

经营对策的关键词

2016年的确会有一些不同，这些不同需要我们用全新的视角去看待，去理解"新常态"下的经济环境，同时也需要我们找到属于自己的经营策略，并做出自己的行动来。面对2016年这样的经营环境，需要企业做出应对的准备，我用下面关键词来表达：

共创共享

自创趋势，可能是2016年的求解之道。其中最需要关注的是共创与共享，并且体现在两个层面上，一个层面是企业与顾客，另一个层面是企业与员工。因为快速变化的客户需要，让客户参与其中，敏捷和快速地满足客户的个性化需求，将成为互联时代企业制胜的关键要素；与客户共创共享，必须成为企业创新和研发工作的核心，包括大型企业。快速迭代在今天已经是很多创业企业采用的方式，这种方式同样也是市场变化的一种选择，做到这一点，需要企业在这个过程中不断地尝试、验证，获得客户反馈，然后持续地、快速地推出迭代的新版本，以此在市场上立足。企业与员工的共创共享在今天更加重要，这不仅仅是因为员工本身的需求，更重要的是个体创造能力的发挥已经成为关键，只有这样才可以激发企业的创新能力并保持持续创新的能力，以契合技术与市场的变化。

生态网

正如前面对经营环境判断的那样,无论是竞争对手,还是行业边界,都已经变得越来越模糊。对于企业而言,需要拥有一种能力,连接上下游的合作伙伴,连接相关产业的合作伙伴,还需要和其他产业、资本、顾客组合在一个价值网络中,我把它称之为生态网。微信红包是一个好的例子,它所构建的生态网,连接了相关与不相关的合作伙伴,让全新的机遇被创造出来。商业模式创新已经是今天企业应对变化的基本选择,而创新商业模式的核心是构建生态网络,以达成价值创造。所以,无论企业目前处在什么阶段,什么位置,形成生态逻辑与思维,打造生态网都是一个必要的选择。生态网与价值链(产业链)之间的根本区别是:前者注重共同成长的设计,后者注重价值分配。需要大家能够理解我所强调的这个根本区别,在一个需要重新定义价值的环境下,分配价值的可能性变得越来越少,只有成长才会创造价值,也才有可能带来价值共享的可能。

更开放更进取

内部激活、发挥个体价值、提升组织效率、提升产业链效率、提升响应顾客的速度,这些已经是基本共识,而且很多企业都在努力推进和转变中。我在此基础上,更强调企业进取心和开放透明。2016年市场依然会处在胶着的状态,经济的增长也不容乐观。对于一家企业而言,领先企业的努力和新创企业的颠覆会同时存在,因此,一定要做市场的开拓者,开放自己的组织与业务,整合更多的资源,以更进取的态度和方式,获取市场并保持领先的位置。率先进入市场是对企业的一个挑战,但是也是一个必须做的选择;从产品转向解决方案,不仅仅是为了提供服务,更是为了开放自己,融入顾客之中,融入价值网络中。一定要去除"产品思维",一定要去除"自我中心式",一定要尽可能地开放,一定要寻求外部资源。积极去与市场互动,全方位与外部融合,包括但不限于技术、资本、人以及竞争对手。这就要求企业要有能力超越自己,特别是超越原有的价值体系与组织习惯。

当我写下对于2016年的判断和策略之时,虽然知道这一年对于每个企业来说,都是一个更大的挑战,但是,只要我们愿意做出改变,新的一年依然值得期待。

(原载:春暖花开公众号,2015年11月30日)

管理进步了，
未来中国经济才能真正飞速增长

管理须用问题做导向，勿用成就做导向

做管理不能用成就做导向，只能用问题做导向。管理对每个人最大的挑战就是，它永远在问题当中，而不是在成就当中。所以，每一个优秀的管理者都会告诉你：我战战兢兢，如履薄冰。因此，有时我很讨厌做管理，因为它总是完成一个目标就会有新的目标，解决完一个问题还会有下一个问题。

管理者的定义是——让你的上司和下属获得绩效。如果你发现，因为你的存在，你的上司没有成就，下属没有成就，那你就不是一个好的管理者。管理具有两个属性：（1）实践与经验属性；（2）知识（理论）属性。很多管理者没读过多少书，没学过管理，却做得很好，因为管理有实践和经验属性。而有的人从来没做过管理，像我，教管理教着教着，六和创始人让我去当总裁。我没当过总裁，真正去做的时候发现，也还可以。管理的这两个属性，看似对立，实则不然。任何事情，只要能找到规律，就能变为知识。变为知识就可以复制，就可以学。

管理中，不要把"人"与"事"混为一谈

管理所面临的主要内容是——处理"人"与"事"。但中国人常常把两者混淆，该面对事的时候却面对了人，该面对人的时候却面对了事。有一次我找了很多老师讲课，有企业专门找我当面反映，其中一个老师讲得很烂，千万不能让其再来上课。但是大家给这个老师打分却打了高分。我问企业为什么，对方说："这个老师人不错，挺刻苦的；课间也挺谦虚；字也写得挺漂亮。我们觉得，也不能砸了人家饭碗，所以我们给他打了89分。"我说你这样打分，我不能批评或换掉他，我甚至还得表扬他，因为学生打的分数很高。企业说："反正我们也不上他的课了,至于他要伤害谁就随他去吧。"

我感到哭笑不得,这就是管理中把人和事混淆了。

管理的关键:问题发掘是否准确到位

如果说上面是糟糕的管理,那下面的案例就堪称出色的管理了。

我在南京的一个学生建立了励志阳光助学基金,第一期目标是建101所希望小学,并持续负责后续的师资、校舍建设投入等。志愿者们看到受助的孩子冬天还穿凉鞋,就想让这些孩子穿上棉鞋。如果靠捐赠,只能解决一时的问题,无法达到可持续性。这个学生就找了一家世界知名的制鞋品牌商,进行以旧换新的促销活动,这样源源不断收集了很多城市的孩子穿不完的鞋,然后把这些鞋送给残障人士进行清洗、修补,10元/双。残障人士特别开心,因为他们找到了存在的意义,能为社会创造价值。清洗干净的鞋送给山区的孩子,因为以旧换新的活动本身就为其带来了销售额的显著增长,品牌商乐见其成。管理的目标来源于对问题的发现,上述案例起源于一个小孩冬天穿凉鞋,励志阳光助学基金就设立了目标,如何让他们可持续性地穿棉鞋。做管理的人要在问题当中设立目标,用人与组织把目标组合起来。管理的定义是,为了实现目标,人与机构内资源一起工作的过程。如果在实现目标的过程中,没有办法触动组织背后的人去推动它,那么可能是因为管理者对问题本身的发掘不够。

未来中国经济持续增长靠管理进步

1911年,《科学管理原理》出版,标志着管理成为科学。现代管理学之父彼得·德鲁克认为,20世纪人类最伟大的发明创造之一就是,管理成为科学。管理的作用体现在哪里?先从持续增长角度看。一个地区、国家或组织,最想要的是持续增长。中国今天最大的挑战就是持续增长。经济增长率=劳动投入的贡献+资本投入的贡献+全要素生产率(TFP)。所谓全要素生产率是用来衡量生产效率的指标,它有三个来源:一是效率的改善;二是技术进步;三是规模效应。近40年世界公认保持持续增长的国家有2个,美国和中国。我们从全要素生产率三因素切入,对比两国的差别。

美国:(1)劳动力价值——全世界最优秀的人才在美国。(2)资本价值主导权在美国手上。(3)全要素生产率,可细分为三个方面——①规模效应,美国的GDP总量足够;②技术进步;③效率改善——其实是指管理。中国为何能40

年持续增长？（1）劳动力价值的释放，超乎了所有人的想象——很大程度上因为中国人致富的欲望很强。（2）资本价值——近几年才释放出来。（3）全要素生产率：①规模效应——巨大的消费人口、劳动力人口；②技术进步——邓小平提出，科学技术是第一生产力；③但是中国的第三方面——效率改善，比美国差得很远。同样的投入，美国的产出比中国更高。中国这么多年为了发展，经济手段、金融手段用了很多，唯独缺失一种手段——管理。几十年来，中国的管理没有进步。这就是我们现在要研究管理的原因，让产出增加，效率更高，保证中国经济的持续增长。从管理角度，用现有的资源、现有的能力，如何提升产出；而不是从人口红利、资源规模来谈怎么保证中国经济快速增长。

管理是结果检验和外部评价

怎么检验管理好坏？管理其实是结果检验和外部评价，不由你自己评价。你跟你的同行比，是不是利润最高、增长最快、销售额最高？如果是，那就是好的管理。有的老总说，前30年我不懂管理，公司照样发展很快。那是因为命好，赶上了中国改革开放的好时机，供不应求，你怎么做都行，不用多好的管理。而现在为什么很多老总吐槽赚钱难，因为市场对企业的要求提高了，新常态的核心词是产能过剩、顾客稀缺、供过于求。再不好好管理，很难做下去。

拿中国来说，虽然持续几十年经济增长，但来自外部评价不好，居民幸福指数急剧下降，不满情绪很高，说明管理并没做好。而如果外部评价不好，优秀的人不会留在这里。

组织离开谁都行，别跟组织对着干

做管理，第一要设目标，第二要建组织。组织的力量超越任何一个人，包括老板。所以，当管理过程中，面临怎么解决个人与组织的关系时，要记住，组织中的人其实是角色，组织离开谁都行，一些组织专家认为组织的存在就是为了扼杀个性，让个人为它实现目标。所以管理看似尊重人，其实又没有尊重人，它尊重的其实是那个角色。管理看似讨论的是人，其实讨论的是组织。并且，对于目标实现来讲，我们只相信组织，不相信个人。我曾经经历过一个记忆深刻的事情，同行挖角，把公司几个区域总裁挖走。这些人对公司非常重要，但是更高的薪金和相对掌控的平台，会有很大吸引力，所以这些区域总裁被挖走了。组织的解决方案是把原有的平台拆分，让更多的人得到机会，结果绩效同样得到提升。

这个经历说明，组织离开谁都可以，因为组织有能力"让本不能胜任的人可以胜任"。从另一个方面上去看，如果一个组织不能给人才更好的平台和待遇，人才很委屈地留在组织，对组织来说其实是伤害，不如把这些人放走。

（原载：春暖花开公众号，2016年1月7日）

从的士行业变化看行业面临的不确定性

很少有行业能逃脱结构性不确定性的冲击，比如大家最熟悉的出租车行业，这个看似分散、简单的行业，因为自身业务模式的固化，丧失了市场竞争能力。在互联网进入之前，出租车行业一直是特许经营，牌照价格昂贵，行业竞争不足，出租车费也高，最令人不开心的是服务不足。20世纪90年代，我曾经有幸与广州的出租车公司合作，提供咨询服务，我们很多时候在探讨常规的经营性问题，关注出租车的牌照、物价部门的定价、油价的高低以及特许管理问题等等。大部分情况下，公司与司机之间并没有真正形成一个整体，相反，甚至在某种程度上，出租车、司机与公司甚至仅仅是一种极其脆弱的联系。

但现在，易道用车及一号专车等公司的出现，改变了市场格局。这些新公司通过互联网应用软件，为私家车主与消费者牵线搭桥，包括我这种不太愿意乘坐出租车的人，现在也觉得坐出租车是一个最合适和舒适的选择。当使用专车的时候，车主的服务往往超出我的预期。这些新服务最早是在2012年发源于旧金山，我没有注意到什么时候中国也出现了这种服务，只是知道，这样的服务现在已经在中国各大城市全面开花，甚至引来传统出租车司机罢工，以及监管部门的反对并试图取缔他们。但是，因为这些从业人员对于服务的理解、自身素质的水平，都高于传统的出租车从业人员，对于消费者而言选择是显而易见的，我相信监管部门应该知道这是大势所趋。一个传统的行业，因为新的从业人员进入，他们能够提供更有效的服务，并更善于发现顾客需求以及创造出新的业务模式。

任何行业的经营者，都需要有能力去判断结构性不确定性，也就是要有能力超越复杂性，并从中寻求到创新的商业模式以获得新增长。但是很可惜的是很多时候人们对此视而不见，并未认真去理解结构性不确定性所引发的行业变化征兆。2012年中国饲料行业第一次出现总量下滑的情形，这其实是一个结构性不确定性出现的征兆,但是全行业并未意识到,行业前20家农牧企业,依然扩张产能,不惜代价寻求规模增长,并加大为扩张多做的投入,无论是新希望、大北农还是双胞胎和海大,每家公司都以千万吨规模以及成为行业第一为目标。到了2013年全行业总量依然下滑,我也在这个时候回归到这个行业中,我所能做的,就是带领新希望六和做全面的转型,因为我清楚知道,这个行业已经发生根本性的变化,如果我们不率先转型,最大的公司也许是最容易被淘汰的公司。

在公司内部培训上,我与大家分享诺基亚的实例。该公司曾14年占据手机行业的主导地位,无论品牌形象、市场份额还是利润水平都是首屈一指。然而仅仅3年间,该公司就轰然倒下,冲击诺基亚的就是结构性不确定性,手机不再是通信产品而是智能终端,苹果公司一举改变了手机市场的游戏规则。而诺基亚公司的管理层依然固守着原有的成功商业模式以及对产品的理解,不愿意做出改变,结果就被淘汰。做这个案例分析,就是希望同事们理解到行业的结构性变化,并要能够驾驭这种变化。

对于行业结构性变化,需要企业拥有更多高素质的人员,并要求人们的能力增长超越复杂性的增长。我采用了"新希望六和+"的模式来增加公司的新能力。因为与互联网企业的合作,使得公司内部呈现出比以往更高的学习能力,同时也让公司拥有了新的核心能力,我们不再是一个单纯的饲料企业,开始有了互联网的属性。齐鲁证券的分析报告如此评价转型后的新希望六和(摘自齐鲁证券农业团队2015年4月14日报告):"我们判断新希望的互联网大幕已经拉开,当前一系列的投资主要在于落地,不但创新养殖端的数据掘取还涵盖消费端(营销管理以及追溯等),将可能成为国内唯一打通畜禽全产业链的信息化和互联网公司,从而重构在移动互联时代畜禽产业链(包括食品端)的商业模式。这是资本市场远未意识到的,我们甚至怀着一份激动的心情在阐述:农业整体性变革,在一家公司上体现得如此淋漓尽致,以及离我们可能的想象如此之近!"

的确,行业发生的每一次转折和变化,都蕴含了一个关于未来增长趋势的信号;只要管理层能够不拘泥于企业原有的核心竞争力,以新的视角来看待变化,就能够抓住这个信号,找到可利用的机会。其实,这是一个对管理层的考验和挑战,需要管理层做出选择并愿意变化,需要管理层放弃原有的经验,放弃对公司原有核心竞争力的依赖,放弃自己习惯的商业模式和业务结构。能从不确定性中创造成功的领导者,也一定可以在市场格局变化之际,带领公司成为新的行业领袖。

(原载:春暖花开公众号,2016年1月14日)

四个观点支撑我应对挑战和变化

刚刚立春,也是"春暖花开"公众号开通一周年的时间,小伙伴们建议我写一篇纪念的文章,我反复思考要如何写。因为在习惯上,我很少回顾过去,面向未来才是今天生存的逻辑。甚至我很清楚,哪怕有一点点的歇息和回顾,瞬息间的变化就已经发生。记得在2015年11月,我经历了从教生涯30年来从未经历过的事情,10万人同时听我讲一堂课。那一晚自己很感动,有朋友开心地说:"陈老师,你创造了一个神话!"我回答说:"神话是拿来被打破的,很快就会有20万人的一堂课。"之所以这样回答,因为这正是今天的特点——"正在发生的未来"。我告诫自己这份开心只可以停留在这个晚上,第二天一切都可能会发生,事实也是几天后就有另外一位老师开了一场听众20万人的课程。

对于走过的路,感恩才是核心

对于走过的路,感恩才是核心。这一年很感恩这么多的朋友维系在"春暖花开"的周围,这样多的朋友给予建议和帮助,这样多的朋友不离不弃去传播和理解我的观点,这样多的朋友愿意去分享和体味我们彼此创造的价值。

我还要感恩读者"花蜜"们,感谢大家能阅读和喜爱,抽空参与到线上线下活动中来,更为此提供便利和帮助;还有投入自己奉献自己的"小蜜蜂"志愿者们,感谢每一位"花蜜",因为这样的关注、参与、传播让彼此的付出有了更大的价值。

我还要感恩"春暖花开"的小伙伴们,他们无私的支持才使得我可以安心地走过一年。无论在任何情况下,杨瑞坚持定时发送、管理和运营这个公众号;陈让和渝涓用自己各自的专业能力来维护和引导;张环在一段时光里曾为每一篇文章用心编辑;彦豪运用创意、资源与行动,让我们从线上接触到线下,拓展了影响力;张栩默默地关注并尽可能提供帮助;王甜、安冬、小雨、剑英四位小伙伴,承担着细致而辛苦的后台工作;赵怡帮助提供了公众号的法定平台与可行性；泽平在我需要支持的时候毫不犹豫地提供了帮助。也许还有遗漏，请大家提醒我，我在这里表达我内心感激，没有你们，也就没有这个"春暖花开"。我很感激大家陪同我的这段时光，相信我们都会在不同的地方关注和祝福着彼此。

每一天我都在问自己，怎样才可以回报感恩，怎样才可以贡献价值，怎样才可以与变化互动，怎样才可以不断成长以拥有面向未来的能力。这些问题促使我去做思考，特别是在一个剧烈变化的环境下，我们到底应该如何面对，如何安顿好自己去做应该做的事情，这些思考更在最近一段时间成为我与同事们交流的核心话题，而在"春暖花开"一周年的这一天，我把这些思考整理出来，分享给大家。

与您分享支撑我应对挑战和变化的四个观点

有四个观点支撑着我，无论面对怎样纷繁复杂的经营环境，都不被焦虑困扰，鼓舞自己积极行动，坚定不移地往前走，迎接挑战、战胜压力。我希望通过分享这四个观点，感恩"春暖花开"走过的一年时间中每一个帮助过我的人，让我们在接下来依然剧烈变化的环境当中，战胜困难和压力，踏踏实实地安心去做自己应该做的事情，贡献属于自己的价值。

1. 所有的成功最终都是人的成功

很多人问我说：你关不关心对手？我说，如果他成长了，值得学习就一定会关心；如果他不成长，不值得我学习就一定不关心。换句话说，对手是我们学习的对象，不是我们竞争的对象。每一个企业都不是被对手打败的，所有的失败都是自己的失败。我们一定要清楚地知道：无论是环境，无论是政策，无论是技术，无论是对手，永远都会在的，都是会变的。当这些都在变的时候，包括对手在内的很多要素，就一定不会成为你的障碍。

很多时候，人们喜欢去判断行情。比如现在很多人就是在判断2016年的整体经济形势，我不反对去做行情判断，但是需要大家关注的一点是：行情可以作为判断的依据，但是绝不能够作为你行动的依据。行动必须基于你的目标，基于你的责任和你的战略。这么多年来，我也一直都在判断行情，但是绝对不影响我的行动，我的行动只跟我的目标相关，跟战略相关，跟梦想相关，跟责任相关，但绝不跟行情相关。2016年什么样的行情可以判断，行情判断的作用是帮助我们不要离开趋势，但是不能因此决定你的行动，你的行动是由你的目标、你的责任决定的，不是由行情决定的。这就是为什么所有的成功最终都是人的成功，因为你有主动权，你有决定权，这一切都是由你自己决定的。要牢牢记住我们的梦想、我们的目标、我们的战略和我们的责任，因为这些决定你的行动。所以，可以看到任何行情下都有优秀的企业，任何危机的时候都有触底反弹的公司，任何困难的情况下都有强者出现，原因就在这里。所以你一定要相信，你自己有这个能力，这非常重要。

2. 结果基于意愿，始于行动

我们怎么能得到结果？其实结果是在我们手上，结果是取决于你的意愿，你想要就一定是你的。有人问我如何理解胜利，答案是：什么叫作胜利？主要在于你是否在乎，你在乎的程度多高，胜利的程度就有多高。胜利一定取决于你对它的追求，就是你的意愿。出任现在这个职位的时候，第一次面见投资者，他们就问我说：你怎么能保证这家公司转型成功？我说只要有这个意愿，相信就可以成功。他们说："陈老师你这个话太空了。"我说："后面的行动慢慢看，我们一定先把这个意愿说出来。"我们6万人一起努力，提出我们转型的意愿，付诸一个又一个转型的行动，我们持续转型和努力，今天没有人会怀疑了，因为我们的意愿促成了我们的结果，我们的行动促成了我们的结果。光有意愿不行，一定要有行动。如果没有行动，不可能看到结果。5年前我就有去参加戈壁挑战赛的意愿，内心还是觉得这个目标对自己挑战太大，所以一直没有行动，戈壁挑战赛也就一直停在离我很远的地方。到了2015年我终于开始行动，参加拉练，了解自己的短处，认真调整心态，做好每一个必备的动作，结果我真的可以安全如愿地顺利走完4天约120公里的赛事。只要去做，结果一定是你要的，你不需要做任何的担心。有人说也许和运气有关系，但是要知道，机会永远是留给有准备的人，命运总会偏好那些努力付出的人。

3. 保持成功和领先的唯一答案是我们更用心

在我写给大学生的《从现在出发》一书里，对大学生有一个最重要的要求就是：一定要比别人探索更多一点。成功者与失败者之间没有太大的区别，唯一的区别就是成功者比失败者多付出一些东西。很多时候去看那些持续领先的企业，发现他们都有一些共性，其核心的特征都是竭尽全力为顾客创造价值，他们总是力求更加贴近顾客。按照研究的结论，三种类型的企业可以保持领先，既产品领先型、贴近顾客型以及卓越运营型，如果仔细去了解这三种类型的企业，你可以很清晰地得到结论，这些企业都是比其他企业更加用心。我也相信"春暖花开"能够保持住她的价值，因为我们每个人都很用心，也许我们不是最大的微信公众号，但是我们一定是那个最用心去做的微信公众号，这是我们自己努力要去做的事情。很多人都记得我说的一句话：每天晚上要休息的时候，发现其他人的灯都熄了，你应该高兴的，因为你离成功更近了。这是我和学生们交流的时候讲得最多的一句话。有些时候，学生们会说，聪明人会更容易成功一些。遇到这样的情况，我往往用上面这段话回复学生。其实，没有人能依靠聪明获得成功，只能通过奋斗和付出，只能通过比别人更多的奋斗和付出，才会成功，这是唯一的答案，没有其他答案。

4. 分享与共生才是可持续的模式

怎么能够保证可以持续地生长，持续地增长，持续地领先？一定是分享与共生。当我们能够建立分享共生模式的时候，生态圈才可以真的建立和活跃起来。如果我们拥有这样一个活的、有生命力的生态圈，内外部一起活起来，相信它是可持续的。生命真的是在于运动，在于生长，在于共同生长的过程。这种共同的生长还在于我们能够分享到这种生长。今天是一个巨变的时代，是一个快速生长的时代，如果你能具有分享与共生的能力，你愿意为此付出努力，那么机会一定会是属于你的。我们今天看到的层出不穷的创新的商业模式，在更大程度上是重新定义了产业价值、市场价值、顾客价值、员工价值，甚至重新定义了企业的价值。所有这一切的改变，都是一次生长的机会，都是一次创造的机会，而所有这一切的改变都在分享与共生的逻辑之中，当我研究基于互联时代的组织管理的时候，令我最开心的是，无论是个体还是组织，都在谈论或者实现着价值分享和共同成长的追求，这样的改变和努力，也让商业模式创新诞生出巨大的价值。看到金融客咖啡馆，可以看到众筹在影响着更多的人；看到品成梦想咖啡馆，可以看到众筹在为更多人创造价值。让更多人参与，为更多人创造价值，这就是今天最令人开心的特征，因此今天是我们每一个人最好的一个时间点，因为有你，有合作的伙伴，有市场的机会，有人们对于价值创造的足够关注，我们已经拥有所有共生的条件。

以上四点就是支撑我去面对变化的核心观点，我与大家一一分享这四个观点，帮助我和大家在巨变的环境下，去做自己应该做的事情。也许环境还有很多变化，也许市场还会出现各种挑战，甚至我们无法预知到明天会发生什么，但是，我相信有这四个观点给我们做支撑，我们可以接受所有的挑战，创造美好未来。这是我在"春暖花开"一周年之际所想到的，分享给大家，也借此要求自己继续努力。

（原载：春暖花开公众号，2016年2月5日）

2016年：自我生长才可应对

最近一段时间以来，每个行业、每个企业都处在格局巨变的考验中，如果说互联网带来了消费市场的变化，那么"互联网+"则带来了产业领域的深刻革命。而现在人们开始谈论工业4.0又将要带来更大的冲击，这一切只是预示着，变化成为常态的同时，企业需要具备全新的能力。

一、自我生长是一种必然的选择

任何一家公司，特别是优秀的公司，都是用持续转型变革来获取自己的生长，不会受制于外部的环境与变化。中国的很多企业规模还很小，小规模企业如何面对外部因素，如何应对变化，是一个巨大的挑战。如果企业不做出转型与变革，不遵从于市场的规律，不了解客观发展的规律，是无法与变化同步，无法与时代同步的。

2016年对于我们来说，具有更多的不同，我用三句话做出了描述：第一，创造未来比预测未来更重要；第二，市场与技术的力量在改变格局；第三，边界被打破。这些变化无疑与以往完全不同，无疑会带来更多的不确定性，无疑会对每一个企业提出前所未有的要求。有人问我，2016年是互联网企业的机会吗？会是"互联网+"的企业的机会吗？刘强东的判断：互联网红利在消退，下一个风口是传统行业。果真如此吗？

答案显然不能够直接出现，因为到了2016年互联网也不再是核心属性，互联网已成为一种基本属性，无论哪一个行业、哪一个企业似乎都已经无法依赖于互联网本身获得经营主动权和先发优势，这些不同的变化对企业自身的能力提出了更大的挑战。因此，在一个巨变的时代，对企业而言，需要从依赖于外力获取增长的机会，转向依赖于内力获取增长的机会；需要从依赖于已有的核心竞争优势，转向依赖于可持续的学习能力；需要从依赖于对行业或者产业的认识，转向依赖于对顾客以及顾客价值的认识；需要从依赖于市场机会，转向自创市场机会。这些转变都需要企业具有自我生长的能力。

在我看来，一家优秀的企业，必须要有三个最重要的特征：第一，要有足够的增长，才可以面对变化；第二，用持续的转型变革来获取自己的增长；第三，遵从市场规律和客观发展规律。一家好的企业一定符合这三个特点，如果相信我们是一家好的企业，就必须按照这三个角度去做应该做的事情。IBM一百年来都在变，华为对自己的要求是"只有成长，没有成功"。很多人问到底什么时候企业转型成功？回答很简单，没有成功的那一天，当你成功的那一天你就要开始改变。

二、自我生长需要"脱胎换骨"

我最担心的是为转型而转型，为变革而变革。衡量转型变革的标准只有一个，那就是是否在市场中获得真正的业绩与增长。在互联技术引发变化的环境下，对企业来说，两个方面的努力都缺一不可，一个方面是商业模式创新，另一个方面是效率提升。

商业模式的创新已经引发了足够的注意力，无论是阿里巴巴，还是腾讯，无论是Uber还是滴滴快车，无论是京东还是苏宁易购，层出不穷的商业模式创新，让互联网技术带来的冲击打碎了企业间和行业间的竞争态势。甚至微信的出现，也让人们的生活变得更加"微化"，我们自己也身在其中不断探寻。但是我们还需要关注到效率提升所带来的巨大价值。率先关注到这一点的可以说是GE，许正分析的GE案例，的确让我耳目一新。GE做了一个行业效率提升的研究报告，在其报告中，GE认为，即使工业互联网只能让系统的效率提高1%，其效益也将是巨大的，比如电力行业节约1%的燃料，就是660亿美元。GE为了实现在工业互联网时代其核心竞争能力，为了完成这1%的效率提高，确立其新的行动步骤。第一步，收集各项生产数据，并操控智能设备和机器；目前的方法就是大量使用和安装传感器，从而让机器本身变得更加智能化。第二步，将传感器收集来的信息进行保存、处理和分析，尤其是面对海量的生产数据，管理人员要通过构建恰当的模型找到最关键的核心数据加以分析，这需要以往生产工艺经验与先进互联网技术技能的结合，跨界和整合的知识将变得更为关键。第三步，也是目前传统工业企业面临的最大困境，那就是要组建数据分析挖掘的人才团队，真正大幅提高生产效率，实施恰当的决策，而这些决策往往来自于某些不起眼的生产数据挖掘分析所产生的灵感；在这个领域没有预先设定模型可以使用，需要的是跨界人才的创新能力、协同工作，以及对不同问题的深入洞察。

新希望六和的同事们也同样做出了很好的实践，效率的改变是自我更新的结果，这需要我们要真正去审视过往做事的习惯，要彻底改变固有的行为以及停滞、固化的标准。客户需求是变化的，市场是变化的，同行也是变化的，因此满足变化的组织与手段也需要与时俱进。这需要企业持续更新自己，不固化原有的经验，挑战自己固有的习惯，用持续提升的标准来要求自己，从这个意义上讲：内部效率与成本的水平，不仅仅是管理本身的能力，也是一个企业真实的竞争力。

技术、同行、用户、市场、顾客、环境都在发生改变，很多时候并不是企业自己做得不好，而是外部改变了，如果企业不做出根本性的改变，一定是无法跟上变化的步伐；如果不能客观而高标准地审视自己，一定会被市场所淘汰。这就需要每一个企业更全面地来审视自己内部存在的问题，需要从根本上调整自己，而这一次的改变，是需要如华为当年所做的那样："削足适履"、"脱胎换骨"的自我改造。

三、未来在自我生长中呈现

2016年公司年会的主题，我确定为"因生长见未来"，选择这个主题，是因为只有拥有了自我生长的能力，就可以与未来同行。2016年的确是一个艰难的年份，尤其是在习惯了在市场和外部环境增长下成长的中国企业而言，但是我依然对能够自我生长的企业充满信心。因为我们有幸在一个巨大的市场格局之中，转型背景下的历史性机遇也同样摆在我们的面前，优秀的企业会依靠自我更新与变革，推动着每个行业前行，哪怕是最古老的行业也会焕发着前所未有的青春气息，这也是我们身处在农牧行业中深切的体会。

所以，2016年的经营判断，我用了以下的关键词：共创与共享。自创趋势，可能是2016年的求解之道。其中最需要关注的是共创与共享，并且体现在两个层面上：一个层面是企业与顾客，一个层面是企业与员工。生态网。正如前面对经营环境判断的那样，无论是竞争对手还是行业边界，都已经变得越来越模糊。对于企业而言，需要拥有一种能力，连接上下游的合作伙伴，连接相关产业的合作伙伴，还需要和其他产业、资本、顾客组合在一个价值网络中，我把它称之为"生态网"。商业模式创新已经是今天企业应对变化的基本选择，而创新商业模式的核心是构建生态网络，以达成价值创造。所以，无论企业目前处在什么阶段,什么位置,形成生态逻辑与思维,打造生态网都是一个必要的选择。生态网与价值链(产业链)之间的根本区别是,前者注重共同成长的设计,后者注重价值分配。更开放更进取的内部激活。发挥个体价值、提升组织效率、提升产业链效率、提升响应顾客的速度,这些已经是基本共识,而且很多企业都在努力推进和转变中。在此基础上,我更强调企业进取心和开放透明。2016年市场会依然处在胶着的状态,经济的增长也不容乐观。对于一家企业而言,领先企业的努力和新创企业的颠覆会同时存在,因此,一定要做市场的开拓者,开放自己的组织与业务,整合更多的资源,以更进取的态度和方式,获取市场并保持领先的位置。当我确定2016年经营策略的关键词时,更加开心的是很多中国企业已经走在正确的路上。每一次转变都是一次自我生长,每一次自我生长都是一种新发现,每一次新发现都更贴近顾客价值。自我生长的路并不容易,但是因为我们愿意转型变革,愿意自我更新,自我生长也就伴随着我们走向未来。

(原载:春暖花开公众号,2016年2月14日)

面对不确定性

一、识别不确定性

不确定性几乎是人人所熟知的词语，拉姆·查兰把其进一步细化，而这种细化真正体现出不确定性之于商业的本质和价值。他把不确定性分为两类：经营性的不确定性和结构性的不确定性，并且用通俗的语言对其进行了说明。他讲到，"我从小在印度长大，家乡的小镇距离新德里北部60公里，人口约十万人。家里经营着一个鞋店，服务于镇上的农民兄弟。雨季到来时，大家只能待在家里，于是生意也就一落千丈。没有人确切地知道，每年的雨季究竟哪天会来、哪天会走。但雨季早晚会来，我们会为此提前做好准备，比如大力促销，降低库存，确保资金回笼等。由此可见，从不确定性的类型上分析，雨季具体什么时候到只是经营性的，而且人们对此早已习以为常，完全可以应对自如。假如有一天，小镇上来了个施工队，开始兴建大超市，那么情况就变成了结构性不确定性。"

实质上，经营性的不确定性在一定程度上是在预知范围之内的，并且并不对原本的格局产生根本性影响，而结构性的不确定性会改变产业格局，带来根本性影响，因此，识别后者才是关键。在这一点上，无法求胜于未知的企业要么没有意识到不确定性的出现，要么是虽然意识到了不确定性的出现，但却低估或者没有准确识别不确定性，仅仅把不确定性当成了经营性来对待，典型的例子如柯达面对数码时代的判断、诺基亚对于智能手机出现的判断、整个PC行业对于移动终端的判断以及阿里巴巴对于线下商业模式的判断。因此，要求胜于未来，首先是能够准确判断出结构性的不确定性在哪里，也就是拥有识别不确定性的能力。

对变化的洞察力是企业领导人必须具备的能力，对外部环境的敏锐观察及深入分析是其必须完成的工作。结构性的不确定性往往是由这样的企业领导人发现,并引发了行业格局的改变。每当看到不同寻常的事物出现,看到有别以往的新生事物出现,你都要深入分析,如果这真的预示着巨大的变化,那么未来的市场就会发生演变,而你和你的企业就要做出改变和准备。

二、与不确定性共处

但是我也很清楚,能够识别不确定性的企业管理者并不多,特别是结构性不确定性。之前的柯达与诺基亚,包括现在急需调整自己的三星,这些都是行业中的佼佼者,都曾经是改变行业,引发不确定性从而取胜的企业。我相信他们自身的能力是足够强大的,也是深知不确定性所能带来的挑战以及机会的企业,为什么还是无法逃脱被动的局面?这说明,不确定性的识别是极为困难的事情,它不仅仅需要判断,还需要为判断做出投入和承受失败带来的巨大风险。因此对于大多数企业和企业管理者而言,与不确定性共处是一个要共同面对的话题,如何才能拥有这种能力,是管理者需要解决的问题。

如何与不确定性共处,需要以下几个方面的训练。

(一)先改变自己

每个人都习惯要有稳定性、安全感。在管理中,绩效对稳定性的要求也很明显。很多时候,企业管理者不愿意打破原有的结构与格局,很大程度上是因为,稳定的结构对绩效是有帮助的。现在的问题是不确定成了常态,所以管理者已经无法用稳定性的结构来获取绩效,需要有能力在不确定性中获得绩效。所以,首先要改变的是管理者自己。

(二)双业务模式

如果仅仅是发展现有业务是不可能让企业能够面对不确定性的,但是如果因为发展了新业务而影响了现有业务,那么企业已经无法存活。所以,必须维持现有业务的稳健经营,同时布局新业务,通俗的说法是长期与短期结合。但是我们也知道双业务并存会带来巨大的压力,这是对管理者的要求,你必须成为驾驭组织转型的高手,必须驾驭长期发展与短期目标之间的动态互动。

(三)打破平衡

所有问题的出现,不管大家从哪个角度去提问题,有可能都是一个机会,所以不要怕问题，问题中才会有机会。所有变化的发生，都可能是一个机会，所以不要怕变化，变化中才会有机会。因此企业领导者需要不断打破内部的平衡，不断挑战企业的高度和界限，让企业处在自我改变和动态之中。

（四）顾客体验

今天的管理者要保有对顾客需求的直觉，能够以顾客体验作为评价的标准。然而令人遗憾的是，很多管理者对顾客的知觉和敏感度不够，习惯于企业自己的评价标准。特别是稳定的组织结构，使得高层管理者离顾客非常远，对于顾客需求的理解、对顾客体验的把握，对于新的顾客群体，已经有相当的距离了。这需要引起管理者特别的注意，也需要管理者找到解决的方法来增进和强化与顾客之间的关联，使得管理者保持对顾客体验的敏感性。

三、内心拥有定力

不确定性对每个人都是一种考验，这需要内心的定力。怎么能够保有内心定力，这恐怕是更难的事情。最近几年来企业家以及管理者热衷禅修，热衷国学，热衷辟谷，在很大程度上也与安顿内心有关。无论采用什么方式和途径，获得内心的定力的确是非常重要的，因为这也直接影响到管理者能否管理不确定性。从观察的角度去看，保有内心定力与四个心态相关。

积极的心态。新希望六和有句话说得很好，凡事往好处想、往好处做就会有好结果。有这样的心态，任何变化发生，我们看到的都是机会，对任何要做的事情，都愿意单纯去做，结果自然而成。不确定性最大的特征就是机会与风险并存，所以对模糊性和风险的承受能力是关键，控制风险也是一个基本的要求。实践证明，了解不确定性风险的主要方式是主动出击，因为这样你才可以知道将要发生的情形是什么，也才有可能找到解决之道。需要做好准备的是，随时应对及解决问题，如果具有积极的心态，就有能力主动出击。

归零的心态。心态归零是一个蛮重要的训练，如果总是纠结于过去，无论是沉湎于成功还是失败，对于将要发生的事情而言，都是没有意义的。更有意思的是，过去的成功无法定义你的未来，每一个未来都需要面对新的挑战，需要新的成功来佐证；过去的经验没法解决未来的问题，每一个未来都会产生新的问题，需要新的解决方案。所以，心态归零不仅仅是一种训练，也应该成为一种习惯。

开放的心态。包容、接纳、学习在一个巨变的环境下显得更加重要，包容变化、接纳挑战、学习未知是每个人都理解的道理，做到这些需要一个开放的心态。同时需要特别注意的是，包容、接纳也是对自己的要求，包容自己，接纳自己，这样才可以在遇到挑战和冲击的时候，不至于为了保护自己而做出抵触。

确信的心态。相信梦想与目标的牵引力量，这份力量不受环境变化的影响；相信伙伴的团队力量，这份力量能够集结而成，并陪伴你一直前行，冲破阻碍；相信自己的力量，这份力量有着无限的可能，你的能力超乎你的想象。在我的感受中，人生成长有三个核心要素影响最大，那就是梦想、伙伴和行动。带着梦想，有伙伴相伴，人的力量极其浩大，这是自己在总结2015年时得到的结论。

如何驾驭不确定性已经成为管理者最核心的领导力挑战，不确定性已经深入到每一个角落，从气候的不确定性，到全球经济的不确定性；从组织的不确定性，到个体的不确定性，似乎没有人能够处在一个稳定的状态中。现实的生活与实践，让我们深深地感受到，每个人目前都在面临着前所未有的挑战，这个时代的不确定性远远超过了以往任何时期，无论是在变化的规模、速度还是迅猛程度上，都与过去根本不在同一个数量级上。这些不确定性甚至更多是结构性的不确定性，不仅快速颠覆原有市场的空间和行业的格局，而且是全球性的颠覆。如果能够预见并驾驭这些巨大的变化，并创造出新的商业模式，你所获得的成长也将是前所未有的。

（原载：春暖花开公众号，2016年2月22日）

在巨变的环境下：
企业如何获得可持续增长

如何实现可持续增长是一个最大的挑战

面对这样充满变化的环境，中国企业总要找到一条出路。在以往的研究中，学者和企业家都把企业的增长排在了第一位。这个结论告诉我们，充满竞争的、变化的市场，对企业提出了五个方面的问题：第一，市场成熟度要求企业回答什么是增长的驱动因素；第二，全球竞争的环境需要企业回答在哪里竞争和如何竞争；第三，产业在不断地成长和合并的时候，产业合并的方向就决定了企业必须回答应该退出哪项业务；第四，全球资源的竞争要求企业必须回答它的经营重点应该放在哪个发展机会上；第五，新技术要求企业必须回答怎样才可以使增长持续下去。

事实上，这五个问题正是企业领导者必须回答的问题，其核心就是如何保持可持续的增长。在今天，可持续增长的话题是如此的艰难，是因为环境的确发生了巨大的变化。环境到底怎样变，我相信各位可能都感同身受。中国企业面对的是非常成熟的竞争环境，虽然互联技术带来新的变化，大部分企业也都具有了价值链与生态网的理念，互联技术也带来了很多合作和开放的选择，但是陷于竞争似乎是中国企业总是要面对的情形，所以大家总是谈论竞争同行或者对手，或是竞合，或是残酷的竞争僵局。竞争这个概念本身的的确确就是一个市场的条件，这是由四个因素决定的：第一个因素就是总体需求放缓，消费者购买的欲望和需求不再如从前那样高涨，或者说是消费者日渐成熟；第二个因素是供应链管理现在出现了瓶颈，过去粗放的供应链管理导致了企业今天的困难，企业的损耗和浪费让企业无法具有好的盈利能力；第三个因素是全球市场也陷入疲惫状态，中国企业传统的出口优势开始被削弱，传统的优势已不再是企业竞争优势；第四个因素是很多企业的产能是在一个很低的层次上过剩的，企业的规模实际上是在产能很低层次上的过剩规模,并不是真正意义上的规模。这四个因素导致中国企业很难保持持续增长。

前提条件是:在核心业务基础上建立四种能力

企业在发展过程中都会面对一个最大的挑战,即如何实现可持续增长?如果从理论上讲,一方面因为企业承载着很多人的梦想和价值,所以人们会努力保持企业的可持续;另一方面因为企业的组织结构与治理结构,可以让企业有持续下去的可能性。但是我们还是不断看到企业无法保持可持续的增长。研究那些持续增长的企业,会发现对于企业来说,如果要保持持续增长,其关键之一是要在核心业务基础上建立四种能力。建立了这四种能力的企业,具有了可持续增长的前提条件。

第一个能力:市场核心能力的领先。很多企业只是关心规模增长,却忽略了市场核心能力的打造与累积。企业规模的确很重要,但是拥有规模不意味着拥有市场,我非常喜欢喜力这个啤酒品牌,无论这个行业如何变化,但是喜力保持着极为稳健的发展,几乎不受到影响,这就是我所说的市场核心能力领先。喜力不是规模最大的企业,但是是一个发展持续能力强的企业。

第二个能力:盈利能力。比较强的企业盈利能力在我看来是衡量一个企业的最直接的评价要素。企业的盈利能力不仅仅是成本模型、供应链管理、内部效率之间的有效组合,更重要的是对于顾客价值的理解,以及顾客对于企业所创造价值的理解。

第三个能力:具有较强的抗竞争力。这个能力对于企业而言有着特殊的意义,一方面意味着企业具有了自己的商业模式,不受竞争的干扰;另一方面意味着企业具有面向竞争的能力,即便是竞争激烈,企业也能够与之相处。

第四个能力:企业综合能力。企业综合能力的提升和稳固的财务基础在不可预测的外部变化环境下,企业需要有更强的基础来应对变化,这里所谈的综合能力和稳固的财务基础,是从组织、流程、团队、品质以及协同性、系统性、风险控制上具有领先性和可持续性。

很多时候,企业具有了这四种能力,依然无法持续增长,所以持续增长对于所有的企业来说还是一个巨大的挑战。但是如果没有这四个能力,企业存在的可能性会都出问题,更加不要说可持续增长了。只是我们还要探讨的是,在此前提条件下,企业还需要做出哪些努力?

(原载:春暖花开公众号,2016年5月2日)

关键是实现价值增长

在任何环境下都可以保持增长的企业，其核心是与顾客在一起，拥有为顾客创造价值的能力。所以迎接环境挑战的关键，就是实现价值增长。这需要企业寻找到实现价值增长的解决方案，需要企业累计自己的能力。

如果要实现价值增长，就必须回答两个问题：

第一个问题是企业应该在哪里增长？这个问题的答案是要在两个方向上做出考虑和选择：一个是市场区域；另一个是产品和服务。你要问自己，是着重于现在的市场，还是要进军新市场。我跟一些企业的朋友聊天时，大家感到非常困惑的就是，企业一直不清楚应该怎么选择。很多人是在市场份额中花费很多脑筋，但其实企业要关注的不应该仅仅是市场份额，而应该是企业在整个价值链当中的位置，在整个市场中的价值创造能力及顾客感知。所以企业必须要回答的不是市场份额多少的问题，而是市场区域在什么地方的问题，这才是关键。另外一个企业要回答的就是产品和服务如何做的问题。企业对自己的主营业务以及对产品的组合有没有一个明确的态度是至关重要的，我也跟很多企业家聊过，发现大家对自己产品本身的理解并没有下足功夫。

第二个关键的问题就是企业到底如何增长？其实这个问题也很简单，就从两个角度来看，一个是企业的资源从哪里来；另一个就是企业的经营重心在哪里。企业增长其实主要也是来源于这两个部分。很多时候我与企业的高层管理者探讨这个话题时，他们往往会问：我要增长，我也很想增长，但为什么我总是做不到？管理者在很多的地方都花费精力，但其实真正的增长就来源于两个方面：一方面是你的资源；另一方面就是你的经营重心。我常常看到很多企业的经营重点涉猎很广，资源也平均分布，这样其实是无法增长的，你必须在这些问题上给出很清楚的回答——我到哪里寻求资源；我的重心在什么地方？其实你的增长不由其他人讲，你自己能找得到。

可持续价值增长的步骤：

我想我还是应该为大家再贡献一点价值，我们继续往下分析，我们可以按照下述步骤来实现可持续价值增长。

第一个阶段。企业最重要的是要突破企业内部的职能性瓶颈，我想大部分国内企业都会存在这个问题。在企业内部，最大的妨碍莫过于"屁股指挥脑袋"，正如我到企业去做研究的时候，很多部门经理就会跟我讲：陈老师，我们这个部门做得非常好，其他的部门拖了我们的后腿，您应该批评一下他们。这种时候我不会批评别人，反而会批评这个做得非常好的部门，因为这种现象就是职能性的瓶颈。

第二个阶段。企业遇到的就是业务的障碍。我觉得国内的企业在这个方面遇到的困难更多，因为我们的大部分企业在业务的定位上并没有分析市场定位，不知道市场定位是什么。这个问题不解决，我们也是不能增长的，这是第二个障碍。

第三个阶段。企业遇到的第三个障碍就是企业的核心竞争力。在这一点上，我强调企业的价值取向与产品、核心业务之间是可以配合的，后面我会讲具体的解决方案。

第四个阶段。最后一个当然就是企业的核心能力是否能够发挥。当企业核心能力能够发挥的时候，企业就实现了持续增长。

这就是标准的、实现可持续增长的步骤，这不仅仅是我所描述的这样，很多管理学者们都讲述过，但是为什么很多企业做不到？庆幸的是，有的企业还是做到了，这些做到的企业，就是从业务当中去创造价值。他们就是和顾客在一起，理解并能够转化顾客的价值，帮助并实现顾客的价值。为了做到这一点，这些企业都能够克服自身的障碍，寻找到与顾客在一起的核心能力，并可持续下去。

（原载：春暖花开公众号，2016年5月16日）

如何从业务中创造价值

我们来看看如何从业务中创造价值。业务关键驱动因素价值分析方法可以助我们一臂之力。任何一个企业如果想得到经济利益，就需要知道两个方面的意义：投资规模和投资回报率。投资规模涉及固定资产、流动资金和现金，投资回报率涉及毛利率等。比如打通所有环节中的时间成本，因为这些成本对于顾客而言，没有产生价值。我们真正面对顾客时，顾客就是需要你去满足他的需求，实现他的价值。对顾客来说，企业赚不赚钱他并不关心。所以我们要从企业赚钱这个点一直往回推，推到顾客关系层面来理解。最终的结果是企业赚钱，但是解决的问题是顾客关心的问题，这也就是最后一个层面，深层的价值驱动的部分。

寻找价值驱动，需要企业能够真正理解顾客，基于顾客的视角看待问题，如果要做到这一点，需要企业从以下几个方面进行努力：

第一，真正了解客户需要什么样的产品。

比如，在今天的市场当中，我认为互动价值可能是最重要的。在巨变时代，如果想获得互动价值，那么从业务当中创造价值的第一件事情，应该就是关注产品和产品意图。在关注产品和产品意图的过程当中，我们特别要关注的就是产品的生命力，就是产品为什么有生命力。其实做经营非常简单，你只要回答一个问题：顾客凭什么要买你的东西？你只要能够回答顾客这个问题就可以了。也就等于你给顾客一个购买的理由，而这个理由不是通过你的广告、你的系统、你的品牌，而是通过你的产品。所以我在考察企业时发现，有些企业在广告、渠道上花了很多的功夫，但是对于产品所下的功夫却不够。事实上，与顾客互动真正的价值就是通过关注产品和产品意图跟顾客沟通，使顾客理解他为什么购买这个产品。从这个层面上讲，我们要求企业对产品的生命力、质量和品质要特别地关注，要以顾客为本进行产品设计。

我在很多场合都讲过三星，我特别喜欢三星对同行产品的欣赏和学习的态度。我在很多企业做过顾问，我每到一个企业他们就动员我们用他们的产品，并说如果不用就不是他们的顾问。我觉得也许用别人的产品比用他们自己的产品更好。可是一些企业不懂得这个道理，认为用他的产品就是对他的尊重。要知道只有我一个人尊重你是没有意义的，真正重要的是顾客要尊重你。假使一个企业不欣赏和使用同行的产品，可能就没有机会真正了解顾客需要什么样的产品，这是经营的第一个价值。

第二，顾客要什么，你应该给他什么。

我特别强调顾客生命周期而不是企业生命周期，也就是说企业要想在这个市场上确定自己的地位是什么，就是顾客要什么，你应该给他什么。就如我写《中国营销思考》这本书时说：营销是什么？在合适的时间做合适的事情，这就是营销战略。其含义就是，合适的时间就是顾客需求的时间，合适的事情就是顾客所要的价值独占的概念，这两方面都做到了，你的营销战略就形成了。大部分企业走到今天非常困难，很大的原因就是很多企业没有办法预测下一个满足顾客特定需求的方面是什么。

所以我一直在想，理解顾客生命周期，需要从哪里来，其实就是从两个角度来。一个角度就是顾客细分，不是去寻找新顾客，而是把顾客新的需求细分出来，这是我非常强调的一个部分。这个实际上是非常关键的一个方向，今天我们对顾客的认识，要从他们需求的生命周期角度去看，当需求生命周期调整的时候，顾客的需求会再一次爆发出来，也就是说，同样还是这个顾客，但是会爆发出来新的需求。比如我在亚马逊上买书，我要买一本书，网站会告诉我，这个作者又写了另外一本书，于是两本都买了；又告诉我这本书的作者喜欢读谁的书，然后我又会买那本书；买完了之后，又问我这几本当中最喜欢哪一本，之后又会继续向我推荐……结果我最后买了28本书，这就是顾客细分价值。

另一个角度就是顾客的内部价值链。从2004年直到现在，在很多场合我都是很坚持用价值链去思考的一个人。早期我从企业外部价值链的角度来分析问题，后来我发现顾客内部还有一条价值链，从顾客购买开始一直到最终的顾客服务这样一条价值链，也就是顾客内部价值链。顾客内部价值链，是指从顾客购买你的产品，一直到他使用你这个产品的一个价值环节。在这个环节当中，你应当如何利用？成功的企业都很善于利用这个顾客价值链。所以，产品销售出去，努力使顾客接受，这同时也就是努力使顾客适应这个产品的开始，成功的企业会推延顾客适应产品的时间。

所以研究顾客价值的时候，不要让顾客适应你的产品，而解决顾客适应的过程就是你价值创新的任务，这恰恰是企业经营要做的。所以今天对服务营销的理解跟从前不太一样，今天对其根本性的理解就是不断地延迟顾客适应你的时间，一直往后延，直到最后顾客发现没有办法与你脱离，这就是顾客的忠诚度或者黏度的问题。就像前面买书的那个例子，如果买一本书时顾客停下来，书商也停下来，那就没有这个市场，但是事实上顾客买了28本书。另外一点就是要延长顾客需求的生命周期，企业要配合这条生命周期的曲线，不要进入成熟的阶段，因为只要一成熟就要衰退了。

第三，企业经营需要发挥协同效应。

企业经营需要发挥协同效应，我也非常认同。在这个巨变的时代，我们能够做的、最重要的经营价值就是促进同行或者非同行之间的共同成长，然后满足顾客对所有细分的需求。前面说过，顾客需求已经接近饱和状态，因而我们只有创新挖掘现有顾客的新需求。在这种情况下，我们应该用一个企业边界模糊化的概念来指导我们的行动。我最近写的一篇文章，就是回答什么叫作企业边界。很多人认为企业是有边界的，但是我可以告诉各位，在今天，真正成功的企业，它的边界已模糊了。它跟其他所有的企业形成了一个完全穿透的关系，很多东西大家一起来做；同业之间叫互补优势，在非同业之间就是互补行业，是非竞争性的联盟。而这个过程当中靠什么来实现，应该就是我们的经营部分，企业要从这个意义上来做。

这就是我想帮大家回答的，在巨变时代，企业到底应该怎样创造价值。如果我们要创造价值，就要从三个角度去做：一是从产品本身去做；二是从顾客内部细分价值去做；三是扩大整个行业的协同去做。

（原载：春暖花开公众号，2016年5月23日）

具体行动的六点建议

我曾经很喜欢美国一家药品分销商的案例,在整个药品行业净利润是1%的时候,这家企业却很特别,同样的背景下,5年间它都实现两位数的增长,无论是利润还是销售,而且其年销售额是250亿美元。这家企业做了什么呢?其实它就是做了这样一些事情,当它不断地把药送到医院去的时候,它发现美国的医院普遍存在三个问题:一是医院成本控制不了,最大的成本就是药房里的药过期;二是很难招到药剂师和护士;三是医生写的字非常潦草,为此有大量的医疗事故需要赔偿。

针对医院的这三个问题,这家本来是药品分销商的企业,为医院提供了三个解决方案,就是这三个解决方案让这家药品分销公司一直保持业绩增长。第一个方案是药房托管。公司有一个非常完整的药品管理系统,所以,有400家医院与它签订了药房托管合同。这样,它可以对400家医院的药平行地调度,确保医院里的药不会过期。第二个方案是开发自动分药系统。医生直接在自动分药系统上开处方,把患者的名字直接打上去,药就可以直接分发到患者的手上了。这个自动系统把药剂师和护士的人数降到最低,所以大部分医院都购买了这个系统。第三个方案是定做手术用的工具包。这家公司还发现,每一个手术一般要用200个医用工具,所以他们就把这些通用的200多个手术器械,用一个无菌包装直接包好,结果大受欢迎。

这个个案告诉我们,要真正地了解你的顾客需求是什么,并着力于如何去满足顾客需求。如何去做呢?我归纳如下:

第一,需要重新认识我们的用户。

需要重新认识我们的用户,必须站在用户自身的内部价值上去认识。

第二,我们与用户间是一种战略性的关系。

我们与用户之间一定是一种战略性的关系,而不是一种所谓的交易关系或者服务关系。从交易关系到服务关系，中国企业已经进了一步，现在我给大家提出更高的要求，从服务关系变成战略伙伴关系，也就是说双方是一个互相成长的关系。注意不要停留在概念上，要更深入地走下去。

第三，要培养用户做标杆。

要培养用户做标杆。不要全面铺开，而是拿一个地区，甚至一个用户来做，然后再复制这种关系。

第四，产品以价值定价，不要参照同行定价。

产品以价值定价，不要参照同行定价，我还是强调市场不代表顾客，比如很多行业都设立VIP客户服务，这些大客户会得到很多积分，给用户提供这种积分兑换奖品的服务有没有用？有用。这个市场需不需要这个方法？需要，但是这并不是每一个顾客都需要的。所以大家记住，市场跟顾客不能等同。我们一定要用价值定价，你关心的应该是顾客的价值，而不是其他。

第五，产品与系统之间的关系。

产品与系统之间的关系。必须让整个产品的条件转化为整个系统的条件才行。在第五点上我也坚持一个观点，就是企业真正的核心能力是企业战略最后变成市场行为的能力，从某种意义上来讲也可以说是内部的核心系统，像沃尔玛或者微软等很多企业都是我们要学习的榜样。沃尔玛是用最低的价格销售，但沃尔玛在百货行业的平均净利润与同行几乎是一样的，另外沃尔玛还总是比同行多两个百分点。其真正的原因就是采购成本比别人低，店面的损失率、失窃率也比别人低，就凭这两条，它就超越了同行。

总是以最低的价格销售，走成本领先的道路，说起来人人都会，但是能够让这个战略变成企业真正脚踏实地的行动，才是核心能力的根本来源。因此，这是整个系统的力量，那就是能不能保证你的采购成本比别人低？能不能保证现场店面管理水平比别人高？沃尔玛做到了这两条，所以50多年来，很多人学沃尔玛，但都没有学到，这就是我们所说的核心能力，所以我强调产品必须转化为系统。

第六，你的品牌资产一定要有亲和力。

你的品牌资产一定要有亲和力。现在的人都很脆弱，我们的顾客是非常需要别人喜欢他的，所以一定要注重这个亲和力。我觉得国内的企业在这一点上下的功夫不多。我强调盈利要有人性关怀，这是非常重要的，就是深具人性关怀的盈利。这种人性的关怀会帮助我们真正地盈利，而人性的部分恰恰就是价值增值的部分。

以上是我认为能够告诉大家,在这样一个环境下,怎么做的几点主要措施,我当然也希望,也更加愿意让我们所有的企业都能够在这个时代找到自己的成长特性。

(原载:春暖花开公众号,2016年5月30日)

懂管理变得
比任何时候都重要

向大家汇报一下我近几年主要关注的一个话题，也就是互联网时代管理的变化。

互联网的出现使我们在管理学上的研究遇到了很大挑战，一些互联网大佬会告诉你：应该把管理去掉，把KPI去掉，把中心和中介都去掉，认为教授的话不用听，因为没多大用处。还有一次我们公司开年会，请了雷军来，雷军在台上说，商学院教授的话基本不用听。当时我就坐在下面，听到这番话也是蛮郁闷。

但事实上，当我跟这些企业家们坐下来交流的时候，他们也会向你请教很多管理上的问题。大部分人都说，员工从20人变成200人，从200人变成500人时，我就发现不知道该怎么办了。所以这种情况等于回答了我一开始提到的问题，当下管理并非不再重要，而是更重要了，并不是要把KPI或者管理去掉，我们要做的是重新认识管理真正的价值。

三星和IBM的启示

在今天的环境下，管理遇到三个重要挑战，首先是现在遇到的很多管理问题是以前没有遇到过的。比如现在的年轻人非常强调个性和独立性，他不一定执行你的决定，反而会挑战你的权威，问你为什么这么决定。第二个挑战，管理究竟该如何发挥价值？很多人会说，虽然我管理做得不够，但是我赚钱很多。这就涉及怎样去评判知识和管理的价值。第三，管理最大的挑战是怎么激活人，尤其是激发年轻人。

在我的整个观察当中，有五家中国企业我最关注，已经研究了20年，分别是华为、联想、TCL、海尔和宝钢，我希望观察他们30年，总结出规律性的有共性的东西，然后运用到实践中。

我还跟踪着三家国外企业：谷歌、三星、IBM。因为他们的发展都出乎我意料。先说谷歌。大家知道前段时间谷歌有一个著名事件是人机围棋大战，当时很多人关心人类到底会不会赢，其实不用关心输赢，因为人工智能集合了所有人的智慧，如果输给人，那我们就没有未来了。真正让我惊讶的是谷歌的前瞻性，这才是我们要关注的。

再看三星。我先讲一个例子。2004年，海尔销售额超过1000亿人民币，在这之前，没人相信中国企业能做到这个量级。而三星呢？1993年，李健熙掌管三星时提出要彻底改变，当时三星和海尔区别不是太大。10年后，也就是2003年，三星全球销售额是2000亿美元。同样是花10年所做的事，我们和三星根本不在一个数量级上。

又一个10年后，2013年，三星做了另一件事，它打败了全球手机市场排名第一的诺基亚，成为新的霸主。但新的挑战随之而来，它的手机出货和市场份额开始出现下滑，李健熙不得不重新站出来，告诉三星员工，我们必须再次改变。尽管三星目前的遭遇比较尴尬，但这家企业依旧强大到你必须欣赏它。从亚洲金融危机到全球金融危机，再到目前的新危机，三星一次次应变过坎，不断超越行业顶峰对手，李健熙还提出创造未来比预测未来更重要，这些都是我特别关心三星的原因。

IBM也是一家巨象级的非常有前瞻性的公司，它对整个市场的研究和判断比很多公司都要精准，甚至在战略上也进行了彻底转型，包括由系统转向平台等等。但就是这样一家能正确判断未来的公司，为什么从2011年开始出现业绩下滑？

从战略上来讲，我不认为这两家公司有问题，因为他们对未来的判断都是很明确的，而且自身的技术能力、销售能力、流程能力以及人力资源水平都是极其强大的，问题出在哪里？一定是有些东西变了。这个东西是什么？根据我的观察，是产生价值的逻辑变了，也就是客户的逻辑变了。你的商业模式如果想持续成功，最核心的是你能不能建立一个组织，这个组织完全是按客户的逻辑来做。

共享时代，再谈互联网就OUT了

新的客户逻辑是什么？最核心的是共享经济。如果是两年前，我站在这里和各位讲得最多的是互联网，但现在我很认真地告诉大家，你不能再谈互联网了，因为已经过时了。

在互联网时代，我一直跟很多企业家说不用太焦虑，只要你认认真真把产品做好，别人一定会来找你。真正给企业带来挑战的是共享时代，很多东西跟以前不太一样。首先是获取知识和信息的成本变得很低，比如你想上学不用来学校，可以通过在线课堂学习。第二个是多元化，今天所有的东西都可以共存。第三是包括创意在内的无形资产的价值越来越大。第四是WIFI等基础网络的普及。

这就带来一个挑战：难的事情不再难。去年底，我的一本新书计划出版，华章说要做一个新尝试，就是给粉丝们上一次微信公开课，我讲一下这本书，也许后期不用做推广新书就能卖得很好，我同意了。没想到参与的人数很快达到10万，200个群全部爆满。

等到快上课时我又发现一个新的挑战。我要一个人对着手机讲，还得有感情地说，微信语音时长最多60秒，我要在一个小时内不停地讲完一个又一个60秒，而且要边讲边发PPT，同时想着下一个60秒说什么。这堂课讲了一个半小时，还比较顺利，上完之后我也松了口气，自己教学这么多年，从没想过会同时给10万人上课，而且我也没宣传和召集，微信上一个通知，10万人就聚齐了，自己创了一个纪录。

后来人民大学的一个老师跟我说，我要破你的纪录。我告诉他，互联网就是这样，成功了很快就被颠覆，你肯定能破我的纪录。他花了一周时间来推广，最后召集20万人上了一堂课，把我的纪录给破了。这是关于共享经济的两个例子。

离职率高？那是没学会"谈恋爱"

共享经济有三个关键词：倡导、连接、合作。再给大家举个我自己的例子。去年我给自己蛮多的挑战，其中一个就是走戈壁。出发前我和一起去走戈壁的学生讲，我们能不能众创一本书，走完戈壁，你每人给我写两千字，一星期之后这本书就出版。他们说好。结果回来以后，因为太多感慨，每个人写的都超过一万字，这本书有48个作者，还要配大量图片，我花了一周时间把整本书删减到18万字，上市后卖得蛮好，我那些学生也很兴奋，感受了一次当作者的美好体验。各位想想，你们出一本书要多久？可是当你集合48个人去写的时候，只需要一周，而且还写得不错，这就叫众创，是共享经济的一块。

共享经济给管理带来两个重要影响，第一，雇员社会有可能消失，这是一个非常大的挑战。大家不希望再有上下级关系，都愿意平等，喜欢共创。就像我们走戈壁，如果走完之后我让他们写感想交上来，这件事肯定没人做，因为走完戈壁很累。但你告诉他一周之内保证把这本书推出来，他不再觉得这是作业，是在当作者,很快就能写完交给你,而且是超额完成。

第二个重要影响是个体价值的崛起。以前有个概念叫知识型员工,谷歌前CEO施密特在新书 *How Google Works* 里提出一个新的概念——创意精英,他认为,未来组织的关键职能,是让一群创意精英聚在一起,而公司要做的是营造合适的环境,使之踊跃创造。也就是说,你要给员工提供舒适的氛围,企业里不光要有客户体验中心,也要有员工体验中心。我参观过微信团队的工作场所,设计得非常有意思,容易激发员工创意,比如它有一个很大的滑梯,你可以从三楼滑到一楼,华为和阿里巴巴的工作场域也有这种特质。

这就带出下一个问题,什么样的组织最受欢迎呢?我们通过调研发现四个维度:一是更加重视工作挑战和多样性的学习方式;二是没有等级和职位划分的层级结构,也没有系统的僵化和内耗;三是员工觉得自己可以贡献价值,并能及时看到最终结果;四是能够迅速地学会涉及范围更广泛的一系列技能。

所以你会发现,共享经济会倒逼管理者随之做出改变,当管理者学会和员工"谈恋爱",彼此爱得越深,员工离职率越低。组织也由此衍生出新的内涵,首先,组织和个体是共生关系;其次,组织一定是外部引导,以往通过内部交流进行决断的方式一定要调整;最后,组织需要打开内外边界,具有整合能力。

新的时代背景下,管理者想成为变革者,就要有归零的心态,不要开口闭口讲过去,同时要激发员工的内在成长驱动力和担当,与对的人在一起,比如联想的"发动机文化",通过不间断的小事,日积月累促成伟大的事。

过好2016,务必做好这三件事

2016年,你的经营要瞄准三个价值点,首先是创造。比如说前阵子新希望六和公司停牌,停牌的时候股市3800点,我们要复盘时股市是2800点,有人说你一复盘肯定会三连跌,我说我不做这种预测,我要做的就是努力创造不三连跌的可能,事实上复盘后就一个跌停,第二天就打开了,这在今年的股市是非常不容易的。所以创造未来比预测未来更重要。

第二,市场与技术的力量正在改变格局,所以大家一定要关心技术,关心市场。

第三,所有的边界都被打破。组织的边界,行业的边界,企业的边界,消费者跟生产者的边界都被打破了。所以我告诉大家,如果你想在2016年过得很好,从经营角度一定要做好三件事,一是共创共享,二是创建生态网,三是更开放、更进取。

分享我个人坚持的一些观点

第一个观点，一定要关注人，因为所有的成功都是人的成功。

第二个观点，你要有目标，并为此坚持和行动。像我计划用30年研究中国的五家企业，虽然到了30年的时候不见得能构建出什么理论，但是到现在我已经持续研究他们20年了，熟知他们的数据和变化，我知道他们做得好的原因是什么，这就是为什么我可以跳到企业去就可以把它带到一个位置上，因为你有这个研究框架，你有结论，然后你去操作。这些基础是什么？就是你的目标跟行动之间的关系。

第三个观点，用心就好，这是保持成功和领先的唯一答案。有些人跟我讲，陈老师，关键还要看命。我就回答他说，机会就像阳光一样，会公平地照射每一个人，谁能承接得住阳光，要看谁先准备好。没准备好的话，要么往房檐下一站，阳光照不到，要么冒死站在太阳底下被晒死。

最后，你一定要不断与人分享，不断交流，你会从中得到鼓励，这个可以让你持续进步。只有不断进步，你才可以顺应这个时代。

（原载：春暖花开公众号，2016年6月1日）

环境变化的
这几个重要特征你知道吗

对于环境的理解,需要从根本上去把握,而不是简单看现象。这是一个变化异常的时代,很多认知都被现象所混淆,很多判断已经似是而非,但是如果要在这样的环境下,做出正确的选择,则需要我们界定清楚现象背后的本质是什么,我试着做一次梳理,归纳为目前环境变化的几个最重要的特征:

特征一:我们所面对的挑战在于不确定性不仅仅是常态,也是经营的条件与机会。

这个话题也是我最近这几年来最主要关注的两个话题之一。一个就是在互联时代的管理,如何激发个体;另一个就是如何面对不确定性。我们今天做管理和经营,可能比以往任何一个时代的挑战更大,这个挑战就在于不确定性不仅仅是常态,其实已经成为你经营的基本背景。也就是说企业对于市场的把握,对于机会的认知,对于可能性的探讨,甚至企业增长的来源,经营的条件都来自于对不确定性的把握。当你了解不确定性的时候你才能了解真正的可能性在哪里。所以我在今天介绍这方面所研究的内容,同时我也特别希望我们经过不断的努力,在不确定性中找到发展的机遇,希望有一天更多人像发树董事长一样,我们有力量来推进中国的进步,推进这个民族的腾飞。

特征二:我对互联网最深的理解,是庞大的线上消费人口。

回到我的话题,有几件事情各位肯定知道,其中一个是互联网。我觉得互联网大家非常关心,比如说有没有互联网的思维,互联网企业对传统企业的冲击到底是什么,坦白讲这都不是我关心的。我对互联网最深的理解,也希望各位认真对待它的地方是,它拥有庞大的消费人口。也就是说你要不要跟互联网走在一起,不是基于这个技术,而是因为这个技术带来的巨大消费人群。看一下中国的数据，2003年网民数：0.79亿，网民渗透率：4.6%；到2014年，网民数6.49亿，网民渗透率：48%。而英法德意四国总人口才2.7亿。11年间，中国网民数增长了8倍；网购人群大于英法德意四国人口总和。更需要特别认真对待的是它有有效消费数据。所以每次有人问我互联网的时候，我不回答互联网思维、互联网技术、互联网转型、互联网工具，我说你们不用往那边想，有接近8亿人，你是否需要与其发生关系，你要不要关注他？我想这就是你要特别面对的话题。

特征三：渠道发生了根本性的改变。

我们来看看整个渠道的不同，今天看到的很多改变，很大程度上都是源于一个特别有意思的地方，就是渠道改变。我们无论看商业概念或者任何其他的东西，你会发现渠道已经完全改变。我们看的渠道不再是以前的渠道，很多情况下看商业模式的创新，很多人问他们为什么会做创新，我说非常简单，因为他们把传统当中所有的浪费拿掉。也就是说如果我们按传统渠道的概念去讲，其实中间有非常多的浪费，信息不对称、链条长、每个环节价值的分配和榨取。可是你在今天看到互联网可以把这个事情全部解决掉，所有的部分都变成是一个网状的概念，信息是对称的，"互联网＋"之下，当数据产生是全方位、实时、海量的时候，企业间的协作就必须像互联网一样，要求网状、并发、实时的协同。解决了传统渠道信息不对称、中间环节过多、链条长、产业效率低的问题，所以你不得不做这个基本改变。

特征四：企业所关心的最重要的东西已经从内部转向了外部。

这是一个核心的变化，我们所关心的最重要的东西已经从企业内部转向了企业外部。也就是说一个企业如果只拥有自己内部资源的能力，或者仅仅拥有内部优势的发展，那你今天一定是被淘汰的。在技术的帮助下，三件事情会变成最重要的核心：第一，用户体验至上，商业回归人性。第二，未来商业的本质就是数据，要么数据化，要么灭亡。第三，企业依靠"内部资源能力"和"外部合作生态"形成持续"价值创造""价值传递"和"收益获取"的内在"系统逻辑"。

数据驱动、生态协同是极为重要的，我们需要认识到，企业真正的机会必须延展到外部去，必须是内外部合作，形成一个价值创造、价值传递以及获取收益的系统逻辑。比如很多人在一起讨论战略，他们问我今天战略最大的挑战是什么？我说最大的挑战就是与现有你的资源和能力可能没有关系或者关系不大。这与之前完全不一样，我们学战略会比较多关心资源和能力，特别是内部的资源和能力，会比较多地关心相对竞争优势，会比较关心核心竞争力的培养。可是今天有一种非常奇特的现象,我希望大家特别在意的是,今天你的资源和能力都不是最重要的,最重要的是你可不可以与外部组合在一起,去做价值创造、价值延伸以及价值共享。

环境的这些根本性改变,对管理者的能力有了新的要求,这需要我们做好准备。

(原载:春暖花开公众号,2016年6月20日)

组织处在不确定的商业世界，这四个层面的思考你都做到了吗

今天的商业世界比以往任何一个时期都混乱，这是每个人都要面对的事实。尝试着理解在这样一个混沌的商业背景下，组织需要做什么样的管理转变，或者说应该关注什么样的关键因素，以保证组织能够自我调整，适应混乱的现实。

然而，中国的大部分企业组织处在一个相当稳定的结构中，组织运行大多数还是沿用一种传统等级制度的、机械的、稳定的方式。最高管理者制定战略（也有企业聘请外部咨询顾问或者聘请专业人士给予帮助），中层管理人员执行战略，每个企业都在留意甚至追求精密的控制和报告体系。

随着信息化程度的提高，更多的企业满足于大量的数据分析和一层一层地向上报告，高层管理者也满足于根据数据说话，而且对于应用新的信息工具沾沾自喜，基层管理者不断地强化组织的稳定，形成了一个自我称之为"超稳定的结构"。这样的结构对于降低成本、维持品质以及提高执行力会有极大的帮助，但是，以今天的竞争环境来说，降低成本和高速增长必须并存，维持品质和毁灭性创造并存，提高执行力和不按常规做事并存，这些看似矛盾的并存现象却是企业必须面对的情况。

以往超稳定的结构已经无法适应这个变化的环境，从前运作有效的组织管理模式已经不再能够那么有效地运行了。所以我们看到企业组织处在一个非常尴尬的地步：一方面需要系统自身的稳定，一方面需要把自己放在竞争环境中不断变化；一方面需要留住优秀的人才，一方面又需要不断地引进新的人才以打破固有的平衡；一方面需要保持竞争优势，一方面又要超越自己，放弃固有的东西。所以每一家企业组织都面临着一个全新的现实，这个现实的特征就是我前面提到的：

第一，组织不再是一个"封闭的系统"；

第二，组织的经营环境已经不再是稳定的状态；

第三，组织中不再存在明确的杠杆。

如果我们承认这些观点，那么组织管理所要解决的就是在混沌状态下如何运行的问题，我认为应该关注以下几个层面的思考：

思考一：管理者需要学会混沌的思维方式

混沌的思维方式是相对于稳定均衡的思维方式而言的。稳定均衡的思维方式是我们习惯的组织管理思维方式，这种思维方式最在意的是如何确保所有的行动回归到预定的计划上来，管理者所努力的方向是保证结果与计划相符，所以在发挥管理职能的时候会很坚持控制和计划这两个管理的基本职能。比如我们在计划管理中习惯使用的"例外管理"就是这样一个例子，我们计划实现某种均衡状态，一旦偏离这种均衡状态，我们会采取行动，这就叫"例外管理"。但是混沌的思维方式刚好相反，它不是不关心计划与结果的吻合，而是更关心目标实现过程中，如何寻找到能够带来超乎寻常的结果。我们还是拿"例外管理"来做例子，在混沌思维方式下，不是关注是否出现偏离均衡状态的行动，而是关注不断寻找改进的机会，最著名的例子是日本本田公司在美国摩托车市场的成功。在本田公司进入美国摩托车市场的时候，美国市场在大家的眼里公认的消费习惯是"更大更奢华"，本田公司也是本着这个方向努力并制定了计划，但是没有成功，当本田公司偏离了这个计划，抓住了人们对小型车的兴趣这个点的时候，没有想到在5年之内就主宰了美国摩托车市场。

思考二：组织需要构建自己的弹性能力

所谓弹性能力就是指不借助任何外力，能够自己加压、自我超越的能力。我们常常看到有些企业似乎永远不会犯错误，似乎总能够抓住机会获得竞争的优势地位。也许你会归结为这家企业运气好或者这家企业本身处在领导者地位，因为这家企业能够控制市场或者控制环境。我想这样的理解是非常错误的，支撑这家企业的关键因素之一是企业自身的弹性能力。我们可以看看海尔的成功，当海尔开启质量之路的时候，并没有停留在这个方向上，而是在合适的时间率先进入服务战略，而当服务给海尔带来强有力的竞争地位的时候，海尔又要求进入组织流程再造，之后进入全球化的努力，海尔的每一步改变，都抢在市场变化的前端，都能够在行业中领先一步，所以海尔总是可以让自己处在不断竞争的地位并保持竞争优势。反过来，很多企业总是在外力的压力下才做调整，甚至环境改变了还在幻想着能够对付过去，自己不做主动的改变，甚至一些企业还认为自己拥有的优势是长久的和不会被淘汰的，还沾沾自喜地活在自己的世界里而对外部的变化熟视无睹。在稳定均衡的状态中，企业可以保持自己原有的竞争优势，企业也可以按照自己对于市场的理解的经验来判断未来，但是当企业进入一个混沌状态的环境的时候，所面对的问题是全新的问题，没有经验和先例来借鉴，更可能的情况是以前的优势变成了劣势，所以组织需要自我超越，自己加压不断改变才是正确的选择。

思考三：在组织内部打破均衡状态

稳定均衡状态的思维方式倾向于把发展的过程理解为一种平稳的趋势，混沌状态的思维方式则把发展过程理解为一种半稳定的临时状态跳跃到下一个半稳定的临时状态。所以在混沌状态的思维方式里，所有的发展都是时断时续的。我们相信混沌状态的思维方式的理解更接近于实际的市场情况，那么组织就需要打破自己的平衡来获得市场的机会，管理者此时需要关注的是如何保证组织能够迅速地上升到新的变化空间，在时断时续的发展中，能够到持续的阶段而避开停顿的阶段。这就要求管理者必须清醒地认识到：管理上的每一个举动或者疏忽所造成的后果很可能是错过了持续发展的阶段，所以，组织内部需要不断地打破平衡，不能默认没有能力的人在岗位上，不能默认老朽的管理者在关键岗位上消磨时间直至退休，不能对市场上的技术采取观望的态度，不能放任服务水平下降而寻找借口，绝不能追求"一团和气"。

思考四：实现组织学习

学习型组织的构建在今天已不是时髦的话题，问题的关键不在于是否要建立学习型组织，而是如何实现组织学习。组织学习最根本的问题是要解决组织存在问题的本身，而不是对这些问题产生的后果做出反应。举个例子，一个印刷企业在8~9月总是进入高峰期而使得生产无法满足市场要求，如果单从学习的角度来说，我们会选择加班和订单外包来缓解问题，所以提高工人的熟练程度、强化外包工作的管理就成了组织学习的内容。但是这并没有解决高峰期和低谷期的问题，如果是真正的组织学习，反而应该分析产生生产高峰的根本原因是什么，是订单的问题还是计划性差的问题，是产品结构的问题还是客户结构的问题，是市场区域的问题还是销售政策的问题，分析这些事件背后的原因才是真正的组织学习。

这四个层面并不能够完全解决组织的混沌状态所带来的变化，但是至少我们需要知道组织已经处在一个非均衡的、混沌的环境中。在这个环境里组织必须是动态的。一旦管理者能够转变自己的思维方式，使自己掌握混沌状态的思维方式，能够实现组织的真正学习，能够超越自己，主动打破自己组织内部的平衡，不管出现什么样的突发事件，也不管环境如何改变，组织总是可以让自己凌驾于变化之上，处于主动的位置。

（原载：春暖花开公众号，2016年8月31日）

以未来决定现在

现在太多的变化，太多的无奈，太多的阻碍，太多的机遇，太多的挑战，太多的诱惑，一系列的东西需要靠你自己做选择，选择不做什么。面对未来有四个最重要的关键词：技术、数据、创造、智慧。

我们很多人有焦虑，有不安，有求解、求知、求友，要的东西其实很多。但你所要的这一切都由一个东西决定，就是你拥有的能力。你的能力会决定着你怎么去让需求之间的关系保持平衡。

今天我们遇到了一个比较复杂的经济环境，没有人敢说用一招就可以解决。这种情况下，作为你自己或者作为一个企业怎么能安处这样的环境？我决定用"以未来决定现在"来作为今天的主题。

一、用增长应对复杂多变的经济环境

我们在做战略或者研究战略，或者研究市场，或者研究经营的过程中，其中有一个很重要的要求就是如何保持增长，因为所有的问题都需要通过增长去化解。就如姚洋老师介绍的，我们这几年为什么很困难？坦白讲一个核心的原因是增长降速。我们的企业之前为什么活得很好？原因就是因为自然增长摆在那里。所以对于企业来说，一个很重要的要求，或者做战略的一个基本要求，就是用增长来面对变化。

如何获得增长？如何让自己的增长超过别人，从战略的基本思维上来讲，只有两个最重要的方式：一是用未来决定现在，二是选择不做什么。因为选择不做什么，你就有足够的资源集中去做什么，而当你能够集中资源去做什么的时候，基本上你就可以把别人抛开，因为资源都有限，你越聚焦，你成功的可能性就越高。

复杂多变的经济环境下，你我今天所要讨论的主要问题是：未来已来。重要的是你要知道未来已来时，你要面对的到底是什么？你的旧观念是不是真的被终结掉？整个发展模式是不是要更新？经验是不是有末日？人跟组织的关系有可能被颠覆？"稳态"还会存在吗？

未来已来时，很多东西真的变了。比如说有没有边界？这就是一个很大的问题。什么才是真正的驱动力量？新的生活方式呈现了还是没有呈现？接下来技术、想象力以及未来到底是什么？我们能变成"新人"吗？而"新人"有可能是机器人。

最核心的问题是：未来已来时的你与世界？你属不属于那个未来已来的你？你属不属于那个未来已来的世界？我觉得这个才是核心。

二、淘汰你的不是新技术，而是你的旧思维

很多时候，我们被淘汰，绝对不是这个世界的变化，绝对不是技术，绝对不是外部环境，而是我们自己，因为我们生活在过去。很多人虽然生活在2016年，但是思维方式可能还停留在2000年前，这才是真正可怕的地方。同时，还需要大家理解，2016年最大的特点，可能是2020年、2050年的特点，那你又生活在什么时间点呢？这是我们所有人都要讨论的话题。

准备这个话题，让我想起电影《星际穿越》，什么是真正的推动力？其实是爱，是父亲与女儿的爱，看着父女在两个时空里相望，反复预示着，眼前正在发生的一切，也是未来发生的一切。你今天拥有的一切，也是未来拥有的一切。假设你今天不做努力，那个未来你就没有。

这种变化正在发生中，比如工业4.0。有人认为无人驾驶汽车还离我们的生活很远，但是德国的博世集团却开发出一套产品模式，无人自动驾驶去停车场，这个产品模式需求巨大并可以很快来到我们的生活中。这是什么叫作工业4.0，什么叫作正在发生的未来，什么叫作未来已来。

从技术上来讲，未来的大趋势就是从互联网到物联网，再到人工智能与生命技术。但问题就在于互联网、物联网、人工智能、生命技术对所有东西的判断发生了改变。最大的改变是什么？就是每个行业都被重新定义了。

举个例子，企业卖农机产品，一开始卖产品，接下来卖智能产品，有了移动技术之后就卖智能互联产品，当发现智能互联产品所有人都有了，它就必须卖产品系统了。产品系统卖完之后，就得卖整个产业的结构。如果你不在这个产业结构网络当中，在今天你是做不下去的。再比如，乐视的生态结构，其实是对的。

从产品边界到互动边界，然后到网络边界，再到结构边界，一直在打通。如果不在一个结构当中，你很难有机会。你在什么样的结构里，这是非常非常关键的。因为边界被调整了，所有的要素也变了。

今天制造业所有的知识和技术跟以前完全不一样，如果你还是用原来的知识和技术面对今天的制造业，将会很难。比如GE，把财务公司卖了，把家庭电器卖了，是因为GE发现定义的边界变了，对制造业的要求变了，制造业最重要的是降低损耗、提高效率。因为制造业占用了非常多的资源。GE从2008年开始转型，现在已经可以很骄傲地宣布，他们在新一轮的变革走在了前列，他们借助于新的技术模式，为航空公司提高燃油效率，因此获得了全新的客户和价值创新。在今天的行业当中，这就是极高的效能，因为降低一个点的成本就是提高一个点的利润。再如福特汽车，要做一个完整的汽车生产线，整车出厂下线的新工厂建设只要26天，原因就是全部用数据跟智能组合，这已经改变了整个制造业的效率。

三、竞争要素和增长逻辑都变了，不变的是顾客价值

云时代，从运作逻辑到世界图景，从基础法则到时间法则、空间法则，从协作法则到发展法则，全变了。今天你甚至不知道谁是你的竞争对手，所有行业的游戏规则都在调整。互联时代的到来，最重要的两个要素变了，一是行业的本质竞争要素改变，二是增长逻辑改变。

工业时代，行业的本质竞争要素是规模、质量、成本。在2015年之前的互联1.0时代，行业的本质竞争要素规模增长、盈利增长、技术进步以及资本驱动，特点就是有钱就任性，互联网企业没有盈利，但是估值很高，不盈利也赚钱，这让很多传统企业焦虑不安。但是我觉得这样的日子就要过去了。在互联2.0时代，是要真正的价值，要有效的市场，不是随便免费的用户，一定是精准的用户，一定考虑流量，考虑数据，考虑价值创造。

增长逻辑也从之前的线性增长变成非连续性增长。今天诞生出那么多新兴企业，它们和你根本不在一条轨道上跑，这其实是增长逻辑变了。因此，对于企业而言，真正的挑战是创新价值不同。比如工业时代，还是关心产品的。但是从互联1.0时代开始，关心消费。到互联2.0时代，关心系统和结构，也就是产业互联网。

阿里巴巴、腾讯、IBM等企业最核心的是什么？就是不断打破边界。它们在构建一个生态结构，让更多的人在这个结构里生长起来，这是它们最厉害的地方。

但是依然有不变的东西，那就是顾客价值，也就是做企业的起点和终点。德鲁克给企业的定义非常明确，那就是创造顾客。

面对未来有四个最重要的关键词：技术、数据、创造、智慧。

我们现在太多的变化，太多的无奈，太多的阻碍，太多的机遇，太多的挑战，太多的诱惑，一系列的东西需要靠你自己做选择，选择不做什么。但是怎么做选择？我觉得不是用机会，而是用你对于价值的判断来做选择。这个价值的判断就是你的精神成长。

（原载：春暖花开公众号，2016年10月18日）

为什么"计划没有变化快"

在计划与目标管理中,最大的挑战是计划如何面对变化。在日常管理中,更多的说法是"计划没有变化快"。好像这样的说法被很多人认同,但是我不认同。我同意今天变化非常快速,我们所处的环境、技术、顾客需求、同行以及商业模式等,都在变化和创新中。但是,这并不意味着计划就无法适应变化。我们也知道,计划是管理的基础,如果计划不能够面对变化,也就让管理陷入混乱中,管理的基础就不存在了。

事实上,计划没有变化快的原因是,计划没有涵盖变化,是计划本身没有设计好。一个好的计划一定是可以包含变化的,是可以预测趋势的,是能够和趋势走在一起并获得机会的。一个涵盖变化的计划,一定是要判断趋势,具有前瞻性以及适应变化的柔性。

我们必须承认,今天的环境已经完全改变,以往我们所熟悉的条件几乎不存在,接踵而来的都是全新的挑战。我们已经不再把我们生活的这个世界看作稳定和可预测的了,而开始把它视为处于混沌的状态。这些不可预测和变动,既能够给那些有准备的组织带来巨大的机会,又带给那些反应迟钝的组织以致命的威胁。对于每一个管理者而言,这就是他所面对的环境。

所以不是计划是否准确的问题,而是计划如何包含变化的问题,计划如何具有柔性以适应变动的环境。所以,为了适应这种环境的不确定性,"战略的柔性"成为人们的思考方式。对于今天的任何一家企业来说,既要有明确的战略方向,又要能够适应顾客需求的变化,既要有明确的战略目标,又要能够把握变化而提升适应能力,这就要求我们从计划本身做出适应的安排,而不是面对变化无所适从。

保证计划得以实施的三项重要的安排分别是政策、程序和规定。政策是决定资源分配的安排;程序是获得资源的流程;规定是获得资源的条件。也就是说,如果要实施计划，首先要制定政策来分配资源，再确定程序以保证资源得以监控，而规定可以保证获得资源的条件是存在的。

让计划包含变化的途径是：如果发现变化比计划快，可以先调整计划实施的规定，但是程序和政策不做改变。在此基础上依然没有解决问题的话，就调整程序，但是政策不能调整。往往调整了规定或者程序，计划就可以保留，并包含了变化。

（原载：春暖花开公众号，2016年10月19日）

中国管理模式的机遇

今天所有的东西都在改变,没有人能够在经验上继续走下去,企业管理遇到了根本性的问题:商业模式的成功在很大程度上要组织和管理与整个客户价值的逻辑保持一致,而不是与企业的规模相关。

一、现实的观察

我们在整个管理研究当中面临一个巨大的挑战,这个挑战就是理论与实践到底能不能关联。而对中国管理实践更多了一个挑战,就是西方的理论对于中国管理实践究竟能够指导到什么程度。在过去的30年当中,中国企业走了一段高速发展的路,使得中国企业的管理实践具有了领先全球的机会,所以我们可以看到像阿里巴巴、华为以及千千万万的中国企业走到世界的舞台。

但在这里面又蕴含了另外一件事情:中国管理模式到底能不能走到世界的舞台?这是管理实践界与学术界都非常关注的话题。我也相信所有做研究的人都会有一个巨大的梦想,希望中国管理模式的研究理论价值能够贡献于世界,能够推动中国企业的进步,进而推动中国企业和全球市场的互动。因此,我想为大家介绍管理新的机会到底在哪里。而在这个过程中,我们也可以看到理论与实践之间其实是一个并行的关系。

在现实中我们可以看到很有意思的数据,这些数据显示企业在不同阶段遇到的挑战是非常巨大的,哪怕它曾经非常强大。根据苹果最新的2016年财报数据,从2001年到现在为止,苹果业绩第一次出现了下滑。今天所有的东西都在改变,没有人能够在经验上继续走下去,企业管理遇到了根本性的问题:商业模式的成功在很大程度上要组织和管理与整个客户价值的逻辑保持一致,而不是与企业的规模相关。

从这个意义上来讲，管理学界和实践界常常讨论的一个话题就是：一百年来建立的管理理论究竟是否过时，尤其在互联网技术下。当看到华为、阿里巴巴、腾讯这些优秀的中国企业能够诞生出它们新的商业模式的时候，我们很欣喜地看到中国企业在管理模式上的机会点的到来，一个可以使我们所有人都参与价值创造的机会，这就是共享时代。

二、中国管理模式研究的风口：共享时代

我曾经给10万人上过课，也给20万人上过课，有人跟我说你可不可以给100万人上课，这应该是有可能的，因为技术提供了这个支持。数量不是最重要的，重要的是今天人人都可以参与价值的创造。当我们关注中国企业的成功，关注中国的管理实践时，我们所获得的就是价值共享。

在共享时代，整个组织形态最根本的基础会被调整，这个基础就是个体不再是雇员。德鲁克有一个贡献，就是提出"知识工作者"的概念。今天我相信，另外一个概念会让大家感到更有价值，这就是"创意工作者"。这是一个巨大的变化，它意味着人们愿意贡献自己的创造力。今天大型企业遇到的最大挑战，就是个体的创造力能否被释放，这直接决定了组织是否能够拥有创造力。这是今天管理界需要关注的根本性话题。创意工作者，意味着个体价值的崛起，这使得我们对组织方式、组织体系和管理模式当中的很多问题都要做全新的调整。

每个人都是一个自由、自主创造价值的个体，组织无法用一个边界去界定它。20年前，人力资源在谈员工的时候，最重要的主题词叫"员工忠诚度"；10年前，谈员工的时候，最重要的词叫"员工满意度"；5年前最重要的主题词叫"员工幸福感"。从"忠诚度"到"满意度"再到"幸福感"，大家就会知道组织管理的挑战变化有多大，就会发现个体跟组织的关系已经完全改变了，组织需要非常认真对待员工个体价值的崛起。我们看到中国很多企业都在尝试这种新的组织管理模式，今年CMMR（中国管理模式杰出奖）的获奖企业在管理创新方面也都有各自的独到之处，CMMR要做的就是发掘、分享、沉淀这些企业所创造的价值。

三、我为什么认为中国管理模式的研究值得期待

今天为什么我很有信心地告诉大家，中国管理模式的研究是有机会的？因为有三个最重要的趋势推动了管理新范式的出现：可持续性与创造力，技术所带来的商业模式创新，以及人们价值观的改变。这些趋势让我们看到，组织最原始的命题今天全部要调整。

组织管理一直强调个体服从组织，今天它有三个全新的内涵：

一是个体和组织不再是服从的关系，而是共生关系；

二是组织一定是外部导向的；

三是组织需要打开内外边界，组织没有边界。

今天我们看到的组织，应该是像水一样的组织，根据环境的变化而不断变化，它不再是一个层级结构，不再是一个简单的分权和分层，不再是简单的激励。我们需要的是事业合伙人，需要共同成长的平台，组织要成网状，要有生态。而这也是今年CMMR的获奖企业在管理创新上给大家的启示。

组织管理需要有全新的变化，这些变化将会引出三个重要的挑战，涉及变化、市场和个体。这三个最重要的变化使得"管理"在今天遇到的挑战和以前不太一样。以前我们可能比较关心的是同行、对手，比较关心的是我们是否拥有独占的资源；今天你会发现没有什么东西可以独占，你并不需要太过关注你今天的对手，因为你并不知道对手是谁，跨界的模式比比皆是；你并不需要太过关注员工是不是对组织忠诚，因为忠诚最大的利益点在今天也发生了变化。这所有的一切，使得组织的属性有了根本性的调整，它可能不再是层级，不再是控制，不再是管控，而是平台、开放、协同与幸福。这样的组织才更有可能会吸引到有创意、有成功欲望的员工，然后这个组织才具有成长性。因此我们从领导者到文化到人，都要做根本性的改变。

CMMR的获奖企业给了大家非常具有可操作性的创新分享，我相信这些企业的努力一定会让我们的管理新范式能够在整个研究体系中，创造出属于中国的价值。我也很相信中国管理模式杰出奖的平台会给中国更多、更优秀的企业提供一个创造价值的平台；更期待每一家参与的企业和每一位参与的专家，能够帮助中国管理模式的研究再创出它应有的色彩。

尼采曾经引用过中国的一句古语"金无足赤、人无完人"。如果谁真的想打起灯笼来到市面上去寻找完人的话，最终令他感到的可能不是一种失望，而是一

种意外。因为这样的人其实就是在真实的生活当中，就在你的身边。所以我相信中国最好的管理模式一定是在我们身边的企业当中，是在我们所有人的共同价值创造当中，而这些价值的创造也会给我们带来非常美妙的体验。

（原载：春暖花开公众号，2016年11月2日）

2052年，世界将迎接什么

一、《2052》：世界迎接什么

大家一定要理解今天为什么价值创新一定要调整，不能固守你的东西，因此我们就必须对未来人的思考、人的生活方式的变化、人对很多问题的探讨给予关注。罗马俱乐部的一个主要的研究人员乔根·兰德斯与其他成员写了《增长的极限》，对于新技术革命做了一个启蒙，后来又写了《2052》，这本书非常有意思，专门探讨了2052年中国跟世界的关系。他在此书里有一个很有意思的观点——2052年的时候，物质的变化以及非物质的变化，会导致一个最重要的东西叫作"2052的时代精神"。

我之所以要"时代"概念，实际上是说，今天在管理当中最重要的挑战是人与组织的逻辑都在变化。从社会的角度来讲，从农业社会到工业社会再到信息社会，在社会变化中对人的要求就变了——农业社会要体能，工业社会要知识，信息社会要创意。也正是因为这样，员工与组织的关系也变了，从劳工关系变成雇佣关系、伙伴关系。因此组织的逻辑也得变，管控的直线逻辑变成分责分权的成绩逻辑，变成今天合作伙伴的平等的网状关系。所以我们今天做管理研究为什么比较困难，是因为人与组织的很多东西实际上在调整，管理随之就要做一些根本性的调整。

因此，这是我自己的看法，面向未来，对于企业的管理者来讲，有四个最重要的关键词——技术、数据、创造与智慧。所以当你问我什么是真正的驱动力量，我可以回答你，这四个关键词已经成为最重要的驱动力量。技术在驱动，数字在驱动，创造在驱动，智慧在驱动，当我们理解到这种力量的时候，当然就需要去真正地改造自己，要有全新的认知，要能够真正地创造，要能够拥抱智慧，要有自己的判断。

我每次上课都会被问：陈老师，你讲的对还是不对？我说你不用评价我，你自己决定就好了。因为我用我的角度判断，决定我的行为；你用你的角度判断，决定你的行为。但是，是你的行为决定你的未来，不是我的行为决定你的未来，所以我们需要真正地去回答属于自己的根本性的问题。

二、8个关于未来的直接问题

《2052》的作者在最后问了8个关于未来的问题，而且他给了答案。这些问题蛮有意思的：

（1）我们会变穷吗？

他的答案很有意思，我们有些人会变，有些人不会。我估计彭老师不会，有可能我会。

（2）未来的就业机会充足吗？

他的答案也是非常肯定的，是充足的。

（3）未来的气候问题会给我们造成伤害吗？

他说是的，但在2040年前不严重，所以在座各位运气还可以。

（4）能源会更加昂贵吗？

答案是肯定的。

（5）年轻一代会心平气和地接受上一代带来的负担吗？

他说不会的，所以不可能有代际和谐。

（6）美国将和中国和平递交世界领导权吗？

他回答是的，所以大家也不用焦虑，也不用着急移民，基本上待在这儿就可以了。

（7）政府的作用会更大吗？

越来越多的政府会扮演更重要的角色，但是并非全世界都如此。

（8）2052年的世界会比现在更美好吗？

他说答案取决于你，取决于你的年龄、职业、国籍，或许还包括家庭。

三、创造未来比预测未来更重要

我现在请大家关注的不在于他怎么回答，我反复强调的只有一点，就是你的答案是什么？我并不关心别人的答案，我其实也不关心你可能关心我的答案，我今天所讲的主题，就是希望你关心你的答案。在今天，最重要的实际上是你的选择，原因是什么？我已经说过了，创造未来比预测未来更重要。你的未来就在你手上，所以一定是你找答案，你怎么能得到你的答案？

我刚才所说的一切，其实有人比我说得更好，所以我最后选用别人的话来做我的结束语。凯文·凯利说了一句话给我影响最大——"有尊严地放手吧"。我希望你们有尊严地放弃所有的成功，我希望你有尊严地放弃你所有得意扬扬的东西，我也希望你有尊严地放弃你过去的一切。当你能够有尊严地去放弃的时候，我相信你会得到答案，可是答案在哪里？又有个人帮你回答了，你想不到会有一个人，唱歌也能拿诺奖对吧？鲍勃·迪伦告诉我们："朋友，答案在风中飘扬。"

我可能是属于相对乐观的，在我看来，做企业经营的人最重要的是判断机会，机会如果对你是有利的，你就把它作为你的条件。如果你发现宏观环境对你是不利的，就把它当成空气，必须接受，就像雾霾一样。雾霾是一定得接受的，那你就接受，当然也可以做出选择：选择不出门也可以，选择戴口罩也可以，甚至选择飞到很远的地方也可以，有人更厉害的就是买很多新鲜空气放到家里。总而言之，你一定会有解决方案，但是你得先接受。

所以我们做经营的人一定要记住：答案其实是在我们自己的手中。你只要努力去做，这一定是你的。我们愿意改变，就可以变得很美好，而这一切决定权都在你的手上。预祝我们今年有好的成效，明年有更好的收获。

（原载：春暖花开公众号，2016年11月9日）

中国管理模式研究之道

现在全球通用的是美国管理模式,那么,中国管理模式到底存不存在?在这个企业创新、转型的时代,我们提出"中国管理模式"、研究"中国管理模式",其中的意义何在?中国管理界的学术权威、企业大咖纷纷关注"中国管理模式",在这里,我们共同聚焦并解读中国管理。

一、中国管理模式是否存在

中国管理模式到底存不存在?回答这个问题,首先说管理的模式,肯定是存在的,但到底有没有中国模式?某种意义上,现在全球通用的实际上是美国管理模式,以1911年出版的《科学管理原理》这本书为标志,管理科学100多年以来,整个管理理念基本都是由美国企业实践的贡献。比如,竞争战略是研究西南航空公司,计划管理则是研究通用电器等美国企业,我们今天所熟知的管理理论大部分都是由美国企业实践所贡献出来的。再如20世纪80年代,企业文化是研究日本企业核心竞争力总结出来的。

我们相信,未来中国的企业实践一定能贡献出自己的理论价值,这是一定可以存在的。但是,我们之所以在条件还尚未成熟的状况下,明确地提出"中国管理模式"这个概念,是因为我们的目标就是要研究中国企业的管理实践,而这个概念清楚地界定了我们的研究对象,就是中国企业。

中国管理模式有三大研究视角,具体见图1所示。

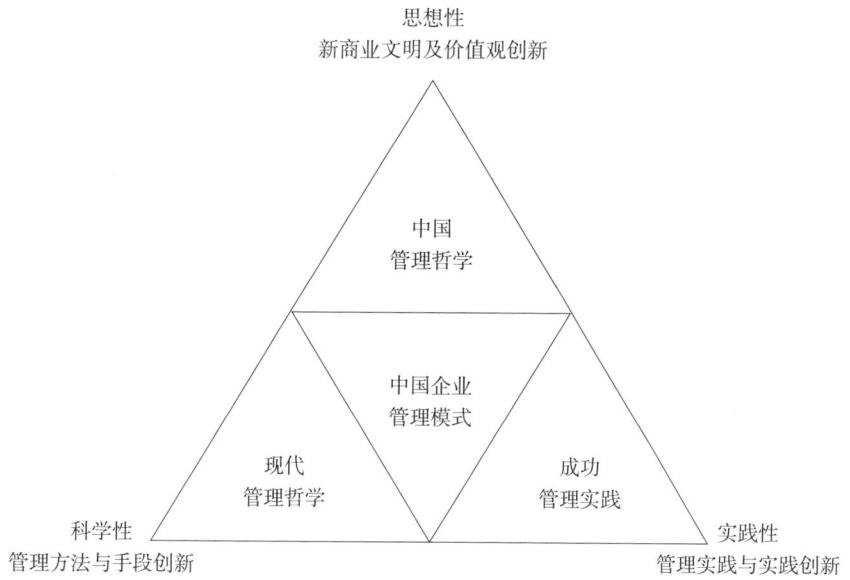

图 1　中国管理模式三大研究视角

二、中西方管理实践的差异

那么，为什么中国企业的管理实践一定会成为学者的研究对象？因为中国企业的管理实践有几个特点是西方企业管理可能未曾面对的。

第一个不同就是，中国的企业是在一个职业化程度比较低的情境下开始产生管理行为。比如，我们会把上班迟到不迟到这件事情作为很重要的管理考核标准，但职业化程度高的人首先就会遵从职业的规定不会迟到。可是如果从绩效结果的角度来讲，上班迟到不迟到对绩效产生的影响并不大，但中国企业的现实就会强调这件事情很重要。再比如，以人为本是一种普世价值，但在中国以人为本进行管理时，可能会遇到"好心不得好报"的情况。组织对员工很好，但是管理者会发现员工并没有达到工作的要求，这个时候企业的管理效率是有问题的。这些是中国企业的实践特点，它遇到的更多的是社会人，不是职业人，这是中西方的第一个不同。

第二个不同是，中国的大部分管理者对管理的常识性认知是不够的。30多年来，工商管理学院最大的贡献就是普及了管理的常识性知识，才让企业管理者对一些基本概念有了认知。

第三个不同是，中国的大部分企业都需要用很多的人。评价一个企业组织时，通常会用两个要素去衡量：人数和规模。如果按照行业的标准来划分，销售额在2亿美元以下、人数在2000人以下的是中小企业；销售额超过100亿美元、人数超过2000人的就是大型企业。但在中国，销售额只有几百万而人数超过2000人的企业却比比皆是。当一个只有几百万销售额的企业要面对2000人去做管理的时候，你就会发现企业最大的难题可能是规模不足以支撑这么多的人，所以就用大型企业的模式来管一个小企业。中国能够超过100亿美元销售额的企业不多，但是人数过2000人的企业很多。这就是为什么我说管理很难，你有一个大型企业的组织，却只有小企业的规模，这本身就带来复杂性。

三、管理研究的三个条件

我认为做管理研究需要三个条件，如果这三个条件不成立，那管理研究的价值就不会被显现出来。

第一就是优秀的企业案例。整个西方的管理，特别是美国的管理理论为什么变成全世界通用的管理理论，原因就在于美国成功企业实践带给人们的影响和帮助，早期有福特、可口可乐、通用汽车，之后有沃尔玛、微软，再到今天的苹果、谷歌、Facebook，这些优秀的企业在引领着整个世界的企业发展方向。基于这些优秀企业总结出来的理论，才会被全世界所接受和认同。

第二是对一些重大的、共识性的问题进行的探索。如果回顾组织理论的发展脉络，就会发现其中最核心的三个问题就是：一是生产效率，泰勒的科学管理原理解决了这个问题，那就是分工理论；二是组织效率的问题，马克斯·韦伯与亨利·法约尔的行政组织理论解决了这个问题，那就是专业化与分权制度；三是个人效率的问题，梅奥以及霍桑实验解决了这个问题，那就是人际关系理论和人力资源理论。从这三个问题出发，我们就可以看到组织管理理论、人力资源管理理论等一系列理论，这些理论在切实地推进企业管理进步以及提升效率。在我看来，这三个效率问题就是重大的规律性的问题。又如20世纪80年代，因为日本企业的成功，管理学界研究出一个企业文化理论，企业文化使企业获得核心竞争力。所以挖掘出一些重大的规律性问题是管理研究的第二个条件。

第三是要有真正的人文关怀。所谓管理，一定是解决两个最重要的人的问题：一是组织内的人，二是组织外的人。所以管理研究必须要有人文关怀、人文精神。优秀案例、重大的规律性问题、人文关怀与人文情怀，这三个基本条件加起来，才会贡献出管理研究的价值。

四、中国管理模式研究的机会

以此来看中国管理研究的机会。我们可以看到最近十年越来越多中国优秀企业案例获得了全球的认可，所以我们具备了第一个条件。而重大的规律性认识这个条件也同样具备。因为我们今天在讨论的话题就是，互联技术下的管理范式要被调整。之前我们强调的是人与组织的关系，但接下来还有一种"人"出来，那个"人"叫机器人，它也在组织里。而且当人机对话变得更加智能的时候，它的主动性可能会比我们还强，管理不得不面对这些问题。因此在这种技术背景下，管理范式可能要重新被定义，而中国管理学者也迎来了发掘总结新的重大规律性问题的机会。所以这个条件也具备。

第三个人文的关怀，现在实际上是大家的共识。没有人再简单地说人在组织里就是一个机器，今天如果说人在组织中是一个螺丝帽，恐怕没有人能接受。中国文化的核心内容更具有人文关怀的属性，比如良知、和谐、天人合一。在共享经济的时代背景下，中国文化的核心价值理念其实更加符合今天我们需要的共生关系，人与自然、人与宇宙、人与人的共生关系。这就使得我们对接下来的中国管理模式的研究更有信心。

我花了20年时间研究中国本土领先企业的成长模式，研究发现，这些企业之所以成为领先企业，是因为在管理方式上，他们都采用"中国理念西方标准"。也就是说在管理模式上，管理者一定要了解国情，秉持中国理念；但在执行操作当中，一定要遵循西方标准，用流程和规则进行管理。到了今天，中国企业所面对的管理问题开始跟世界同步了，员工的职业化程度开始提高，中国也开始诞生出销售额超过100亿美元、人数超过2000人的大型企业。

当这些状况同步出现的时候，也就意味着我们与全世界的管理学者身处在一个共同的时代背景下来研究管理问题，中国的管理学者也有机会去探讨管理理论的价值贡献。而未来当我们真正把中国管理模式上升为理论，这个理论价值被公认的时候，那"中国"两个字就不需要再强化，因为这个理论是中国的，但更是世界的。

（原载：春暖花开公众号，2016年11月14日）

2017年关键词

2016年初，我给出了对于2016年的三个关键词，共创共享、生态网、更开放更进取。回首2016年，基于互联网的跨界越来越频繁，出行、社交、购物等生态网络连接让用户体会到了便捷，而在BAT等互联网行业倡导下，我们看到了更加开放的合作环境，都在印证着我的判断。在前不久刚刚结束的北京大学国家发展研究院首届国家发展论坛中，我对于2017年又给出了三个关键词，2017年对于产业环境和企业发展来说，又将会面临怎样的变化呢？

今天我想从企业遇到的挑战来展开，对企业来说，今天遇到最大的挑战就是企业如何做自己的选择。

一、不可持续是无法持续的

我们都说今天的黑天鹅事件很多，希拉里两次竞选总统，你会发现2008年时人们的表现和2016年的表现是完全不同的，2016年会发现所有人把她当背景，但是2008年时人们都当她是中心。所以很多人认为是黑天鹅事件，我认为不是，最大的问题是人变了，然而我们没有跟得上。我们大部分人还是用自己的角度去看这个世界，但这个世界确实已经变了。

从这个意义上来讲，如果你本来的设计就是不可持续的，当然就是不可持续的。从1992年开始我就开始跟踪中国5家最优秀的企业，比较幸运的是20年来他们都做得很好，其中一家是华为。我发现这些优秀的企业最大的特点就是：

第一，他们自己会增长，不断用增长应对变化。

第二，他们会不断地变革自己，就像华为说的"能打败它的只能是它自己"。

第三，遵从于市场的规律和客观发展规律。

通过这20多年的研究，我发现这些企业最大的特点就是自我增长。他们不太受

环境的影响,他们真正做到的是很强的内在增长。这种内在增长表现在两个地方:

一是持续的、不断的变革转型。

二是持续的自我更新。

所以,今天的华为跟几天前的华为是不一样的,跟几年前更是不一样的。今天我们看到很多企业,可能和它10年前、5年前、几天前都是完全不一样的,这样一种自我增长的能力能够应对变化,我想这是他们最主要的能够持续增长的原因。所以能够打败华为的永远是华为自己。

我自己在跟随这个案例的20多年中,发现他们有一些东西其实是很好的,比如他们一直在强调"没有成功只有成长",我一直很喜欢这句话,我去华为感触最深的是他们很少追溯历史,它永远给你介绍的是未来,当我们今天可能在讨论2016年的事情时,他们肯定已经在规划2026年的事情,我想这就是他们能够不断成功的原因。

华为给我印象最深刻的第二句话是"用自我批判驱动成长",他们很少批评或者评价别人,基本上都是评价自己。我接触过华为很多经理人,给我最大的感触就是他们不断地在反思自己。感触最深的是华为人"强烈的危机意识",我们没有看到华为满足已有的东西,他们永远都在危机的状态下做出选择,这是这个企业给我最深的东西。

二、不能自我否定的变革,只是理念的巨人

我个人在做转型的时候用过稻盛和夫的案例,这个案例就是如何使日航在一年的时间里产生极高的利润,而且是它历史上利润最高的一年。你会看到日航利润的构成中超过50%来源于它内部的成本管控,即降低成本。一年降低成本50%,这是一种什么样的自我革命的精神?如果没有这样的自我革命和自我挑战,很难创造奇迹。我是想告诉大家,我们再谈企业面对这种变化、危机各种处理情况的时候,其实有一个东西你是可以把握的,这就是自我变革。

我一直认为如果你不能对自我进行变革,而是仅仅停留在理念上,是非常可怕的。我听到非常多的人在谈变革、转型和创新,我认为如果所有的变革、转型和创新不是针对自己来的,那仅仅是理念。如果你不能去调整自己的变革,你是没有办法真正去落实的。所以在过去的三年中我去引领这个企业变革的时候,我给的主题只有一句话——"向自己挑战"。向自己挑战,挑战什么?是整个过程

全部的挑战，从转型的构成要素来讲，从战略开始调整，调整到整个公司的价值重构，然后调整短期盈利。有人跟我说转型就要付出代价，我说转型不能以牺牲盈利为代价，牺牲盈利为代价的转型我个人认为仅仅是理念。

那么我们一定要调整对整个资源的理解，如何开放和组合，更重要的是在原有的体系里长出新业务，我们很多时候不能转型的原因就是：任何新的东西在体系内都会死掉。这个是你不能够去做转变的原因。在这样大的调整中，什么可以支持这个转型，我认为是五个体系的改变来支撑的，包括公司知识技能、信息系统、组织平台、彼此沟通的系统、对公司整体发展思想上的认识。能做到这样，就是你自己的核心能力和专长的调整，甚至对你所有的经验都要放掉，因为这是一个整体的改变，而且是一个彻底的调整，如果我们不能从这个方向去做，实际上是不可能调整过来的，因此就有一个我称之为能力的打造过程。

很多人问我用什么去评价转型，我想外部的评价是很清楚的，那就是你的盈利和新业务的增长以及被顾客的肯定，但是还有一个更重要的评价，就是你内部能力的调整，也就是你公司整体的内部能力是不是真正地被调整，我称之为五个能力的调整打造：

第一，变革领导者——管理者致力于推动变革。很多时候变革的障碍来自于现有的管理者，因为现有的管理在很大程度上拥有组织当中既得的部分，我不谈既得利益，至少有既得权力。

第二，对的人——团队成员价值观的一致。选择对的人，他是真正能够理解你的价值观，并且保持一致性，因为转型有非常多的风险，非常多的不确定性，如果在价值观上犹豫，就会出问题。

第三，有效沟通——上下同欲、信息对称。有效地沟通非常重要，因为只有这样才可以上下同欲。

第四，平台型组织——开放、协调、价值服务与幸福感。组织变成平台，为员工创造价值，提供帮助和支撑。

第五，发动机文化——授权、激发与激活。转型需要激发公司的活力，需要尝试新的东西，想做到这一点就需要授权、激发与激活。

我一直认为在中国企业中，创新很难的地方在于我们在文化上比较怕错，可是创新很重要的一项就是要试错。所以人家问我，互联网这个时代，让你来描述，你认为最大的特点是什么，我说就是试错，然后纠正，然后迭代。如果我们不敢这样去做，我们就没有办法去做，而这个试错的过程就需要授权、激发和激活。如果你不能做这三件事情，没有人去试错，也就无法谈到转型与创新。所以我说，如果不是以自我否定来转型，就仅仅是理念转型，没有意义。

三、不确定的是环境，确定的是你自己

说到2017年的趋势，我觉得大家都会说是不确定，但是我还是认为，有一个东西是确定的，那个确定的就是你自己。我的确承认不确定的是环境，但是我更承认一句话，确认的是你自己。那为什么我会从这个角度去讲，是因为所有的变化当中，唯一能够确定的元素，唯一有信心把握的元素，其实只有你自己。当你对自己有信心，对这些理解都能够接受和接纳的时候，我相信变化的环境对你来讲是个机会。

面对2017年的三个判断

我自己对2017年有一个基本的判断：

更加互动和高效

刚过去的"双十一"，人们说商家的销售额一定会超过1000个亿，这是没有问题的，但是有另外的一个数字更加需要注意，这次"双十一"覆盖的国家和地区超过28个，这等于说这种互动更加广泛了。最近有朋友建议："陈老师要不要上一次微信课"，我们现在一上课听众动辄20万人、50万人，听起来非常可怕，但是今天这一切是很容易实现的。那么所有这一切的互动与高效，就会给你带来新机会，这是我对2017年经营环境的第一个判断。

商业与行业被重新定义和重构

今天看零售不是零售，叫新零售；今天的电子行业不叫电子行业，叫数字产品；今天的教育不叫教育，叫深度学习。今天看任何一个行业，包括之前我在农业，我们其实也不怎么讲农业，我们叫新型农业；我们今天再看水泥，可能也不是按原来的意义来看水泥，看玻璃也不是原来意义的玻璃，某种意义上来讲，技术在所有行业当中都推动了进步。每一个行业，每一个商业的意义都是被重新定义的，价值都是被重新解构的，这就是2017年非常有意思的一个机会。

共生模式改变市场格局

我们都看到了滴滴，除了滴滴之外，还会看到更多的共生模式的出现，最近有一本书引发很多人关注，介绍7-Eleven便利店的《零售的本质》。我看这本书

的时候在想，7-Eleven便利店在如今线下零售如此困难的时候，它的盈利、规模增长非常好，在各个地区顾客感受也非常好。我自己在研究零售的时候，发觉被线上冲击最大的线下零售没有完全被击垮，是因为这些生存发展好的零售企业，拥有真正的共生模式。它将几万家供应商完全组合在一个平台里，为顾客创造价值。它甚至会在海报上写这样一句话，让我觉得非常温暖——"桃子在冰箱内存放3小时最为甜美"，而这就是7-Eleven便利店给你卖的桃子。国内做海报时候一定是打折，最后吐血，这时候你并没有关注它的价值在哪，真正的价值，只要你愿意去贡献，顾客绝对是接受的，这样的一个共生模式，改变了市场格局。

2017年的三个关键词

根据以上经营环境的判断，对于2017年，我得出三个关键词：

与顾客创趋势

我们要跟顾客去创造趋势而不是预测趋势，今天趋势没有办法预测的，但是有一点你可以做得到，自创趋势。我一直有一个观点，创造未来比预测未来更重要。而这一点你只要跟顾客去做就好，我们可以在多维度共同创造。

价值结构

今天来讲，我们所提供的不仅仅是产品或者服务，最重要的是你要跟大家共建一个价值结构，然后你在这个结构当中。唯有在一个价值结构之中，我相信没有问题。国发院[①]的"国家发展论坛"就是在构建一个大的价值结构，让更多的人能够分享成长和思考。

激活组织

最后一个"真的要靠整个组织的力量"，大家都知道2015年我最重要一本书叫《激活个体》，我最近正在写的这本书叫《激活组织》，我希望这本书明年能够在比较早的时候与大家见面。我认为接下来的组织最重要的作用是给每个成员赋能，不断地演进和裂变，在这样一个组织体系下，每个人的成长速度会更快的。

这就是我对2017年关键词的理解，我相信自我成长的核心靠领导者，我选了一张有蔡元培校长雕像的北大校园图，我相信这是推动北大发展其中一个最重要的原因。面对2017年，自我驱动的领导者应该是更重要的。

预祝各位2017年非常好。

（原载：春暖花开公众号，2016年12月22日）

[①]国发院：北京大学国家发展研究院。

2017年：
需要定力来面对不确定性

我们要开放而积极地去拥抱不确定性，要相信集合智慧，超越自己，即可在不确定性中获得机会。

2017年，不确定性对每个人都是一种考验，这需要内心的定力。无论采用什么方式和途径，获得内心定力的确是非常重要的，因为这直接影响到你和你的组织能否驾驭不确定性。换句话说，不确定的是环境，确定的是自己。定力来源于四个最重要的心态，它们分别是：积极的心态、归零的心态、开放的心态以及确信的心态。

一、积极的心态

山东六和集团创始人张唐芝先生说过一句很好的话："凡事往好处想，往好处做，必有好结果。"这句话给我很大的帮助，也让我借此可以积极去面对很多挑战和压力。很多时候人们没有解决问题，或者是出现很多冲突，其根本原因可能是想复杂了，甚至把人也想坏了。但是如果持有"凡事往好处想，往好处去做"的心态，这一切都可以转化。

我自己的感受是，对任何要做的事情，单纯去做，结果自然而成。并不是外在的环境不提供机会与条件，更大的原因是我们没有单纯去做事情，反而因为困扰无法做成事情，问题的关键是在我们自己的心态。不确定环境下，对模糊性和风险的承受能力是关键，控制风险也是一个基本的要求，所以Facebook创始人说：最大风险是你根本不去冒险。是的，这种积极的心态是极为关键的，如果没有积极的心态，很难去迎接不确定性。

二、归零的心态

心态归零是帮助人们面向未来的一种心态。要学会归零，因为纠结于过去，对于将要发生的事情而言，都是没有意义的。每一个未来都需要面对新的挑战，需要新的成功来佐证；每一个未来都会产生新的问题，需要新的解决方案。对于学习的理解，我也希望能够运用所学的知识去看未来，而不是用所学的知识去总结过去。比如，我和EMBA的同学交流，有些学生学完了课程之后，发现自己很多东西都不懂，我觉得这是真学到了。有些学生发现原来老师讲的东西自己都做过，我反而对这些同学非常担心，因为他只是在验证自己已经成功的东西。

我最怕的是第三种情况，学完了之后才发现原来老师讲的都没用，还是自己最厉害。后两种情形，都说明学生们没有心态归零，第三种不仅仅没有归零的心态，连学习的心态也没有了。所以听到一些企业家说教授没什么用的时候，虽然我不认同，但是反过来我觉得这里面有一个道理大家要懂，如果我们学的知识都是只为了证明过去的话，这个知识确实没用。要知道，心态归零不仅仅是一种训练，也应该成为一种习惯。

三、开放的心态

你一定要打开自己，你真正要彻底打开。"打开"这个词是非常有意思的，它是要由内而往外推开，不是拉开，拉开是从外往里。你只有打开，才能包容、接纳，才能真正理解这个变化。包容变化，接纳挑战，学习未知，做到这些需要一个开放的心态。包容、接纳也是对自己的要求，包容自己，接纳自己，这样才可以在遇到挑战和冲击的时候，不至于为了保护自己而做出抵触。所以具有开放心态的人，才能够包容变化，接纳所有，也因此可以获得成长。

四、确信的心态

我觉得确信的心态很重要，因为这也是一种信仰的力量。信仰就是一种相信的力量，只要你相信，其实你就有了信仰的力量。中国文化下，有一个很有意思的现象，那就是很难建立陌生人的信任。如果无法建立陌生人的信任，更大范围的合作也就无从谈起，所以一个需要整合资源、持续发展的企业，就必须与陌生人建立起关联。但是在中国，关系很重要，不是大家想拉关系，很大的原因是陌生人不能信任，必须借助于各种关系来辅助以建立信任，这种无法建立陌生人信任的原因，使我们缺少确信的心态。管理中非常需要这样确信的心态，需要有相信的力量，这个力量真的是无穷的。在我自己的成长过程中，有三点极为重要：

一是相信梦想与目标的牵引力量，这份力量不受环境变化的影响。

二是相信伙伴的团队力量，尤其是要相信自己的上司，这份力量能够集结而成，并陪伴你一直前行，冲破阻碍。

三是相信自己的力量，这份力量有着无限的可能，你的能力超乎你的想象。

这三点要同时存在，要相信目标、相信团队和上司、相信你自己，拥有这份确信的心态，会带给你无限的可能，所以我特别喜欢泰戈尔对于爱情的一句话："因为相信，所以看见。"

以上就是获得管理者定力的四个心态，对于面对不确定性而言，是非常重要的。我们要开放而积极地去拥抱不确定性，要相信集合智慧，超越自己，即可在不确定性中获得机会。

（原载：春暖花开公众号，2017年2月3日）

危机的本质是机遇

危机和增长是一对孪生兄弟，危机让市场富有变化，而变化正是增长的机遇。

前美国总统约翰·肯尼迪说，"危机"在中文中由两个字构成，一个是危险，一个是机会。从最根本上讲，危机就其本质而言，是不可能让人们提前做好准备的。当今天很多人问我"该如何应对危机"时，我只能这样回答：我不认为危机是可以用有准备的概念来理解的，当危机来临时，更重要的是我们如何正确地认识危机。如何处理危机根植于企业的价值体系中、根植于我们的价值判断中，危机既给人们带来危险，也给人们带来机会。企业获得成功正是源于它们对于危机和增长的正确认识，这种认识包含了四个具有决定意义的关键点：

一、危机只是经营条件而非借口

当危机成为经营环境时，危机已经是经营的条件而非制约因素。企业要把危机作为借口的习惯彻底改掉，在任何危机中都有企业获得巨大的成功，当危机成为基本条件时，危机就是环境，而对于环境我们只能面对。

在技术蓬勃兴起的世界里，在我们称之为"知识经济"的信息革命中，管理层越来越多地面临巨大的考验，也将面对更加复杂的情形。很多时候，变化的剧烈程度和复杂性交织在一起，导致我们已经无法预测我们将会面对什么变化，这就要求管理者更谨慎地理解环境并做好应对变化的准备。

在解析管理的时候，我知道需要了解今天的组织面对的是不确定的商业世界，因而我们需要有混沌的思维方式。混沌理论今天已经成为对管理产生最重要影响的理论之一，因为借助于混沌理论我们可以理解以往无法理解的现象，可以找到组织管理的全新方式。我们先来看看混沌理论的一些基本概念。

第一，稳定均衡。在这种状态下，各组成要素总是处于或者能够迅速回到平衡状态。比如当一家企业推出新产品时，另外一家竞争对手企业就会发动全面的促销活动，因此在总体上，我们看到主要竞争者的市场份额不会发生太大的变化。目前的中国家电格局正是这样一个稳定均衡的状态，虽然存在着不断的竞争、不断的创新，在家电的第一战略集团缝的格局中仍然是稳定的均衡。

第二，有限度动荡（或混沌状态）。这是一种有序和无序混合的状态。在这种状态下，有许多无法预测的事情和变化，但是一个系统行为的基本模式是可以确定的。比如，在过去的岁月里，中国股市就处于混沌状态，具有很多无法预测的冲击，如上市公司领导者的变化、国家政策的调整、股民心态的变化以及雄心勃勃的新竞争者等使许多预测都误入歧途，但是大致的趋势依然能够被那些行动更快的公司掌握和利用。

第三，爆破性动荡。这种状态没有任何程序和模式。比如今天我们需要面对的金融海啸就可以看作这种状态的例子。

我们的问题是，许多组织已经习惯于在近似稳定均衡状态的环境里运作，现在却发现需要处于有限度动荡或者混沌状态中，所有的企业突然发现自己无法得到任何帮助，并且竞争的形势越来越激烈，所有企业都要面对混沌的商业世界，因此也都需要调整自己的思维方式，使其转变成混沌状态的思维方式。

二、危机并不都是有害的

当市场环境很好时，企业对自身的要求都普遍放松，人们也会很浮躁，而当危机来临时，人们开始愿意认真探讨解决市场风险，思考回归顾客价值。小时候，我总是遇到钢笔写不出字的困境，因为那是寒冷的冬天，上学的路途太远。为了摆脱这种困境，我想到了把钢笔放在胸口。怀里揣着一支笔，总是觉得很神圣，结果让自己对学习产生了神圣的感觉。因为用钢笔的危机，让我更尊重知识，更爱学习。可见，有的困难并没有害处，因为危机可以引发自身的转变。

对于任何人来说，环境都是双刃剑，很多人认为不好的因素，可能在另外一些人看来却是好的因素，虽然从客观的角度来说，大部分危机的确是危机，但是也可以看到这样一种情况，危机使得市场格局重新被界定。对于可以利用这种格局的企业而言，危机自然不是有害的。

三、危机中的增长并不是神话

能否增长,在一些保持增长的企业看来是一个常识性的话题,因为它们认为,增长是首要选择,但是对于另外一些企业来说,增长却是一个困难的话题,因为它们经常认为不可控因素会产生影响,它们会把问题归咎于几乎所有的事情:宏观经济、金融危机、原材料变化,甚至行业调整以及竞争者的变化等。也有一部分企业把问题归咎于它们处在一个传统的行业、成熟的行业甚至萧条行业,已经没有增长的空间。

如果我们没有深入地了解环境和市场,如果固守我们狭隘的认识、固守我们已有的份额和对市场的理解、固守我们认为的核心竞争力和竞争优势、固守我们的成功和经验,我们就一定会错失良机,无法获得增长。

事实上增长并不难,已经有太多的企业用实际业绩证明了这一点,如果增长是从内心激发出来的,它就不受危机的影响、不受环境的制约。所以领导者只要能够激发出增长的信念,并和成员达成共识,增长就可以成为必然,特别是度过危机之后的企业其增长将更为迅速。

如果我们深入思考,我们会发现这些企业的领导者对增长都有明确的认识,他们知道激烈的竞争和变化的市场需求,知道自身必须明确面对这样的问题:

第一,因为市场的成熟度的增加和形成,企业必须找到和回答什么是增长的驱动因素。

第二,因为竞争的全球化,企业必须清楚地知道在哪里竞争和如何竞争。

第三,因为产业合并的不断加剧,并且越加普遍,企业必须知道自己需要推出哪一项业务。

第四,因为资源成为竞争的主要要素,企业必须明确应该把重点放在哪一个发展机会上。

第五,因为新技术不断涌现,企业必须回答怎样使增长持续下去的问题。

这五个问题的答案,正是企业领导者解决价值增长来源的关键点。对于这些问题的关注,能让企业集中在价值的来源上,或者我们可以这样理解,对于增长驱动的关注,对于竞争区域和方法的关注,对于业务选择做出判断有所为有所不为,对于重点发展机会的关注,对于增长持续要素的关注,可以使企业不断地回归到增长驱动因素上,不至于浪费资源,有效地让企业的所有努力都沿着企业价值增长的方向进行。

更重要的是，对这五个问题的回答都没有依赖环境要素，而是在不断寻找可以带来增长的要素。所有问题都集中在企业自身的能力上，领导者不仅要预估到环境的变化，而且更要关注在变化的环境中能够驱动增长的因素是什么。

四、危机中信念是获得增长的动力之源

"将领的作用就是要在茫茫黑暗中，用自己发出的微光，带领队伍前进。"这句话被我珍藏在笔记本中，我很认同这句话。正是领导者的韧性与坚持，他们才最终带领团队团结一致地走到胜利的终点。

当我决定为危机中的企业写一本书时，我脑海中首先浮现的是铁人王进喜和大庆油田。对于我来说，铁人的故事深植于心，小时候我上美术课，画得最好的就是铁人王进喜的头像。在我心目中，正是铁人钢铁般的意志和信念鼓舞着中国人，才使中国创造出近代史上无数的奇迹，摆脱了贫穷落后的生活。

每一个时代的增长都有某些共同的特征：它们都是在危机中诞生，创造出新的行业并摧毁某些旧的东西，都会促进全球经济的增长。危机给那些有能力把握时机的人带来了机遇，而且新环境中不断发生的变化也给人们提供了无限多的机会。我最想告诉大家的是：危机和增长是一对孪生兄弟，危机让市场富有变化，而变化正是增长的机遇。

（原载：春暖花开公众号，2017年4月17日）

如何面对数字化生存模式

我最近两个月参加了几个论坛,倾听企业家的发言,真切感受到变化的节奏,创新的惊喜,创造的无限,让我再一次理解到每个行业都处于重新被定义的过程中。

在2006年,全球最有价值的公司一定是一家资源性的公司,以能源、通信为主导的公司;到2016年,最有价值的公司一定是一批互联网公司,比如亚马逊、谷歌;到2026年,我们会发现,最有价值的公司可能会变得完全不一样。

这些改变在提醒我们:改变是最重要的选择。

所以,我特别在意两个变化:第一,今天几乎所有的企业都在做一件事情,在需求方面,它不是简单满足,更多的是创造需求。如果你仅仅是在满足需求,在今天你可能相对比较被动,因为今天更大层面上是创造需求,启发顾客,在和顾客的互动中获取新的需求和商业机会。

第二,现在的企业基本都是在做全球组合。以前我们觉得中国企业走出去是很难的事情,我最近看到很多新的案例,都是在做全球组合,如创客工场、柔宇科技,这些企业一开始就有全球整合:最好的技术、最好的人才、对未来最好的判断、对价值最好的理解。

我们的确需要更大程度上调整自己的认知能力,今天,智能商业的范式革命,让所有商业都在快速智能化。向智能商业升级是工业革命以来最重要的商业范式大变革,将从根本上改变一切商业运作的基本规律。

正因为此,组织成员持续创造力是核心解决之道。在组织管理中,只要回到基本面,回归到激活人,激活人的价值创造上,核心的本质还是人,人是一切的核心。

我拜访企业,参访尚品宅配,我感受到这家创新商业模式的企业,不断提升组织效率的尝试,他们的尝试给我很大启发,企业自身的实践与变化环节的契合程度让我开心。比音勒芬是一家服装企业，对于设计、面料、功能、品牌以及全球整合几个领域，都有独到的见解和践行。更令我惊喜的是，他们在员工激励与激活、企业文化建设上独到而富有成效。

这些都是时代企业，走在变化的前端！

我参加论坛，好几个是学界论坛，我开心的是学界论坛更加开放，并在与业界频繁对话。

最近和5位商学院的教授一起探讨一个话题：在数字化生存模式下，重新定义一切。不管是商业的重构、业态的重构、产品的重构、组织的重构，管理也出现重构的问题。在自己研究的组织领域，我发现：在管理中最大的改变是，效率不再只来源于分工反而是来源于协同。

组织变成智慧集合的地方，而不是工作集合的地方，如果是工作集合的地方，年轻人就不一定要来到这里。如果能够在这个地方学习到东西，能够成长，把他的潜力不断激发出来，然后还能够让他有知识沉淀，他就愿意回到这个地方。

因此，在管理重构方面，有四个东西要重新调整：

第一，组织的功能要变。不能用原来的管控方式来做，你有没有办法给别人赋能，如果你没有办法给人赋能，你这个组织就没有办法吸引到更多的人来。

第二，领导人要变。如果按照智能技术来讲，人人都可以当CEO，人人都当CEO这个事情是一定能够成功的。

第三，组织管理的变化是组织本身要成为一个知识系统。涵盖它的是数据平台、智能平台、深度学习平台，组织自己的内涵要改变掉，不应该是过去传统意义上资源和权力分配的地方，而应该是一个知识、数据分配的地方。

最后，组织管理未来挑战最大的事情是怎么让组织具有可持续性。我们以前通过目标开放去解决，但现在复杂程度变得更高，让组织的可持续性也要有进化、进步、智能化的过程。现在学界都在讨论，如何用一个词描述未来的组织管理，但有几个最重要的特征已经被确定下来，比如进化、学习、智能、能否像水一样更大地开放和包容、如何融合边界。

走访宝马大东工厂，张涛厂长亲自带着我们参观及讲解。宝马工厂的数字化程度及智能化程度超出想象，他们已经不再简单谈制造及品质，不再简单谈数据驱动和智能化；他们完全是围绕着如何让员工有一个更舒适的工作环境，如何让产品更高效更节能，如何去创造顾客的价值需求来谈论。当站在全新的宝马5系车前，很多人都有一个冲动，想去驾驭和感受。

在今天，我最大的感受是企业界的创新已经在驱动时代进步，学界也应该与时俱进。

企业界都在说：这是时代赋予我们的机会，我们不能错过，如果把握不好，错失的不是机会，而是这个时代。我想对学界也是一样的。

（原载：春暖花开公众号，2017年11月5日）

第二部分

战略观

企业必须关注的十类问题

我在进入管理研究领域的时候,有一个很大的梦想,今天说出来的话可能大家会觉得我的梦想是一个比较容易说出来的事情,但是在20多年前,这个梦想其实是一个很有挑战的话题。

在20多年前,我一直认为管理学的研究是需要有本土化特征的,它跟其他的研究领域有些不同。也就是说,管理学的研究一定要回答你自己的企业会遇到什么问题。所以,我当时就想,有一天我一定要来告诉大家,中国企业如果做得好,到底好在哪里?我也很希望,这个研究能够让全世界去了解它,不过我知道需要一些条件。这个梦想实际上20多年前就放在我的脑海当中,然后我开始寻找,中国到底有没有这样优秀的企业,这些优秀的企业能不能真正帮助到我的研究。

在1992年的时候我就开始了一条跟别人都不一样的路,你们今天只是看到我好像在实践跟研究之间换来换去,其实我在1992年的时候就告诉自己,你得先了解企业,才能够知道企业到底是怎么回事。所以,我真正启动对中国企业的了解实际上是从1992年开始,到1994年我本身已经在学校的帮助下成为一家公司的副总了,只不过那个时候没有像现在这么被人关注。

出任之后,我发现我们所学的理论都可以放在企业当中做实践,但是同时企业还有很多实践的问题其实是用理论解决不了的,这时候我开始意识到这个问题。我告诉自己,我还是得不断积累对中国企业的认识,所以我对我的同事,包括跟我自己的学生讲,你去企业的时候,一定不要以顾问和专家的身份去,你必须把自己当做一个企业的成员,你才可以知道这个企业到底在发生什么,到底能够真正发生的东西是什么,然后你才能够真正理解它,理解它之后,你才能去看企业发生的问题是否具有管理的价值。

我在研究的过程当中一直给自己一个框架,这个框架就是我会关心企业的十类问题。也就是不管我怎么研究,一定是沿着这十类问题去关注。

第一个问题，企业的整个成长有没有内部的推动力，内部的推动力到底够不够，这是我特别关心的一件事。所以，无论我到哪个企业，其实我非常在意它的领导力。如果领导者没有内在的动力，实际上很难。有一些老板跟我说，我把企业做到一定程度，赚到一定的钱就不做了，我就没有继续跟踪这样的企业，因为你内在的动力不够。

第二个问题，企业选什么样的管理方式。互联网时代，大家说应该去中心化，去管理化，一堆人跟我讨论这个话题，我昨天还在回答这个话题。但是我认为不管你选什么，有一点你必须做到，就是你得有属于你的管理方式，这是我第二个关心的问题。

第三个问题，你跟市场是什么关系。一个企业一定要回答它在市场当中是用什么样的形态，什么样的方式进入这个市场，它一定要解决这个问题。

第四个问题，企业的战略到底怎么安排。

第五个问题，企业一定要解决它自身的文化问题。你不解决企业自身的文化问题，你就没有办法研究企业到底怎么可持续。

第六个问题，企业核心竞争力到底在还是不在。微软最近最大的一个新闻，就是微软中国的张亚勤跳槽到百度去，大家都说微软怎么样怎么样，然后就说两个时代的结束。我在看到这些消息的时候，自己也蛮惊讶，因为微软本身的账上一定有600亿美元的现金解决它转型的问题，但是为什么今天会看到一些人离开它？有一点你会发现，微软企业很大的原因是因为它的核心竞争力太强，这个竞争力跟世界变化的趋势不同步。所以，我们始终要回答，你的核心竞争力到底是什么。

第七个问题，企业对市场的响应速度，你对市场的响应速度是够还是不够。

第八个问题，企业愿景是不是可以永久地支撑我们。有时候我对中国企业很担心的地方就是它的愿景，它的崇高信仰和追求你找不到。某种意义上看中国的很多企业很像一个商业机构，不像一个企业机构。企业与商业最大的区别是什么？商业是判断机会，企业是要坚持韧性。这件事情我们就要做，不管它多跌宕起伏，我们都要坚持，这是企业，所以企业家很难。但是做商业，我们叫资本家，就相对容易。我曾经跟新加坡国立大学的研究生坐在一起聊天，他们说很羡慕别人能够有一个品牌，能够做一个百年老店，看到赚钱的机会，很想做，但是亏了就难受。他问我到底怎么办？我说那你就当资本家，资本家看到机会就去赚，亏的时候赶紧跑，所以亏的时候他从来不难受，因为他跑掉了。但是，你又想要品牌，又想要百年老店，我说你得忍受亏的痛苦。他想了半天说还是想当资本家。其实在我看来，中国很多企业家是资本家，所以，你要回答第八个问题。

第九个问题，你可不可以真正去做转型，或者变化，或者变革。

第十个问题，你为这个变革做的布局到底是什么？

从我的角度研究企业，我一定关心这十个问题。

我们做研究的肯定要专注于自己的一些研究话题，至少我是这样做安排，我会关心这些基本的问题。这些基本的问题就使得我自己花了20年的时间追踪了五个企业，就是想看看这20年的过程当中，即从1992年到2012年，中国哪些企业活下来了，而且活的过程当中他们做了什么事情，这基本上是我研究的主要部分。

（原载：春暖花开公众号，2015年3月10日）

互联网2.0时代到来：
传统企业与互联网企业价值共生

2015年到底变了什么东西？在回答这个问题之前，我希望大家能够和我一样地去理解。我们要做改变，并不是因为现在做得不好，而是因为外部变化太快，有关这一点的理解非常重要。变化的市场，一直以来都是要求企业不断地变。

所以需要真正理解2015年到底变了什么东西，我们才知道自己应该做的调整和变化是什么。如果让我用一个最简单的词来描述2015年到底变了什么东西，就是"互联网2.0时代到来"。为什么我会这样判断，是因为两个根本因素改变，一个因素是行业本质的竞争要素改变，另一个是增长逻辑改变。

在2015年之前，企业的经营活动都是围绕着结构调整、转型、升级、淘汰落后产能和组织内部激活展开，这些活动可以解决企业所面对的挑战。但是2015年市场发生了全新的变化，其特点是：所有的行业都在发生质变而不仅仅是量变，都需要找到行业的新属性，这一点甚至包括新兴的互联网企业。在这之前，每个行业都在谈论规模增长、盈利增长、技术进步以及资本驱动；但是在今天，每个行业都开始讲有效市场、精准用户、流量、大数据和价值创造。所以你会发现一家农业公司不再讲农业了，一家卖场不再讲卖场，一家互联网公司不再讲互联网，这叫什么？这叫质变，也就是行业本质的竞争要素在变。我的一个朋友并购了一个教育领域的企业，他希望我可以推荐一个总经理人选给他，并告诉我这个候选人需要有教育行业的背景和经验。但是我对他说，并不一定需要选择有教育背景和经验的人，因为今天的教育行业已经不是过去的教育行业，最重要的是这个候选人要具有开放的胸怀以及学习的能力。行业的认知已经彻底改变，这个变化请大家一定要非常清楚地理解，这个变化里面所蕴含的是什么，就是对每个行业的认知不能再以经验来判断，每个行业都在一个全新的发展模式中。

2015年之前，企业的增长依然在规模增长的逻辑上，是在原有基础上获得增长，规模增长某种意义上可以理解为线性增长。2015年开始，增长逻辑发生变化，用户数量、资本驱动、生态链打造等等，让增长呈现出更多的变化，更多的非连续性，借用量级的概念，这种增长可称为量级增长，这是2015年一个非常巨大的改变。我个人实际上没有太在意所谓传统企业，或者非传统企业。原因在哪里？就在这个地方。不管你是传统还是非传统的，你只要抓得住变化的节奏和本质要素，机会永远都会是你的。比如柴静的《穹顶之下》，抓住了人们对雾霾的迷茫，一天获得了5000万人的关注，这是一个量级增长。量级增长最大的特点是非连续性，所以一定要了解到这种变化对大家意味着什么。

正是这种改变，让我看到传统企业的机会。因此，我把2015年之前称为"互联网1.0时代"，这个时代的基本特征是"消费互联网"，创新价值是营销至上，流量为王，虚拟经济。像阿里巴巴、腾讯、京东等公司都获得成功，他们消费互联网、获取流量，营销至上，他们获取虚拟经济的概念，赢得了资本的驱动并展示出无限拓展的想象空间。2015年后我称之为"互联网2.0时代"，这个时代的基本特征是"产业互联网"，创新价值是产品至上、服务为王、共生经济。我一直坚持说互联网并不让我紧张，因为只要我做得好，一定会有人跟我互联，因为我在产业价值当中。互联网在提供便捷、快速整合、更新渠道的价值创造基础上，一定要提供优质的产品、增值的服务以及回归到实体经济的价值，所以包括阿里巴巴、京东等企业，也一定要从单纯的互联网属性，转变到产业价值本身。如果不能提供产业共同成长的价值，这些企业也一样会产生焦虑。所以互联网2.0时代是基于产业去做，不是基于消费去做，这恰恰就是传统企业的机会。互联网2.0时代的到来，正是传统企业的机会，说得夸张一点，是传统企业给互联网企业一个新的发展机遇。

让我们来看看比较早理解到这种变化的领先企业，他们做了什么？对我们的启发到底是什么？

PP租车是什么？PP租车创造了一个基于互联网技术的汽车共享平台，将车主的闲置资源与租客的需求进行匹配。这种方法就把出租车本质改变了，所得到的增长也完全变了，把有车人闲置的时间发挥出来。正是因为新兴互联网企业能够融合线上与线下，改造传统行业，深入生活，才得以发展。

"罗辑思维"是什么？就是一种跨界融合打破市场格局的逻辑，它几乎可以通杀所有的行业，因为它把自己变成一个微信营销的典范，可以说是一个销售公司，融合不同的传统行业，但是本质上是个自媒体。想破市场的局，想要获取新能力，就要跨界融合，只有跨界融合，才能打破市场格局。

这些企业，呈现出全新的商业模式，并不是单纯地发挥互联网的功效，而是释放了产业的价值，同时也获得了属于自己的价值。我们谈论很长一段时间传统企业转型之痛，也谈了很长一段时间互联网企业的财富神话，不过谈论更多的是互联网带来的焦虑症，随着互联网技术的深入发展，也就是我所称之为互联网2.0时代的到来，企业一定要了解到基于产业价值的互联网创造才会释放价值，这一轮的财富神话，会与传统企业共同缔造。

（原载：春暖花开公众号，2015年3月14日）

超越变化的四个关键选择

不管环境如何变化，企业自身的发展是无法停滞的，面对复杂的挑战，就需要企业在多个方面做出努力和改变，集中在以下四个方面。

（一）可持续性的安排

过去的30年，因为外部环境和自身能力的提升，增长成为一个可持续的事实，人们习惯于用增长来表现持续，事实上也是增长拉动了持续性。因为习惯于增长，导致了企业管理者把增长与持续性等同起来，而没有真的在持续性上奠定基础。一个企业的持续主要来源于三个基本的层面。

第一，企业的商业模式符合顾客的期望。对于顾客的理解，成本构成的合理性，供应链的管理以及赢利模式的安排，特别是竞争力的可持续性安排都能够获取顾客的认同。

第二，拥有超越自我的能力。企业需要不断调整自己以适应环境的变化，而不是紧抱着自己的优势不放。大部分情况下，企业的优势是随着时间变化而调整的，如果不能够与时俱进，优势将会成为企业发展的障碍。

第三，与环境互动的能力。社会化与互动，这是目前环境的一个基本特征，这就要求企业具有与环境互动的能力，借助于环境带来持续性。因此，增长并不是可持续性的根本原因，只是一个阶段性的特征而已。企业管理者需要了解，若要保持可持续性，要求企业自己具备一些基本的能力。

（二）夯实企业基础

当外部环境多变和不确定的时候，企业自身的能力显得尤为重要。往往在这样的条件下，企业之间不再是谁具有竞争优势，而是谁具有不犯错或者少犯错的能力。一方面市场不再给犯错误者新的机会，另一方面资源和时间也不再允许企业犯错。因此，企业需要增强自己的基础，减少犯错误的机会。

（三）持续的创新与创业

所谓创新，就是将远见、知识和冒险精神转化为财富的能力；所谓创业，就是把创新放在一个组织中。这两个词的内在含义，就是要表达这样一个想法，面对不确定性持续的创新与创业是一个非常有效的、必要的途径。观察市场中卓越的企业，一定会看到这些企业创新与创业的努力和成效。3年前我们惊讶于苹果公司的成功的时候，想不到今天三星对于苹果公司的挑战和超越。所以无论在任何环境、任何时代，只要持续创新和创业，就一定会取得令人意想不到的成功，具有创新与创业能力的企业，是不会受环境约束的。

（四）回归经营的基本层面

企业经营的基本层面是由四个元素构成，它们分别是：顾客价值、成本、规模以及赢利。当企业管理者能够围绕着这四个基本元素展开工作的时候，也许外部环境提供的机会不足够，但是因为持续的顾客价值实现，合理的有竞争力的成本，有效的规模以及具有人性关怀的赢利，可以保证企业能够超越环境获得市场的认可，从而获得自己持续性的发展。

可持续性的安排、夯实企业基础、持续的创新与创业以及回归经营的基本层面，针对这四个方面的努力，可以帮助在今天如此复杂与不确定的环境下的企业。在今天的环境中，让企业保持内在的动力，发展自己的能力是极其重要的。并不是环境是否提供机会，而是企业能够做好一切准备接受全新的挑战。

回顾最近短短的十几年的时间，我们可以看到很多曾经是行业巨头的企业无法延续自己以往的风光，柯达、黑莓、索尼、松下等，相反苹果、三星、华为等为什么会增长？失去辉煌的企业一定不是市场的原因，一定是企业自己故步自封，自我陶醉，看不到危机，甚至满足于自己所具有的核心优势。创造奇迹的，也不一定是市场的原因，一定是企业自己不断地超越自己，不断地转型和调整，时时让自己具有高度的危机意识。如果不愿意为转型做出努力，就会被淘汰。

（原载：春暖花开公众号，2015年3月17日）

必须转型,因为这两点

组织转型并不是一个管理的话题,而是一个经营的话题。正是因为外部环境的变化,使得企业不得不做出经营的转变,因应而来的则是组织转型的配合。组织转型并不是为了转型,而是为了配合经营的需求。

一、企业的经营逻辑变了

当我去和大家探讨经营的时候,知道必须回归到经营的基本元素。企业面对任何一次转型时,都必须回到经营的基本层面上去重新思考。因为正是这些基本层面元素的理解,可以让我们去洞察市场的变化,以及对商业模式的选择。

我认为经营的基本元素有四个:顾客价值、成本、规模和盈利。对应于商业模式的基本要素则转化为:价值主张、成本模型、盈利模型、供应链管理、核心能力等。我也明确地界定了三个经营基本元素的内涵,有竞争力的合理成本,有效的规模以及深具人性关怀的盈利。

企业经营者已经达成一个基本的共识:经营逻辑将围绕着顾客价值展开。但是一个突出的现实是,传统经营模式的假设核心是:价值是由企业创造的。而新的经营逻辑假设核心是:价值是由顾客和企业共同创造的。

这是一个根本的变化。可以说在既有的思维惯性下,这个变化一直在艰难的扭转过程中,互联网技术的出现,让企业经营者真切地感受到企业独立创造价值的局限性,更重要的是让企业经营者切身地感受到顾客或者用户创造价值的巨大能量,这一切带来了经营逻辑的根本改变。

难道不是吗?之前你的销售人员更像猎人,还是价值伙伴?传统观念中,顾客是企业提供产品的被动需求目标,顾客和企业之间的关系犹如猎手和猎物的关系。这导致了企业不断地推出新产品,销售人员不断地寻找顾客,循环成了一个恶性的闭环。渐渐地，企业就和顾客站在了对立的立场上，自己无法生存，顾客也厌倦了产品和企业。所谓的"顾客是上帝"成为一个自欺欺人的口号。

我一直以来的坚持是：企业只有一个立场，就是顾客立场。但这里并非是一个泛化的顾客概念。《市场领导者法则》（1997年出版）一书说过："无任一个公司能同时应付各种人。"要"选择顾客、集中焦点、掌握市场"。这个认识到现在终于可以成为现实：企业把自己的目标顾客称作为"社群"或者"粉丝"，重新还原为一种"生态"，生成彼此共生的关系。

在这个认识前提下，让我们回到商业模式本身来重新思考。当我们必须把这种思考付诸转型和增长实践时，围绕着商业模式的构成要素，我们需要梳理出清晰的逻辑，也自然会有了全新的答案。

二、重新认识商业模式的构成要素

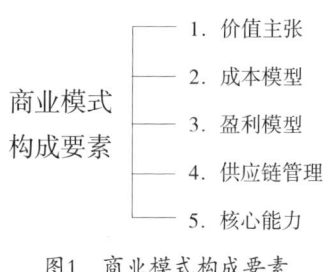

图1　商业模式构成要素

商业模式的构成要素，如图1所示。

价值主张

我们必须清晰地理解顾客的价值主张是什么。作为从事经营的人来说，第一个要探讨的不是赚多少钱，而是要回答我们的顾客价值主张是什么。就好比我们做食品的价值主张是什么，手机的价值主张是什么，微信的价值主张是什么，这一点要非常明确。

成本模型

一个好的模式一定是在成本模型上具有很强竞争力的，而且要非常明确地知道成本构成成员是如何组合在一起的。互联网带来的一个最直接的好处，让不产生价值的消耗可以降到最低，比如信息传递，比如营销与沟通，比如模组化的制造。有人说，3D打印的出现，可以让大规模制造变为大众制造，如果真的如此，制造成本的改变就会是惊人的效果。

盈利模型

到底凭什么盈利？需要把这个想清楚。就如我和我的同事所探讨的那样：我们是要养殖户赚钱之后盈利，还是我们盈利之后养殖户赚钱，这是两个不同的逻辑。我们是要中间商去盈利，还是与中间商一起去为养殖户服务。盈利能不能分配，能否让产业价值链上的各个环节都受益合理，共同成长，这是关键。如果能做到价值的分配者，那么无论是合资公司、中间商、供应商、终端消费者，都会与你站在一起，所以好的商业模式一定是可以分配价值，让所有人在产业链中可以成长。能够真正成为价值链的管理者，能够管理利润的分配并兼顾消费者可接受程度，这就是你的经营水平。

供应链管理

一个好的商业模式，一定会包含供应链与供应链管理。如果从消费端来理解企业，几乎所有的企业都需要有供应链属性以及具备供应链的能力。企业竞争力在商业模型中有两个方面，一个是成本模型，一个是供应链的管理水平，而成本模型很大一部分也是由供应链决定的。我有幸与真正的跨国企业进行合作和交流，无论是嘉吉还是汇丰，这些具有150年历史的企业，都会强调其风险管理的能力，而这个能力也都体现在供应链管理之中。

核心能力

企业核心能力建设，一直是我极其关注的话题，很多企业积累了很多能力，这些能力是否可以持续并在新的环境下发挥作用，就涉及核心能力获取及复制和延伸的问题，这是一个企业持续发展的关键，正如我在新希望六和所做的努力一样，我希望能够持续地保持这家公司的核心能力。在今天商业模式的要求中，企业核心能力的可持续性显得尤为关键，假如这种能力可以获得，那么就能够明确地看到企业经营的持续性。

我之所以强调组织转型并主导组织转型，正是因为下面的两个原因，一个是经营的逻辑变了，一个是商业模式构成要素的内涵变了。这两个改变是根本性的改变，如果组织无法理解这两个改变，无法让组织转变自己的管理方式和运行模式，那么企业是无法真正顺应环境和技术改变而有效成长的。也正是这两个根本改变，要求组织转型需要从多个方面做出改变，结构、流程、职能、分工、授权以及决策方式等等，也可以说成组织模式重构。我曾经用"水一样的组织"来形容因应变化的组织所需要呈现的形态,这的确是一个非常巨大的挑战,但是也是必须接受的挑战,这是每一个企业经营者都必须要能够接受的挑战,所以我会用接下来的几篇文章,把组织转型所需要做出的改变,奉献给大家,让我们有机会一起去探讨组织转型的一些关键点和解决方案。知道改变是行动的启蒙,知道为什么改变是行动的前提,而迈出行动的第一步才是关键,我很高兴自己能够与我的同事们迈出转型的步伐,用我喜欢的话来说就是"走在美好的路上"。

(原载:春暖花开公众号,2015年5月26日)

转型，让改变在"现场"发生

2015年4月20日，在沈阳举办的中国绿公司年会论坛上，王健林谈到万达的四次转型：始于1993年，万达从区域走向全国；从住宅房地产转向商业地产；从地产转向综合型企业；到当下的互联网转型。马云则笑问万达准备付出多少代价？调侃王健林不是转型而是升级。马云的理由是：这次变革和以往变革最大的不同是：它不是外部的变革，最大的变革是内部的变革。我们要思考的不是如何变革别人，而是如何变革自己。他认为10年、20年后，世界主要经济形式是平台型企业。不一定每家企业都需要转型，但是每家企业都需要升级，而真正的升级，是人才的升级、思想的升级、文化的升级。

其实无论是王健林谈到万达的四次转型，还是马云强调的内部变革与企业升级，其核心都是一个，就是组织如何激发每一个成员，与企业成长同步，而这对管理者而言是最大的挑战。

改变来自于一线还是总部

我始终记得自己在青岛海景花园酒店的感动体验。一天清晨，当一个门卫看到我的汽车发动机出现问题，主动上前询问是否需要他通知酒店车队帮忙。出于好奇，我问他天这么冷是否能够调得动车队。他回答说只要顾客需要，他能够调动包括总经理在内的任何人。当时我不禁对这个酒店的管理发出由衷地赞许。接下来我的留心关注，也证明了这家普通的五星级酒店给人带来的不同寻常的感受，它总是能够让顾客在细微之处感受到被照顾和被关怀，而这一切都是通过一线员工一点一滴的行动感动着顾客的。

任正非"让听得见炮火的人指挥战争"的管理智慧，也一定来自前线。因为一旦战役打响，决定胜负的权力就交到前线战士手里了。只有亲临实战的人，才能够明白这句话生死攸关的含义，也才能领悟到开启明天曙光的智慧。

稻盛和夫也因为亲身的经历得到一个结论：解决问题的答案总是在现场。注重现场力量已经成为日本公司的传统。所谓的"现场"，第一个含义是对于组织的意义。讲求组织动力源泉来自上下同心、团队努力，而只有现场才能让中高层管理者跟员工打成一体，也才能让每一个员工都感觉到"现场是我的"的切身体验。第二个含义是指提高效率和整个运营的方式，认为员工才是解决问题的主人，现场很重要。这个道理往往被大家运用在日常管理中，但是却不知道，转型也是一样的道理。如果仅仅是高层提出转型的要求，而现场没有呼应和动作，转型一定是无法实现的。

所以一定是让改变在"现场"发生，让一线员工真正被调动起来，才可持续突破极限，释放潜能，立于不败。所以，作为组织转型的重点不是理念灌输和观念改变，而是要把一线员工中潜在的、隐性的创造能量给发掘出来。

联想的"发动机"文化

看到柳传志先生在联想30周年之际写给全体员工的一封信，最让我触动的就是联想提倡的"发动机文化"。其核心是指，最高层管理层是大发动机，而子公司的领导、职能部门的领导是同步的小发动机。我们不妨仔细阅读一下柳先生的这封信：

"在我印象中，香港人做事往往中规中矩、一丝不苟，老板叫做什么就做什么，老板叫怎么做就怎么做，不偷懒，也不越权。联想把这叫'齿轮文化'。齿轮可以高效运转，但本身不产生动力。联想提倡的是'发动机文化'，意思是最高管理层是大发动机，而子公司的领导、职能部门的领导是同步的小发动机。

"大发动机制订好下一阶段公司发展的目标、战略路线（当然制订这些时也会请小发动机参加研究），每个小发动机努力吃透总目标，然后领回分解到自己这一部分的子目标，以及相应的责、权和利（责、权、利是可以和大发动机讨论商榷的）。据此，小发动机定出一套工作方案，先提出概要和大发动机对一下，看是否正确了解了上级意图，这称为'对大血管'。然后就可以召集本部门的骨干研究，要过到河那边去摘桃子，咱们到底是造船，还是建桥？游泳行吗？于是小发动机就会有各种创新的方案，就会发现更有潜质的小发动机苗子，而且自觉地不断提高执行力，把激励使用得更到位，最后的结果，大多数情况是出色地完成了任务。

"这种做发动机完成任务的感觉，和做齿轮完成任务的感觉是很不一样的——充满了成就感。而就在这一次又一次的设计、执行之中，主人翁的感觉也越来越浓，小发动机苗子涌现得越来越多。这些小发动机不但可以不断输送人才，而且自己也想要更大的平台。"

柳先生最后将立意放在了联想文化上："如果让我只说一件事，我就说说这个发动机文化吧。只有大小发动机都倾力投入，企业才能发展得更好。只有企业发展好了，反过来才能为大小发动机创造更大的舞台。虽然，一个企业要能持续高速发展，发动机文化远不是充分必要条件，但30年来，联想就像一个奔日子的人，前面，永远有不断往高了挑的目标；脚下，正是大小发动机层出不穷，而且同步开足马力，才催生了无比澎湃的动力，推动我们勇往直前。"

联想的人才是在一线实践中"用"出来的，那也正是联想的"发动机文化"管理模式本质，可以永续驱动联想机器运转的动力系统。

转型需要上下同欲

联想的"发动机文化"有效地解决了现代管理对于中国企业的落地问题。而其有效实践证明企业可持续发展的核心是激发人，激发人的主人翁感，激发人内在成长的自我驱动力，激发人担当责任从而获得成就的行动。可以说，激发人是企业可持续发展的本源之所在。

用公司持久力专家艾伦·奈特的妙语来说，就是"不可持续是无法持续的"。无论是现实还是对未来的判断，"一切照旧"的商业模式无法带来可持续发展，我们不得不承受转型带来的痛苦，不得不面对技术创新所带来的生活方式改变。而作为管理者该如何引领企业走上可持续发展之路？

彼得·威利斯预测三个主要趋势推动新的范式发展。第一，所有体系中不断增长的压力和干扰；第二，商业和社会组织将快速发展产生可行度更高的、新的组织形式；第三，人类价值的演变。那么新范式的关键要素是什么？威利斯的结论是"在商业世界中，我们需要具有企业家精神的企业来解决未来的许多问题"。在我看来，这种具有企业家精神的企业，其核心要素就是在组织中生成那些具有企业家精神的人。

"生成那些具有企业家精神的人。"不是企业家、管理者才必须具有企业家精神，而是人人都应具有"企业家精神"；不只是自上而下地发动与带动，而是每个节点、每个人都是动力源。这意味着对于管理者而言，你不但是率先垂范者，更是发动者。

聚变的环境意味着量级的增长，否则你不足以走到明天。这就提出来一个显而易见的迫切要求：每个组织都必须在结构内建立可持续成长的机制。一方面，这意味着每一个组织越来越需要有计划地放弃，而不是试图延长某一个成功的产品、政策或者习惯的寿命；另一方面，意味着每一个组织必须致力于创新，致力于改善和变革。这两方面的含义具体到联想的管理实践中，"发动机文化"是一个自然而然的结果。

所有的组织经常把"人是我们最重要的资产"这句话挂在嘴边。然而，说到做到的组织非常少，真的这样认为的管理者就更少了。在企业的转型和变革中，我们或许无法做出完美的决策，甚至无法阻止错误的决策，但是我们必须要有更正、修复、再造的能力。更正错误的过程常常是痛苦的，但我们必须将这种痛苦转化为成长之痛——痛定思痛之后，更需要管理者带领大家创造机遇，求得成长，让我们身边的同事能够获得持续发展的平台，公司获得持续成长的基础。

决定组织的文化是任务的本质，组织要完成自己的任务，其组织方式和管理方式必须与其他同类型的组织相同。如果你认为自己的企业与其他优秀的企业在管理上应该有差异，就大错特错了。只要企业所承担的任务是一致的，你也必须和这些优秀的企业保持一致的管理方式。换句话说，你也应该如联想一样，缔造属于自己的"发动机文化"。

同时，因为互联网技术的发展，使得个体具有了前所未有的能力与信息，这带来了组织与个体之间的一种全新的关系，即双方不再是简单的目标任务导向，而是持续发展导向。这种新型关系中，如果组织要赢得员工的忠心，不仅仅要提供有竞争力的薪资，还必须为员工提供发展的机会，以及成长的能力，这既是对组织的新要求，也是对管理者的新要求。因此，管理者需要有激活组织和激活成员的能力，一个成功的管理者应该是一个善于培养人的人，是一个能够让人们相信自我并热爱工作的人。

记住，"不可持续是无法持续的"，这场转型，关乎持续性，因此关乎生死。

（原载：春暖花开公众号，2015年6月2日）

转型出现"冲突"怎么办

当公司处在转型和增长的攻坚战中时,常常也是矛盾冲突的集中爆发期。所谓一鼓作气,再而衰,三而竭。其中最具有自我杀伤力的莫过于"刺猬观念"。这样一场具有划时代意义的转型一定会和每个人发生关系,即便已经达成共识,但是在具体的执行中,人们出于安全需求与自利本能,一旦感觉到自己受到攻击,就会像刺猬一样先把自己保护起来,同时展开尖刺让对方无法接近,对关键问题回避与不协同,导致转型、增长无果,最终回到大家都已习惯的老路上去。我根据自己的管理实践,提醒企业要学会"冲突管理",力避"刺猬观念",树立柯林斯所倡导的"刺猬理念"。

当公司转型逐渐走向深水区

2012年开始,我们看到大企业转型的速度在加快。王健林在2014年年度会上明确提出管理者要具有互联网思维,发出集团公司开始全面转型的动员令,声称是万达20年来的第四次转型,也是范围更广、力度更大的一次全新转型。这是在其公司连续第9年保持环比30%以上增速的基础上的主动之举。

而海尔集团首席执行官张瑞敏在参加李克强总理召开的2015年第一季度经济形势座谈会上,也透漏出海尔在2014年面临的危局:"我们在全国有3万家店,去年差点完蛋了。现在要搞线上线下联合,把'电器'变成'网器'。"张瑞敏透露出的信息颇让人为他捏了一把汗。

许多优秀的中国企业家还在读着吉姆·柯林斯的《基业长青》,就遇到了凯文·凯利的《失控》。在从优秀到卓越的爬坡之路上,集体遇到了"转型"的大坎,你或者说它是大机遇。

随着新一轮的集体转型之路渐渐向深水区挺进,中国企业也不出意外地纷纷遇到了管理方面的新老问题。因为传统优秀企业一旦实施转型,优势常常反而会成为包袱，各种冲突会集中爆发。而每一个问题都可以盘根错节、山大海深，它足以断送掉一场转型，终止企业走向卓越之路。显然，企业管理者面临的新考验已经不期而至。

迎面而来的公司"冲突管理"

管理者遇到的最大的挑战是各种各样的"冲突"，利益的、权力的、思维习惯的、管理理念的，甚至包括员工个人内心的冲突。我在自己著述的《我读管理经典》一书中提到，福列特从关注雇员之间的问题解决理论、参与管理、质量范围和其他基于团队的涉及员工在诊断、分析和寻求解决方案的方法入手，研究领导者和权力的作用，而她提出来的四个原理之一，就是有关"建设性冲突"。

在福列特看来，冲突——差异是客观存在的，既然这一点不能避免，那么，我想我们应该对其加以利用，让它为我们工作，而非对它进行批判。冲突管理的最终结果并不是"胜利"也不是"协商"，而是利益的整合。而协商的方式并不是分出对错，而是达成共识，并用科学的管理方法达成行动效果。正是阐述了这个原理，所以她又提出另一个原理，"重塑领导者的权责"，福列特的观点可以让我们清晰地认识这个问题，什么才是真正的领导者？找到最明确的答案。我非常喜欢和认同她对于领导者内涵的界定，正如她所言，领导者能力不在于是否能够施加个人意愿并让其他人追随他，而在于如何把不同的意愿联合起来成为群体的内在动力。

大家必须对这场转型有一个基本的认知：对于组织中的个体而言，管理没有某个人的胜败之说，所谓一荣俱荣、一损俱损。如何协调好内部关系达成新的行为共识？接下来需要参与者以科学管理的态度，一举克服我们的习惯性思维惰性。

因此组织转型中需要第一个学会的就是如何管理"冲突"，如何让自己真正具有领导者的权责，如何把不同意愿联合起来而成为群体的内在动力，让冲突成为建设性的冲突，而不是破坏性的冲突，这是管理者在引领转型的时候极其重要的一点。

组织行为学在认识归因时有一条原理，叫作"自利性归因"。即人们在归因时，会有自利和自我保护的倾向。也因此，当一个结果悬而未决时，人们会将原因归结于一些可以为自己开脱的外因。这就是我接下来要谈的两个重要的管理概念，也是我在公司内部请同事们理解透的两个概念——"刺猬观念"和"刺猬理念"，力避"刺猬观念"是管理冲突的起点。什么是"刺猬观念"？先看看刺猬的特点，刺猬在夜间活动，以昆虫和蠕虫为主要食物，一晚上能吃掉200克的虫子，消灭害虫因此有利于农业。刺猬是一种性格非常孤僻的动物，住在灌木丛内。每一次遇到攻击，刺猬都蜷缩成一个圆球，浑身的尖刺指向四面八方，让对手无法下手。

关于刺猬的认识，我这里借由阿尔凡·哈维特的观点："基本上每个人都可以被划为'狐狸'或'刺猬'中的一种。刺猬的生活形象化地代表以下观念：以某个观点来认识现实，并以此观点为中心来'感受'现实中的一切，包括自己的俯仰呼吸，喜怒哀乐。总之，可称为万事诉诸某观点的'归位狂'。"

需要提醒企业注意的是，即便转型已经达成共识，在具体的沟通与行为中，"刺猬观念"所表现出来的种种行为习惯依然是防不胜防的。其表现在，一是在组织内部沟通中，对于问题、对于现象、对于改变，习惯性地基于自己的立场，用自己的准则和经验去做判断，为了佐证自己的观点，也只是选取局部的数据以及片面的案例。遇到不同的观点，不同的意见，采用守护自己立场的方式，而不是开放、包容地理解与接收，就如刺猬一样，先把自己保护起来，同时展开尖刺让对方无法接近。以致在一些问题上，回避与不协同，导致不能求得结果。

二是在具体执行中，固守着自己的经验，固守着自己的经营习惯，并没有做出与市场行业发展同频共振的调整和改变。当"改革"革到自己头上时，"刺猬观念"就开始发挥作用，使得改变带来的是内耗、推诿和不协同。这样的结果会给组织氛围带来一场严重的危机，让本可以快速采取行动的人也会产生怀疑和痛苦，让简单的事情变得复杂化，让问题悬而未决，让时间一点一点地丢失了其应有的价值，从而危及甚至失去应有的市场地位和影响力。

基于这种认知，我自己在与管理层交流中，常常会要求大家不要总是分析也不要花费精力去寻找原因，甚至反对大家去做对标。为什么？就是避免"刺猬观念"的效应发生。因为当人们分析、寻找原因、对标时，若采用的是"自我立场与自我认知"，这样的分析与对标便没有任何的意义。因为你所做的一切只是为了印证自己的正确而已。虽然这样的分析和对标，都是有数据、有判断、有依据，但得出的结论却南辕北辙。究其根本，若大家只是从自己的观点和立场来做判断，根本就不会得到客观与全面的认知，因而也不可能达成共识，并解决问题。这样"自我印证"的分析和对标又有什么意义呢？

树立"刺猬理念"

吉姆·柯林斯在《从优秀到卓越》一书中强调"刺猬理念"。简单地说,"刺猬理念"的核心内容就是将事情简单化。面对纷繁复杂的社会,只有将事情简单化,才可能集中精力去拼搏。通过研究调查那些成功地从优秀跨越到卓越的公司,柯林斯根据刺猬理念提出了三环理念——他发现每个实现跨越的公司,其努力寻找的核心竞争能力并不是由随意的简单观念堆砌,而是对以下三环交叉部分的深刻理解:

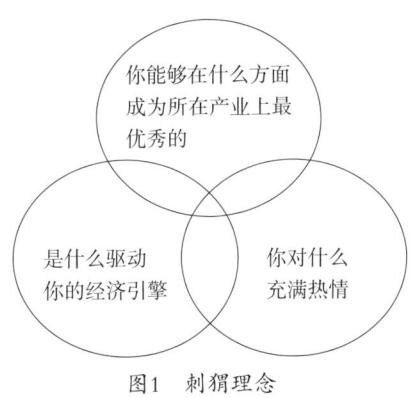

图1　刺猬理念

其实,将吉姆·柯林斯提出的三环理念应用于我们今天所做的转型和变革中具有特别的意义。我们需要用"刺猬理念"来问自己:第一,你能够在什么方面成为所在产业上最优秀的?第二,是什么驱动你的经济引擎?第三,你对什么充满热情?这三个内涵正是"刺猬理念"的核心价值,也就是在组织转型中,需要将事情简单化,集中精力去突破。

"刺猬理念"可以帮助我们卸下"刺猬观念",卸下固守的自我,脱离迷茫与痛苦。不再纠结,不再自我中心,拿出我们的热情,把复杂问题简单化,集中精力去拼搏,去创造本该属于自己的辉煌。拥有"刺猬理念"有利于转型的实现,有利于解决冲突,让事情简单化,也让人们更加专注于自己要做的事情。

存异求同

组织转型是一个全新的探索,因此需要有足够的准备去面对冲突和不确定性,冲突本身也会带来复杂性和不稳定性,这就需要管理者能够学会"求同存异",去解决冲突带来的差异和不确定性。

在具体的执行中，你也一定会遇到这些组织与人的问题：有的会跟不上变革的节奏，有的会觉得组织变革准备不足，有的会不习惯新的工作协同方式，有的会认为改革方案还不够完美等等。对于这些你必须保持清醒，它们常常是"刺猬观念"的具体再现或者变异，而不是组织转型的根本问题。是没有在执行过程中全力以赴地解决问题，没有用包容的心态来面对问题，没有想尽办法把复杂问题简单化。因为在大的战略和方向一致的前提下，改善和调整的方案一定是共同参与的选择，一定是共同努力求取成功结果的过程。

为此我常在工作中建议大家一起来调整自己，让改变成为自己想要做的事，而不是认为改变是别人的事或者别人想要你做的事情。而我也理解，这些改变会给大家带来压力和痛苦，但是，只要我们相互理解，专注执行，行动就会带来改善和提升。即使有时感觉自己就像在混沌中失去了方向，但我依然与大家一起拒绝屈从于那些负向的压力，专注于一切能让公司走上增长轨道的事情上，放下自我，卸下自负，化繁为简，专注执行，聚焦拼搏。

看到有同学转来的中勇法师写给她的一段文字，深有同感，这里我选择部分与大家分享，也作为本文的结束语，并以此共勉："只有纯净，才能被吸引；只有智慧，才能被启发；只有付出，才能有收获；只有坚定，才能被实现；只有用心，才能被感动；只有包容，才能更广阔；只有专一，才能有提升；只有无我，才能有开悟。"

（原载：春暖花开公众号，2015年6月9日）

转型必须"向自己挑战"

如果转型是一场压力,这压力会传递给每一个人;如果转型是一次机遇,这幸运却只会垂青于改变者。一个广为人知的成功的"改变"标杆是:"改变"作为三星最宝贵的资产,曾让三星度过了1997年亚洲金融危机,2008年的全球金融危机,以及技术带来的多次重大挑战。而这次伴随着移动互联网技术革命的转型,更是史无前例的,也是只能选择面对的。

我们的意义从来不止于增长,但是没有增长,我们就失去了存在的意义。这是2014年我对公司同事提出的根本要求:"向自己挑战"。

"自我挑战":转型的根本需要

"向自己挑战",你必须向你自己和你的员工发出这样明确的期望。所有的人必须认清这样一个事实:今日我们能够聚集在一起,能够借助于公司的平台就职于这个充满机遇和变化的市场,是源于公司之前若干年的累积和沉淀。但是如果我们自己不能够作出贡献,公司沉淀的这一切都和我们无关,属于我们自己的东西并没有真正呈现出来。如果我们对自己有明确的认识,如果我们觉得自己是优秀的成员,如果我们觉得还有很多力气没有被释放出来,如果我们内心还有埋怨、负向的情绪,那就表明我们还未证明自己,也还未创造属于我们自己的辉煌。

最近两三年,你一定会发现,你所在的行业发生了巨大的变化。一方面源于行业自身发展的影响,一方面源于市场环境发展的影响,特别是互联网技术发展的影响,以及消费者认知发展的影响。这些发展虽然带来压力和挑战,但你更需要明白,它更多的是带来变化和机遇。如果你不能够理解这些变化,不能够利用这些变化以获得经济与能力上的增长,那么这些变化与机遇,对于你就没有任何意义了。所以,在这个意义上讲,行业和环境进行巨大调整的时候,正是企业可以大规模发展和增长的时候。看看最近三年来一些优秀企业的崛起与突飞猛进的发展吧，你就会理解我所说的含义。

是的，要么转型，要么灭亡。其实转型对于很多人而言，并不是主动的选择，而是被动、不得而为之的选择，这是互联网经济造成的现实，没有一家公司可以幸免。比如整个中国农牧行业持续和成本、疫情、全球贸易以及环境苦战，我认为，其原因就是转型的动作太慢了。农牧行业以往基于养殖户的评价来理解价值，基于饲料技术来创造价值，基于料肉转化来界定价值，没有真正从产业链、最终消费者价值来评价、创造和界定行业的价值。仅仅是养殖环节，也在很大程度上取决于经销商与资金、原料采购的协同效率，而非真正的养殖效率，更不用说对种、动物保健与福利、技术等这些关键要素的理解和把握。

之所以提出"向自己挑战"，从人性的角度看，改变常常是一件很痛苦的事情。这意味着你必须强迫自己跳出既有的舒适状态向未知探索。而人们对未知的东西总是天生恐惧心理。所以就必须反复做出这样自我暗示："向自己挑战"！

我说过没有传统行业的概念，只有传统的人的思维。对于行业领先企业，你的企业如果实施战略转型，就意味着必须丢掉过往的经验和优势，或让自己重新变成一个小学生，重新接受不同的合作者对你提出的不同于以往的要求。这需要你真正地做好准备，而准备的基础，就是你自己的内心是否有足够的愿望，并愿意做出彻底的改变。转型的关键是你是否有能力让你引领的价值链具有稳定的、持续的成长性？你是否有能力通过增长带领价值链成员与变化共舞？是否有能力融合产业资源为价值链成员提供增值服务？是否有能力在挑战中把握先机？你必须为此做好准备。

"向生而生"：以未来决定现在

人们总是惊讶于那些在任何时候都能够从市场中获取主动权的人与公司，但是，大家并未认真地思考过，这个现象说明了什么。一方面在人们的认知中，未来不可预测；另一方面人们也不得不承认，如果没有对趋势的判断，就无法拥有主动权。而那些获取主动权的人和公司，就是因其能够与趋势在一起。

按照摩尔定律，机能一定会不断进化。那么可以确信的是，未来也绝对与过去、与今天完全不一样。这是一个明确的判断，就促使我们一定要用未来作为思考的起点，用未来作为今天做出选择的起点，用未来做出现实的判断。只有站在全新的视角来审视和观察我们所处的行业，我们才可以找到进化的趋势和变化的机遇。

我拥有第一部手机的时候还是在20世纪90年代中期，20年过去，手机已经成为移动终端，而不再是通信产品。虽然我也和一些人一样在等待iPhone6带来惊喜，但是往远处想想，再过20年iPhone是否还存在？如果还存在，那只能取决于它能够引领顾客的期待，给顾客带来惊喜。乔布斯说：我们不是在满足顾客的需求，而是在做伟大的产品。这也意味着苹果一直在引领顾客，并用前瞻性的能力，让苹果保持领先的优势。

其实，对于一个优秀的企业来说，"自我挑战"的精神一定伴随着公司发展的每一个阶段。但是长期稳定的发展，也会产生习惯性惰性。看看周围的环境与变化吧，你需要唤醒内心深处的力量，不忘初心，重新开始，改变现在，拥有未来。

"改变"会成为企业最大的资产

所有的未来，所有的一切都会借助于转变才能够拥有。李健熙曾经带领三星进行10年的变革之路，用了"除了妻儿，一切皆变"的理念来改变大家，这10年的变革，成就了三星今天全球市场的地位，更重要的是改变作为三星最宝贵的资产，让三星度过了1997年亚洲金融危机，2008年的全球金融危机，以及技术带来的多次重大挑战。

只有当你的公司上下同欲，达成共识，才能进行真正的改变，才能真正设计出行动的方案，也才能够在看到挑战的同时，更看到机会。在很多场合下，很多人都问我，企业转型到消费端最大的挑战是什么？你的对手是谁？我可以清晰地回答，转型最大的挑战是我们自己的思维方式和过往的经验，而我的对手就是我自己，所以"向自己挑战"就是我们对于这些问题的回答。

每一个管理者都担负着激发人心的天职，我说过我十分欣赏联想的"发动机文化"。那么对应于每一个人呢？人人都需要是自己的发动机。这一定是一种彼此呼应关系。所谓的企业家精神不只是自上而下的传递，而是无数个"企业家精神"体的聚集，包括你的合作伙伴也会深受感染，彼此信任合作，创造出真正伟大的产品服务，重新点燃你们与顾客之间的情感联系。这样的"智慧与连接"才能产生核聚变效应，你的企业才能实现与互联网精神相匹配的量级增长。

"向自己挑战"，会让我们看到全新的机遇，理解到自己的能力超乎自己的想象，更窥见全新风景的美好。这个时代的机遇，完全取决于我们的行动以及行动背后的观念。创造价值的资源要素从未如今天这般丰富与多样：个体的创新、资源的流动、细分的需求，这一切叠加在一起，让一切皆有可能。

阿里巴巴的奇迹，让更多人看到财富的神话，而我更愿意理解为创造的神话，那种与时代共舞的行动的神话。而生活在这样一个时代的你我，是否真的能够拥有这个时代最大的资产——改变呢？

（原载：春暖花开公众号，2015年6月16日）

转型必备的四个新技能

无论是基于环境的变化，还是基于企业自身的持续增长，互联网下的这场深刻转型和变化，都给企业管理者提出了新的挑战。你必须重塑基于未来的领导能力。

我在我自己的企业说过："作为企业的领导者，现在最根本的事情就是一定要创新。千万不要说，你在这个行业的时间有多长，企业的规模有多大，拥有的资源有多少，如果这些都是基于过去的能力，已经毫无价值。因为企业在未来的机会，不是基于成功的经验，而是基于变化。否则，你就是行业的老大，又能怎么样？"

组织转型是为了能够支撑公司战略的落地，战略本身的选择就是基于对未来的判断。所以就要求管理者要学习对未来的判断，协同不同的意愿，引领组织成员愿意去做出改变，更重要的是管理者自己管理自己的能力，所以，管理者需要有新的技能。

技能1：界定并建立共同目标

组织转型中最大的挑战是目标理解的不同，有人认为转型是真正的需要；有人认为转型是被动的需要；有人认为转型是无法取得成功的；又有人认为转型一定可以取得成功。即便每个人都认同转型，但是对于目标本身的认识其实是存有很大的偏差的，因此如何界定目标，并能够与大家一起建立共同的目标就显得尤为重要。

对于组织转型的管理者而言，怎样重构共担与分享机制，让团队利益更紧密地捆绑在一起，以对抗组织转型产生的风险是极其重要的。我曾经这样形容能够引领转型的管理者——具有"船长特质"的人，所谓"船长特质"就是对呼啸而来的风浪，能够坚定地选择航行的路线，并发挥每一个成员的作用，他能够迎接挑战，并接受改变，让船始终驶向设定的目标。

2015年初，《从0到1》这本书非常流行，我也为此书写过自己阅读的心得，"从0到1"意味着从无到有的创造；而"从1到N"则是复制和照搬。企业的转型与变革,要"从1到N"萌生出"从0到1",这是一个思维与逻辑的根本改变,会导致非常多的分歧、差异和不确定性,所以需要管理者具有界定目标的能力,以及统和成员目标的能力,唯有这样组织才有可能借助于清晰的目标来指引方向,激发成员的活力,并协同人们的行为。

技能2:提出观点而非问题

转型过程中的管理,需要厘清很多问题,处理不断生成的复杂性,还要包容各种意见和建议,梳理和接纳各种信息。所以就需要管理者能够明确地提出观点,并保证其观点具有足够的说服力,并使得大家在认同你的观点的同时,可以寻找到解决方案。

在这一点中,需要特别注意的是:问题与观点之间的本质差异。有的管理者已经习惯于谈问题,然后讲道理,做分析。甚至会认为只要找到问题,做出产生问题的原因分析,能够把问题背后的道理讲透,就认为已经贡献了价值。但是如果你不能够提出观点的话,你分析得再有道理也不会产生任何价值。我在内部对同事们的要求是,不是找问题,而是找差距,因为找到问题,并不会贡献价值,但是找到差距,才会找到机会,有机会才会有价值。而找差距就需要有明确的判断标准,这就是提出观点。有观点指的就是有结论,有判断以及有选择,有了选择,行动自然可以出现。但是如果只是提出问题,进行分析,是不可能做出选择的,所以分析本身就没有任何的意义。

管理者要有提出观点的能力,就需要回归到市场和机会当中,作出判断并寻求解决方案。我们已经习惯于盯着对手,即便是作为行业领导者,也习惯了寸土必争、锱铢必较的竞争思维。我一直坚持一个观点:竞争的目的就是远离竞争。如果说竞争是作为企业进入市场的基本状态,这实际是对竞争的极大的误解。比如有的管理者为了让分析呈现得更加科学、全面,甚至采取了精确对标的做法,我所关注的是,你为什么要对标?对标是能够发现问题呢?还是可以发现机会?因为很多时候,对标出来的结果会让你只是关注到自己,而不是关注到顾客和市场的变化与机会,无论对标做得好还是不好,这有什么意义?没有任何意义,你现在需要知道的是:顾客在哪里?你的判断和选择是什么?

能不能在组织变革过程中拿出你的观点来,就是对管理者的新要求。作为管理者,再也不能只谈问题、只讲道理。如果你的思维习惯还是负向的,只谈问题,只分析理由,那就意味着你只是在寻找借口和原因,从技能上来讲你已经不胜任了，即使公司不淘汰你，这个市场也会淘汰你。

技能3：多方位沟通并包容多样性

面对组织转型，能不能去接受结构的多样性，这对管理者的协同力提出了挑战。比如某个分公司、工厂或者某个部门不属于你直管后，你能不能接受这种不属于直管，还能一起工作的状态？作为领导层要允许管理者有多样性的协同尝试。不必过于担心管理人员的统一问题。因为在今天这个多变的环境下，统一不是最重要的，多样性才是最重要的。大家可以有不同的意见、不同的观念。

作为管理者自己，要主动了解别人的差异，多方位地沟通，有意愿地去沟通；一定要做到互惠互利，你做事情时一定要想到别人。需要设计多方位沟通的平台和机制，采用尽可能多的可能进行全面的沟通，让每一个需要改变的成员可以倾听到你作为管理者的想法和声音。为了推进公司的组织变革，我除了采用正式的会议、培训和面对面的交流之外，也采用了内部交流信的方式，这种方式的好处，是可以传递到每一个需要传递的成员中，让大家可以更加有效去理解我的想法，以及公司的目标及要求。

组织转型需要有很多方式方法上的尝试，所以需要允许多样性的存在，甚至还要鼓励创新以启发多样性。激活组织非常重要的驱动因素，是来自于员工成长的空间设计，这就要求组织本身能够承载多样性，管理者要有能力协同多样性，并确保让不同的人、不同的功能、不同的平台在一个目标框架下共同工作，有人也把此认为是"协同"能力。变化的时代，管理者一个核心的挑战是"协同"问题。如果我们不能协同，一定会被淘汰。

技能4：把个人责任感作为核心价值观

在许多业绩领先的企业里面，一种新型的组织方式正在兴起，叫作兼具创新与高效。它既灵敏又可扩展，以知识生产力为焦点；它既要保持一致性，又要留有足够的灵活空间。这种组织是共同目标与强大运营结构的组合，以一种灵活而又容易管理的方式激发组织成员的创造力。

这种组织的核心，是能不能制定可扩展的流程和协调员工工作，崇尚合作以及每个成员能够贡献价值。做到这一点，就需要管理者一方面遵从于组织的核心价值观，另外一方面又能够把个人责任感作为核心价值观的另一个构成要素。因为只有把个人责任感纳入核心价值观体系，并内化为个人的行为准则，才可以保证人们能够崇尚自由又专注责任，热爱创新又有自律。

当我开展公司组织转型的时候，我不断强调需要在公司内部建立"信任"与"责任"的文化，当这种文化建立起来之后，组织的效率就会显现出来，同时同事们的积极性也会发挥出来，有了组织提供的效率，组织成员提供的创新，一个高效而兼具创新的组织就会形成，所以个人责任感是极其重要的影响因素。

以上四种技能，是组织转型对经理人的要求。当企业变革一旦实施，管理者的领导能力就要随之改变，你必须重塑新的管理素质，重建新的核心管理能力，重学新的管理技能。机会基于变化，你的能力将随时接受来自市场的检验。你准备好了吗？

（原载：春暖花开公众号，2015年6月23日）

这五个企业浴火转型，值得学习

出于对中国企业成长性的关注，我曾经研究世界级企业的特质，总结出其八大共性：持续成长性、创新性、与环境的匹配能力、领导力、价值链、全球化、产品与技术、公司治理结构等。发现世界级企业因自我改变而获得新生的案例比比皆是。其中英特尔的转型重生故事给我触动尤大。

英特尔公司的核心能力一直是其用来生产最有效的存储器的技术和能力，但是，到了1984年，日本人用质量更好同时更便宜的产品替代了英特尔公司。1985年的一天下午，当英特尔公司创始人之一的格鲁夫和摩尔（后来成了英特尔公司的首席执行官）讨论公司进退维谷的困境的时候，格鲁夫突然问道："如果我们被赶出了企业，而董事会又派一个新的首席执行官来，你认为他会做什么呢？"摩尔毫不犹豫地说："他会把我们带出存储器业。"格鲁夫说："你和我为什么不走到门外之后再回来呢？为什么我们不自己干呢？"就这样，格鲁夫和摩尔让英特尔公司拥有了微处理器这个产品，而英特尔公司也因此获得了新生。

显然，中国企业具有自己的发展环境与市场空间，应该创造不同于世界上其他企业的管理模式，为世界管理研究贡献自己经验。我连续做了20年的研究，研究中国领先企业如何保持领先。第一个十年（1992—2002年）的研究结果——《领先之道》一书在2004年夏出版的时候，我正在六和担任总裁的职务。继续研究的第二个十年（2003—2013年）后，2014年1月我的《领先之道》已经修订再版。

在并不确定的市场环境下，这些先锋企业为什么可以活得很好？我发现这些企业与英特尔公司一样，自我转变获得新生，是这些企业的共性。他们之所以转型成功，其中很大的原因是他们能够做五件事情：第一是能够更扎实地做事情；

第二是有强大的危机意识;第三是即便失败也要失败得有价值;第四是学习与竞争;第五个是全员创新。这五个转型特征可以对应下列五个企业:

更扎实的海尔——基于互联网的制造业转型

海尔遇到的挑战比很多企业都多,他们花了10年的时间去学习一件事情,就是如何做基于互联网的制造业转型。海尔确实已经很努力地做这件事情,能够在家电业当中做根本性的转型,包括现在跟阿里巴巴做电子商务。如果你不能全面提升用户体验,全面调整综合成本,不能直接接受挑战,主动转型,将所有的组织结构向消费人群去转,你一定会被淘汰。

自我批判的华为——组织和文化驱动

华为之所以持续成长的根本原因,它是一个自我批判的组织,它的组织和文化在驱动,所有的人都是在不断地自我批判当中得到提升。今天所有的企业都在研究华为,全世界的商学院首选的研究中国企业的案例便是华为,很多世界著名商学院要申请成立华为研究中心。这样成就的取得,就是华为自己在驱动自己。

重生的TCL——让失败变得有价值

TCL在2006年遭遇了因国际化带来的经营困境,但是失败并没有让TCL停顿,相反,他们不断地变革,培养精英,聚焦核心业务,提升核心竞争力,重新获得了"鹰"的重生。我曾经在2013年布局我所在的企业调整时说,2013年是一个有价值的年份,这个价值就是我们认识到自己的局限性,认识到需要自我改变,如果我们认识到这个含义,那么这个年份就会帮助我们发展起来。

与大象共舞,联想——学习与竞争

联想成长的过程就是能够不断向优秀企业学习的过程:惠普、IBM、苹果。联想很好地解决了如何学习的问题,我相信中国企业向领先的跨国企业学习,并不是千亿规模的概念,而是它是这个行业的真正领军者的概念。在我的眼里,对手都值得我们关注,我们关注的是我们向往的,就像三星说:"索尼是神,我要仰视",这才是我们应该去学习的对象。

自我转型的宝钢——全员创新

在我所列举的这五家企业中,宝钢是一个国有企业。宝钢自设立要成为世界

500强目标起，就开始了不断的自我更新转型。从成本竞争，到规模竞争，再到技术竞争。宝钢花了很大的力气进行全员创新。可以说创新意识深入到每个宝钢人的DNA中。宝钢有两个工程：第一个是"金苹果"计划，用国际的薪资来寻找技术带头人；另外一个是"蓝领创新"工程，让所有一线员工都能够参与到创新的活动中。全员创新帮助宝钢转型，所以我们看到，宝钢在世界500强的位置一直在往前移动。

以上这五家企业让我深刻地感受到：改变拥有未来！只有不断自我改变，才能够让企业持续领先！

（原载：春暖花开公众号，2015年7月28日）

重拾经营之本质

中国企业所面对的环境的复杂程度,超过了其他地区的企业,这源于两个方面。一方面是我们在思维上比较注重我们看得到和摸得到的东西,但是市场已经变到了你摸不到、看不到的阶段。第二方面是因为我们每个人的欲求没有我们想象的那么复杂。我们很多时候可能会陷入自我成长的困境当中,并不清楚外部如何变化,基于这样的讨论,在最近几年的时间里我一直把研究回归到最基本的未来做探讨。如果我们转型或者我们发展,我们要思考的基本东西是什么?借这次华夏基石10月的管理论坛,我把这个部分的研究跟各位做一个分享。

我们的市场的确在改变。IBM的研究报告说,我们今天已经过渡到重构前端的业务上来。以前我们注重的是产品,是企业自己内部的能力,比如我们对产品的理解,我们对技术的理解,甚至我们对成本的理解和规模的理解。但是今天其实我们必须转移的方向是我们要走到前端去,我们必须回到我们跟顾客之间的渐变上。回到这个部分,我们才知道这个市场发生什么变化。最近我们在观察华为为什么做手机,我们也看到所有的优秀企业做的一些调整。现在我们谈转型之路。但到底转到哪里去?我们可以有各种理由讨论。比如战略转型、业务转型或者财务转型,又或者是增长转型。但是这所有的地方都有一个根本的问题需要回答,就是你转到哪里去,那些都是路径,我们必须回到"我要真正转到哪里去",这是基本的要求。

我们回到顾客那里,才能真正转得过去。我们以顾客为目标,这不是一个很简单的观点。我们想想所有的努力当中是不是以顾客为中心。当困惑这些变化的时候,我们有两个维度要做基本的反思。第一个维度是对行业和顾客的理解,是不是真的跟他走在一起。现在遭遇的农业发展困境,从顾客的期望来讲是可靠与安全。从产业的角度讲,必须寻找成长的空间。但土地、环境和污染的种种问题,使得你在这个产业当中的挑战,超乎企业自己把控的东西。在这种情况下,在产业的规律和顾客的期望之间，我要真正找到成长的途径和路径就必须知道这方面发生了什么变化，或者它的挑战在哪里。另外一个维度是在整个产业当中你真正的价值在哪里，你能不能跟顾客一起把这个价值创造出来，并且贡献你的力量。这两个维度的反思，是今天整个市场带来的根本性变化。

现在我们企业的问题在于远见不够，我们没有看到整个社会、整个产业发展的变化。我们的企业在今天跟过往最大的区别，就是过往的企业叫利益共同体，今天的企业叫价值共同体。我们以前往往比较关注顾客的利益、股东的利益、员工的利益。但现在企业的范式变了，我们不再是利益相关者，我们是价值相关者。所以企业的外延和内涵已经全部改变，今天如果仅仅关心股东或顾客是不够的，你必须关注你的分销商，甚至你的终端顾客，他是你企业的构成成员。这个改变是我认为的企业经营当中最大的改变，这使得我们企业管理的范式全部改变。

我们之前可能关注的是内部的成本、内部的机会、内部的组织绩效跟考核。我们今天关注的是合作的绩效、成长和推进。所以，现在已经从技术、人才、内部的战略转到对商业流程的理解，对市场和顾客信息的获取。我们的企业关键是要做一个彻底的改变。第一个关键的要素就是我们之间应该是一种数据跟技术和标准的交流，而不再是一个贸易跟贸易与商业的关系。我们应该对企业所有的价值链环节保持一致的追求方向和共同的工作方法，以及对产业的理解。这个关键要素已经做了根本性的改变，这种改变使得我们在整个思维方式上，要求我们一定要回到顾客那一端。我这句话不是现在说的，10年前我跟我的同事讲，唯一能解雇我们的人是顾客而不是老板。我们现在看诺基亚，非常可惜。很多大企业被淘汰，某种意义上就是因为离顾客越来越远，你只要离顾客远了，你肯定就被淘汰了。这样的变化和对公司的全新认识，使得我们需要对经营的认识做出调整。经营最根本的东西是什么，是用有限的资源创造最有可能的附加价值，这是我们做经营的人最有价值的地方。

我个人认为，在经营当中我们要回归到四个基本元素上，我们只需要在四个元素上认真做努力，因为这四个元素可以帮助我们创造更加大的附加价值。

元素一：顾客价值

我们真正获取经营上的价值，首先要为顾客创造价值。很多时候大家问我，顾客价值是什么定义，我在研究的时候，很想把定义给大家找出来，当我做研究的时候，我发现顾客价值并不是用定义去概念的东西，它是一个描述性的概念。

换个角度,它是一种思维方式。我前几天参加了一个论坛,大屏幕上正放一个PPT的时候,停电了,音响系统全停了。所有的工作人员急得要命,几个重要领导坐在前面,大家被吓出一身冷汗。我就等了两分钟,看大家怎么做。结果两分钟,他们在找原因,我就在想,现在要以顾客为中心,他们需要的是什么,就是听到声音,有没有电没有关系,屏幕在,声音在,就行。我就站起来,跟发言人说,你就照着屏幕的字念,大家听到声音就可以了,这事就解决了。但是为什么这么多工作人员,管理者在那里跑来跑去,停了三分钟,没有人去想,顾客现在要什么,这就是我讲的顾客思维。

元素二:成本

成本必须合理,这个合理的成本要有竞争力,我是坚决反对低成本的。我们前30年用的低成本不是真正的低成本,我们用的是比较优势,使得我们的成本看起来低。但是我们真正讲成本的时候,必须是合理的。因为成本贡献品质,贡献我们讲的所有投入的价值,成本是一个投入价值的评定。你的投入价值够,你的成本就应该高。如果你的成本低的时候,我就会认为你的投入价值不够,所以我必须认为我的成本是合理的,而且要有竞争力。我们能不能真正尊重劳动价值?真正符合工作的期望?我们对浪费怎么理解?我们是不是可以让管理简单,再简单?最重要的是我们真正创造价值的人,是不是真的摆在一线,这是我们需要经营的第二个元素。

元素三:规模

我最近遇到很多企业,规模很大,但是不是都有效,换个角度而言,你是拥有最大规模的人,但是你并没有真正获得规模。所以,什么规模不重要,因为规模本身跟顾客没有直接相关的关系,一千亿企业对于消费者来讲,和他并没有关联。

元素四:我们的盈利是什么

盈利一定要有人性关怀,当你拥有人性关怀的时候,你才可以真正创造价值。为什么苹果出现的时候,会有这么多人喜欢,因为它非常清楚地知道现在用户的需求是什么。我从LV这个品牌上终于理解了盈利怎么做。有人问我,陈老师,你是不是认为你是成功幸福的女士,我说是。我说这还能看出来,他说能,他说我没有一个LV的包就不幸福。于是我就去香港排队买包,在太阳底下晒着,结果进去一看一个包8000块钱,我瞪大眼问服务员一个包8000块?服务员上下看了我一眼，对我说一看你就不幸福。你在看这些的时候，就会有感觉，你会发现它的价值会给你非常美好的感受，这就是我们经营上需要大家关注的东西，就是这四个基本元素。

我们比较在意内部的运营和效率。战略是我们跟别人做不一样的事情，运营是我们跟别人做一样的事情。今天在运营上面，你可能要做的，就是回到顾客这端，做跟别人不一样的事情。我们需要关注以下几点：

第一，我们是不是真正以顾客为中心。

有一次我到企业，老板很开心，他说我们现在都是以顾客为中心，我一看，确实是，他墙上挂了很多条幅，其中有一条是我们对待顾客要像家人一样好。然后我问他你对家人好吗？他不吱声了。后来他又改了对待顾客要像上帝一样。但是中国人不信上帝。最后他终于搞懂了，对待顾客要像对待朋友一样。因为他对他朋友最好。我举这个例子是想说明我们在理念上想得很美，但是我们有没有想过这个就是顾客想要的呢？

第二，顾客真的需要最低的价格吗？顾客需要的是价值而不是价格。

这些东西都是需要我们真正了解的。

第三，能不能增值，你增加的价值和创造的价值是什么。

我相信很多地方都可以，比如信任，比如我们长期的付出，内部的认同。

第四，我们是不是真正能把顾客价值传递到顾客的手中。

当价值全部给顾客的时候，是不是公司就不能盈利了，我现在被问得最多的就是这个问题。不会，如果我们把价值传到顾客手中，我们真的就成功了。

第五，顾客是不是真的满意。

你跟他建立忠诚的关系，才是最重要的。

最后一个问题，公司能不能变大。其他人还有没有机会。我今天依然还是认为，任何人都有机会进入市场，关键是我们能不能跟顾客走在一起。

（原载：春暖花开公众号，2015年10月12日）

小米没有卖"手机"，
褚橙没有卖"橙子"

当三星看懂苹果的企图时，iPod已经热卖，而三星的Yepp已经无影无踪了。同时消失的还有MP3、MP4、MP5。三星高层后来反思说，他们还停留在产品思维阶段，而苹果的出发点是顾客的生活方式，顺应顾客生活方式来提供解决方案。当苹果推出iPod的时候，乔布斯的主要精力不是花费在产品设计上，而是在为"顾客"整合唱片，获得唱片业的授权上。

小米为发烧友而生

小米"为发烧友而生"，同时期看懂苹果企图的只有小米。小米着手准备，在推出手机之前先做了一年的软件：米柚系统（MIUI）。但是如果小米只是做到了这点，便不会有后来突然爆发的量级巨变。小米不是苹果的简单模仿，对于消费者，雷军比乔布斯更进了一步。

对了，小米是从100个梦想赞助商的感人故事开始，精心培育了50万用户！小米声称"为发烧友而生"——成功将自己的梦想平移到消费者身上，从而产品一经推出便平步青云，一夜之间火爆。没错，"人人都可以有梦，万一实现了呢？"是这一代年轻人、创业者的座右铭。

火了以后的雷军在每每公开谈及小米的成功秘籍时，都会祭出"专注、极致、口碑、快"的七字诀；后来又有快速迭代的营销策略抛出；随着小米科技的联合创始人、小米网负责人黎万强的《参与感》一书出版热卖，人们又读出了"消费者参与"。但是，所有这些和传统的做法真的有什么本质的不同吗？长期在市场中摸爬滚打的企业人表示怀疑。它听起来更像是小米自身的口碑传播——利用了互联网技术与人们的好奇心。

有人看出了真正的奥妙。是的，雷军和黎万强用了障眼法，或者说他们并没有告诉人们全部（苹果也不会一开始就告诉你它怎么想）。这个答案才是最重要的——苹果与小米都是回归到企业的本源去思考，那就是：您是为谁做哪些服务的。

很多传统企业可以将规模做成巨无霸、成为产品销量的王者，但却不知道卖给了谁，不知道顾客为什么买或不买。除了买卖关系，企业和顾客没有其他任何关系。

苹果从"非顾客"开始培养，小米则提出"亚文化"情结，都是从非主流开始，潜移默化地影响和发展顾客（果粉、米粉）。这也正是当年百事可乐的崛起之道——从年轻人开始培养顾客，从而一举启动市场。

小米看透了苹果，却多走了一个环节：构建顾客关系。他首先构建顾客社区，花大力气发展小米网和同城会，布局小米之家和云服务；然后是沿着顾客数字生活方式延伸终端设备及解决方案。当米柚发展到6500万用户，这意味着什么？围绕着其生活方式，这不仅仅是一部手机产品。

现在我们明白了，小米最厉害的不是手机，甚至也不是米柚，而是构建顾客社区。他并没有停留在电子商务和小米网上，而是坚决地走向线下，构建了同城会和小米之家。

"褚橙"并非"红塔山"品牌工程的简单平移

我一直十分好奇地关注褚橙案例。因为褚时健的传奇人生太具有时代典型性，人们对他的过度关注会掩盖事情的本质，而人们对冰糖橙的关注也很容易会归因于产地的独一无二，当我深入进去分析后，我发现了更有价值的实践经验：褚时健对经营本质的把握。

我曾经为铁鹰老师的新作《褚橙你也学不会》著序分析，一是以顾客价值为导向（褚时健夫妇把自己当成消费者，经过广泛的调查研究，和湖南、广西等产地的冰糖橙比较，认为哀牢山出产的冰糖橙的确好吃）；二是以产品力为根本（其产品曾在北京经过6场由251人参与的盲试实验，从外观、剥皮难易、甜度、酸度、水分、化渣率、橙籽数量、整体口感等八项内容进行评价，结果显示褚橙最优）；三是对价值链的深刻灵活理解（如与渠道商分享利益、分销方式线上线下因地变通等）；四是通过科学管理释放管理效能（褚时健对生产管理精益求精，浇水、施肥、抹梢、剪枝等流程作业一丝不苟等）。有没有发现？这一切似乎是当年红塔山品牌的缩影，它完整地折射出褚时健缔造"红塔山"辉煌的过程。也证明了没有谁能随随便便就成功的道理。

但是正如雷军自金山词霸后的再一次崛起,斗转星移,世事变迁,成功能够简单地平移复制吗?以顾客为导向、和产品死磕背后,离市场最后一公里到底发生了什么?

为什么褚橙一夜之间便家喻户晓?正如同时代的成功创业个案,是量级的增长。当我持续琢磨这个问题时,又有了新的思考。这个才是最重要的——企业和消费者沟通的平台和方式变了!从因果关系看,这个才是变化的必要条件。

企业和消费者互动与沟通的平台和方式变了

是的,一粒橙子在极短的时间被无数人喜爱并追捧,核心的关键是:褚橙具有与人们互动的载体,这个载体由本来生活网创造。

倾听到这样一批媒体人创业卖农产品的故事,的确令我这个在农牧行业多年的人大吃一惊。简单地看,这只是一个成功的营销案例,但是如果细细去体味,你就会自问:为什么传统的农牧行业人,没有创出这个商业模式?传统的营销策划以及销售公司,为什么没有做出这个商业模式?他们的成功之处在于,并没有去卖一粒橙子,而是寻找到一粒橙子如何与消费者互动的方式。

推而广之,你会发现,人们喜欢的几个电视节目秀,可以更加说明互动与沟通的环境特征,如《爸爸去哪儿》《中国好声音》《中国好歌曲》《非诚勿扰》等等,这些节目之所以能够获取高的收视率,无疑都是因为和观众有了深入的互动,广泛的交流,让一个普通人有机会实现梦想——每一次消费体验,都是助飞梦想的翅膀。

从消费者的角度看,得益于技术,人们了解资讯和世界的方式越来越多,因为互联网、电视、iPad、云技术等等,人们阅读以及创新的方式已经发生了很大的改变,正如很多评论所说的那样,这些一定会令人与世界的沟通变得更多元、更丰富以及更复杂。本来生活网、褚时健、苹果公司、湖南卫视、浙江卫视、江苏卫视等等,这些人或者企业,都是主动拥抱创新,认识变化,欣赏并利用这些变化,通过互动与沟通,让自己更加具有影响力。

而对于企业来说,今天的消费者决定着自己"想要什么""什么时候需要"。在互联网出现之前,顾客想看电视节目,需要接受企业的设计,按照企业约定的时间。但是现在消费者在任何地方,任何时候,都可以看到电视节目,他们可以随时与他们的朋友交谈,不受任何人的限制。因此企业需要改变自己的角色，主动和顾客互动，寻找到与顾客之间的互补，了解到什么方式是顾客习惯的、渴望的，了解到如何设计一个平台，能够与顾客沟通，让顾客可以参与互动，形成社会化的网络。

人人参与成为这个时代的特征，让大家连结在一起，本身就是一件值得学习的事情。所有的东西都是新的，就如褚橙、iPad、新传媒等等，技术让一切皆有可能，也让人们拥有新感受和新机会，这些新感受和新机会又会推动技术的进一步创新。尝试新东西和设计新的沟通与互动平台，真的是很令人兴奋的事情。

（原载：春暖花开公众号，2015年12月1日）

英雄领袖：确立价值观

哈佛商学院终身教授约翰·科特在被问及"你如何看待'9·11'事件对商业领袖的影响，它将怎样影响未来商业领袖的决策"时，曾做了这样的回答："当危机降临时，很容易鉴别出一家机构是否由真正的领导人在运转。真正的领导人在危机时刻挺身而出，他们理解普通人的感受，并试图引导他们走出低沉的情绪，他们还会诚实地告诉人们世界正在发生的变化，以及如何驾驭这些变化。"

曾被用"行业英雄、企业领袖"来形容过的先锋企业的"英雄领袖"们，他们不但要应对一个需要他们运转的具体系统，时刻将关注点放在企业合理运转的系统上；更重要的一点是，他们更需要关注整个经济环境、政治动荡、人们的内心需求。很多企业家喜欢说"生意就是生意"，他们压低工资，开除员工，污染河流，他们赚了很多钱，然后他们用这些钱财进行慈善活动，他们开始觉得自己很高尚。而我们在更多的优秀和卓越企业的发展过程中看到的优秀领导者们思考更为宽广的问题——在企业利润之上的社会责任，他们更广泛地关注世界：一方面承担为股东提供更多分红的责任，另一方面，他们也承担为员工创造更好工作环境的责任，承担制造更好产品与服务的责任，承担降低价格满足需求的责任，承担企业对经济环境和自然环境产生积极影响的责任——一个优秀的企业领导者总是在考虑，既然我在做一项伟大的工作，我就应该考虑企业组织的发展，并且经营目前和未来的资源。

价值观是企业领导者对组织设定和确立的重要信条，它代表着企业发展和管理的指导原则；它也是创始人内心深处崇尚的理念与原则，是企业持续发展的源泉。比如，宝洁公司是美国蜡烛制造商威廉·普罗克特与肥皂制造商詹姆斯·甘博尔于1837年合资成立的，这是两个具有强烈宗教信仰和道德观念的人。他们创建宝洁的三大价值观至今仍然是"宝洁之道"的基本内容：雇用具有优秀品质的人，重视内部选拔；支持公司员工拥有明确的生活目标和个人专长；提供支持和奖励员工个人成长的工作环境。创立IBM的沃森是一个清教徒，他提倡的"大家庭文化"为每一个IBM员工制定了严格的行为规范和道德规范。他制定的"IBM之道"也清楚地表明IBM是如何构造员工、客户与产品这种金三角关系的：永远保持对员工的尊重；不断追求为客户提供高品质的客户服务；力争产品精益求精。

企业领导者们设定的组织价值观并不等待和博取外界的评判，他更看重这个价值观对企业价值链上参与企业经营的各成员的内在价值和重要性。强生公司的首席执行官拉尔夫·拉森这样说道："体现在我们经营宗旨中的价值观可能是竞争优势，但这并不是我们拥有它的原因。我们之所以拥有它，是因为它界定了我们的支持和主张，即便当它成为竞争劣势时，我们也会坚守它。"

我们认为一家优秀企业历经兴衰仍然持续的根本原因，其实在其创始人那里几乎就有了逻辑上的注定性——并不是所有遵从商业逻辑底线与崇尚人性价值的企业都能持续成功，但持续成功的必定是那些尊重商业规律、弘扬人性、创造力与个人价值的企业。

作为创业者，这些企业领导者必须明白价值观在很大程度上不依赖于当前的环境、竞争的要求或管理的时尚这些因素，因为直到现在还没有一种放之四海而皆准的价值观体系。联想的价值观是"把个人的追求融入企业的长远发展中"。柳传志这样解释为什么要提出这个价值观："当时我们出来办企业，就是想成就一番事业，把企业作为一个理想来实现。随着企业的不断发展，我们也在思考，企业与个人有什么关系？如何协调处理公司与员工的关系？等等。这就是大家非常关心的公司治理的问题，也就要回答一个基本命题：公司是谁的公司？我们的答案是公司不但是股东的公司，而且是员工的公司。员工应把自己的追求融入公司的长远发展之中，通过公司的迅速发展，从而体现员工个人价值。"由此，柳传志所确定的联想的价值观是要解决企业为谁而存在的问题，或者说是公司存在的价值，把公司看成是股东和员工的公司，将公司利益和员工利益联系在一起，将公司的前途和员工的个人发展紧绑在一起，是联想集团能够凝聚员工的根本理由。

（原载：春暖花开公众号，2016年1月26日）

缺少这三样东西，
中国企业何以走得更远

今天，人们的注意力移向新的变化，但是我还是建议企业领导者要安静下来思考：为什么会出现众多企业不复存在的现象？今天依然存活的企业，是否确定今后可以走得更好？

这两个问题需要企业自己寻找答案，但是有一点可以确定，如果再次迷失，企业需要解决的问题是什么？企业也许不会像现在这样幸运：现在顾客还会宽容并给予企业修正的机会。顾客的认同是企业发展的关键因素。如果企业缺失这些东西，就无法走得更远了，我把这些因素归纳为三个：战略、与环境互动、领导者的远见。

一、缺乏战略

一些企业为什么走不远，很大程度上是战略缺失的原因，大部分的企业只能够解决眼前的问题，更多关注的是如何竞争以及与谁竞争的问题，就如通信行业之间的纷争，如果企业陷入这样的纷争，就表明企业没有战略，因为战略不会基于同行的竞争，而是基于顾客价值的创造，基于对未来的判断，基于对变化的认识和准备，而这些基于变化和未来的判断就是战略逻辑的能力。绝大部分中国企业所作的努力都是管理的努力而不是战略的努力。这些企业追求的是解决问题，而解决问题是管理思考而非战略思考。

2005年我参加一个关于中国是否可以诞生行业"冠军"的研讨会，虽然大家得出的结论是中国企业能够诞生行业冠军，话题却只是围绕着如何打造接班人、如何提升管理效率、如何降低成本、怎样发挥人力资源的能力，等等。这些话题所呈现出来的思考是关于企业内部管理与效率如何提升的方向,而以内部提升作为思考的出发点,正是管理理念而非战略思考。

就拿中国的家电行业来说,在20世纪八九十年代,因为中国家电企业在战略上选择低成本,用价格作为贴近顾客的能力,低成本的战略帮助中国家电企业全行业战胜了国外品牌在中国市场的地位,使得全行业具有了拥有中国消费市场的能力,并因此具有了参与国际分工的能力,使得世界家电制造中心转移到中国,并成就了这个产业全球化的成就。到了2000年,在家电行业,随着三星的崛起,全行业进入技术创新的发展阶段,技术所带来的变化是顾客所期待并接受的关键要素,成本已经成为企业内部管理问题,不再是战略要素。

但是中国家电企业依然以成本作为自身发展的核心要素,不断在成本与价格上作出努力,然而这些努力并没有为中国家电企业带来持续的竞争力,相反,2000年之后,以三星、西门子为代表的海外品牌开始占据消费类电子的领导者地位,中国家电企业因为战略的缺失,失去了原有的主动的行业地位,而让自己陷入低附加价值的制造低端,品牌也无法得到溢价,甚至在技术的关键因素的品类失去了竞争地位。

二、缺少与环境的互动

中国部分企业缺少与环境的互动。企业能否与环境互动,是否具备环境的匹配能力是直接影响企业能否长久的又一个关键因素。大部分企业因为没有解决好和环境匹配程度的问题而丧失了未来的市场和机会。摩托罗拉在环境进入到数字时代,依然坚信模拟信号的价值,结果在短短的几年时间里被诺基亚超越,至今仍无法重回手机行业的龙头位置。而当手机作为智能终端进入人们的生活中,诺基亚依然确认自己在手机产品上的规模效应,并没有很好地与环境互动,在2012年第一季度,失去了全球手机龙头老大的地位。三星借助于与苹果的竞争,一跃而成为手机行业的领导者。因为与环境互动的能力不足而失去行业优越地位的企业比比皆是,另一个典型的例子是柯达公司,这个昔日最著名的成像公司,因为无法适应数字时代的到来,悲伤地淡出了人们的视野。

环境作为直接影响组织绩效的外部力量,特别是技术的迅猛发展,对于企业的持续发展产生着越来越大的能量。我真的担心中国企业会否也和摩托罗拉、柯达公司一样,还在坚信成本优势、规模和资源投放,事实上今天的环境已经发生了巨大的变化,复杂程度也增加很多,更重要的是消费者在发生着巨大的变化,企业战略需要根植于环境来具体地选择和判断,企业战略需要保证企业能够顺应环境的趋势。

企业与环境是互为主体的,企业如果不能够顺应环境的变化,不能够与环境互动,就不可能具有竞争力,正是每一次对于环境变化的深刻理解,才使得那些领先的公司始终保持着领先位置。所以,具有战略的企业一定是一个和环境能够互动的企业,它们会了解到环境的变化,会以变化作为战略的依据和选择的前提,它们知道应该选择做什么和选择不做什么,它们更能够引领变化并利用变化。

三、领导者远见不足

具有战略的企业另外一个特点是领导者具有远见,在这个方面一些企业领导者显得更加薄弱。如果观察那些成功的、持续领先的企业,会发现它们的领导者都具有非凡的远见和魄力,就如IBM的郭士纳、华为的任正非,这些领导者总是可以清醒地面对变化,提前做出准备,这样的领导者最大的特点就是能够以未来决定现在。

人们认为成功企业都是源于它们创造性地开辟了新的商业领域,其实成功企业的奇迹都是源于创新能力的发挥以及对于顾客价值实现的远见卓识,而能够转化出创新成果则是依赖于企业领导者的判断和远见。没有领导者不断地超越自身,不断地超越环境,是无法看到创新带来的成效的。

1993年,郭士纳出任IBM的总裁,当时的IBM故步自封、坚信自己的技术,分公司各自为政,纯粹是一个硬件厂商,管理零散。郭士纳对IBM的成员说:"我认为我们面临的最大挑战就是要让我们的战略、结构和文化适应不断变化的世界。我不能保证这一历程会简单快捷,我们采取的步骤将大刀阔斧而非小心翼翼。"

郭士纳就是用这样的决心和意志力,带领IBM迎接环境的改变,并使得全公司完成以客户为先、技术与服务方案提供商、全球整合业务、全球共用的管理系统的全面转型,使得IBM脱离了将要破产的困境。

确立战略、与环境互动、超越自我的领导者远见是中国企业发展需要获取的关键要素。我曾经在多种场合陈述上面的观点,一方面因为很多企业还没有意识到问题的严重性，另一方面因为中国企业实践的认知困境。在过去的时间里，中国企业成功更多是源于企业自身对于资源把握的能力，只要拥有资源就可以获得成功，曾经是很多中国企业的共识。即便是到了今天，还有很多房地产企业依然认为拥有土地资源和资金资源是这个行业的关键成功因素，很多房地产企业还是从这两个资源要素展开自己的发展逻辑。这些房地产企业依然没有意识到，市场发展到今天，影响房地产企业的关键因素是顾客选择的能力、供应商的能力以及需求的改变，顾客的理解以及供应链的管理和价值贡献能力成为至关重要的因素，如果不能够做出相应的改变，一些房地产企业就会被市场淘汰。而这样的市场环境就需要房地产企业的领导者超越自己对于行业、赢利的理解，以及对于价值链价值贡献的理解，这些要求都是企业领导者自身需要超越和改变的，唯有此，中国企业才不至于缺失了企业发展的关键要素。

（原载：春暖花开公众号，2016年2月16日）

企业保持螺旋上升的法宝居然是保守的财务制度

总是有企业会陷入消亡的境地，也总是有企业长盛不衰，人们用生命周期来描述企业的发展历程，更期待企业拥有永久的活力。借用生命周期理论，我们来看看企业如何陷入这个螺旋上升的五个阶段。

一、企业初创成功

在经历了初期战略探索阶段后，一家新兴的企业找到了走向成功的模式。它通过提供一种比竞争的同行更好的产品、比同行更好地帮助顾客完成某种期望的能力，获得了顾客的认同以及可以生存的市场地位，从而能够得以发展。由于在初期战略上获得成功，管理团队开始进行下一个战略的规划，他们很清楚自己获得成功的原因，所以在选择中，他们会集中所有资源来巩固自己的竞争优势，固化自己的核心业务，所有偏离核心业务的资源都被剥离和剔除。在这个阶段中，专注和不断探索是成功的必然要求。

企业所拥有的核心业务及其能力推动着企业继续发展，并且这样的企业开始领先于那些不够积极、力量不够集中的竞争同行。然而，这个时期最容易出现的情况也在这样的高速提升中隐含了下来。由于利润的吸引，企业开始逐步走向高端，原本带来成功的"比同行更好地满足顾客愿望的产品"的能力转化为比同行获得更高利润的能力。企业很难察觉到，它已经开始偏离自己的成功要素，开始失去对顾客的关注，开始失去价格敏感的"大众市场"。也许你会认为退出利润低的低端产品没有大碍，因为用利润率更高的高端产品可以弥补低端市场减少的销售收入，这看起来似乎没有什么错误，而且保持高的毛利率也感觉不错，但是问题可能很快就要显现出来。

二、面临增长来源的萎缩

企业成功之后，管理者很快就会遇到一个难题，就是增长的差距。创业时期最大的好处就是你处在一个似乎是无限增长的空间中。但是成功之后，尤其是在需要保持一个高利润回报的情况下，增长空间就很难挖掘，管理者预期的增长速度和实际需要的增长速度之间就会存在差距。在这种情况下，管理者开始采用创造新业务带来增长的方式进行运营，这些新业务的开展，的确带来了不同凡响的增长，但是我们往往会低估这种新业务的破坏性。

企业对于新业务的增长也常常以原有业务的标准来要求，管理者希望通过这些新业务来填补增长的差距，新业务的收入和利润来自未知、尚未予以折算的资源。随着企业收入的扩大，新业务为保持增长率而要达到的起点值越来越高，而投资者的预期也越来越高。但是，新业务其实是无法承担这样的预期和这样的起点值的，由此导致管理者只能继续投入，追求一个明显高于核心业务现实水平和基础能力的目标增长率，这就产生了一家企业从未面临过的增长的差距——这个差距必须由企业前所未有的新增长性的产品和业务来填补。表面上看管理者的选择没有错误，但是新业务其实无法达到这样的高增长性的要求，显然这个差距无法弥补。

三、对增长失去耐心

当企业面临巨大增长差距的时候，企业的选择就会发生变化，管理者在决定资源配置、新领域进入以及对于盈利的预期时都会随之变化。更可怕的是，因为对于增长巨大差距的认识不足，管理层内部也出现价值认同上的差距，人们无法像初创时期那样专注和集中精力，反而更多地质疑和犹豫，企业资源的配置也无法落实到底。这样的结果导致新业务更偏离发展的轨道，接着就是对新业务的增长失去耐心。

预期增长和现实增长之间的差距，使得本来可能会为企业利润助力的创新尝试不再去尝试，因为它们不能以足够大的规模和速度成长，这在平时是正常现象，但是当对增长有着不切实际的预期时，这些正常现象都显得不正常。大多数管理者无法保证新业务就会发展得足够好、足够快以达成增长的愿望,因为新业务进入的是新市场或者新领域,这些新业务需要适应市场的时间,所以人们选择退却。

四、暂时忍受亏损

很明显,缩短差距的希望还是在新业务中,企业需要回到接受挑战的轨道上,因为如果要让新业务成长起来,就如一开始初创阶段所做的战略选择一样,必须使自己的产品优于消费者目前正在使用的产品。这就需要企业静下心来潜心研究消费者,理解他们的需求,而不是在自己的新业务上花费太大的力气。对于消费者的关注,会使得新业务无法立即获得增长,企业会面临亏损,但是如果不能接受一时的亏损安排,不花时间在新领域重新认识消费者,仍然沿着自己原有的核心业务展开,那么将来的亏损就无法挽回。

同时,另外一个问题随之产生,对于一家新兴的企业来说,投资过度也是具有危害的,因为庞大的费用支付其实定义了企业的顾客细分和细分市场,而这个细分的顾客群和细分市场,也许无法产生足够的销售收入来弥补投入的成本。这种情况在新兴企业中常常出现,它们总是很容易被简单的产品所打动,总是想借助于代理商的渠道进入更广阔的市场,同时代理商也给企业一个信息,代理商也需要借助于一种新产品向高端市场挺进,而代理商的信心又强化了企业的选择,结果是在新业务领域里,人们耐心等待的是利润,却对增长失去了耐心。

五、扭转

企业之所以能够成功,是因为它们比现有的产品提供商能够更好地满足顾客的期望,它们会了解到消费者对于现有产品和现有供应商偏好的各种原因,这些原因支撑企业成功,而新业务同样需要这样的安排。一般来说,让消费者在你的新业务中产生共鸣是更困难的事情,所以这个时期企业的新业务收入远远不够,但是费用却包括在预算中,于是亏损就不断增加。当企业需要新业务带来增长,而新业务并没有完成期望的时候,企业需要做出调整才能扭转危机。

调整的关键就是回到核心业务中来,节省开支,除了保证核心业务的必要成本,尽可能停止所有的开销。回到核心业务上,可以使公司很快恢复到良性的状态上。企业能够扭转危机的基础是在财务上依然具有足够的支付能力,如果新业务的投入超出了企业自身的财务安排,企业无法确保核心业务的成长,那么亏损就不是暂时性的,而是长期性的。

我回顾企业生命周期的五个阶段,是从企业实际发生的历程中感受到的,很多企业无法实现增长的原因,并不是因为它们开展新业务,而是因为企业没有足够的财力支持新业务走向成功。

在企业自身没有足够的财务能力,而增长又需要新业务时,预期目标和现实能力之间的巨大差距,就会导致企业管理者做出错误的决定,直到巨大的价值被浪费掉,企业被别人收购。在企业的生命周期中,企业自身的财力显得尤为重要,换句话说,财务保守的能力是企业生命存续的依靠。

在大部分情况下,人们愿意谈论创新,我也是创新最直接的拥护者,但是我只拥护在经营上、技术上以及产品和服务上的创新,因为如果不创新我们就会被淘汰。然而在财务上,我坚持必须保守,如果不保守,我们会被淘汰得更快。因此,我们需要为保守财务做些努力:

1. 以正确的方式经营并忠实于自己的目标

环境所带来的挑战并没有我们想象的那样可怕,只要我们能确保自己的产品结构战略与环境相匹配。

2. 挑战极限式地降低成本

在危机的时候,对人力资源的结构做加减法,公司就可以借助于经济危机调整人力资源的结构,使公司获得更加合理的人力资源结构,一旦机会来临,这种更加合理的人力资源结构便能让企业有机会与其他企业拉开距离。

3. 贴近顾客的投资

所有投放到顾客的资源,顾客会给予回报,而顾客的回报可以让企业保持增长,并获得足够的资源持续增长。

所以我主张财务必须保守,只有资金的运用是高效能的,才真正具有安度危机的基础。

(原载:春暖花开公众号,2016年7月6日)

与任正非先生：围炉日话

2016年岁末，田涛、孟平、曹轶，还有姚洋教授，我们一起与华为创始人任正非先生见面交流，约好早上9:30时见，想不到到了见面地点，任先生已经早早在那里等，很感动。坐下，任先生看到我们穿得单薄，就问身边的同事，看看有壁炉的会议室是否空闲，如果空闲，我们转场去那里，得到确认可以过去，任先生就带着我们转场去另一个会议室了。

令我惊奇的是，任先生自己开车做司机带我们过去，我和姚老师都说，这该是史上最贵的"司机"，坐在任先生亲自驾驶的汽车上，我深深地钦佩任先生。刚一见面的两个细节，我已经被深深地折服，这是一个完全不一样的领袖。任先生带着我们到了新的交流地点，在这间会议室里，壁炉已经点起了炉火，就在壁炉前，我们围桌坐下，一场温暖的对话就这样展开。我忽然想起王永彬的《围炉夜话》来，作者以"安身立业"为总话题，分别从道德、修身、读书、安贫乐道、教子、忠孝、勤俭等十个方面，揭示了"立德、立功、立言"皆以"立业"为本的深刻含义。而今我们就是在一个真实的冬日壁炉前，倾听缔造具有全球影响力企业的创始人"立业"之本的深刻含义，所以我把这次交流，名为《围炉日话》以记之。

第一则：做出来是天才，做不出来是人才。

任先生说，华为的容错率是很高的，放手让大家去做，在研究上要允许大家犯错误，要给时间和空间让研究人员安心去做。假设一个新研究项目能够做出来，那华为就获得了天才；假设一个新研究项目做不出来，华为就得到人才。因为能够成功的项目非常少，所以是天才。而项目失败的研究人员，他们经历过失败，知道失败的滋味，同时努力过、奋斗过，所以一定可以更好地总结过去，不重复犯同样的错误，继续前进，这正是公司所要得到的人才。

第二则：金钱变知识，知识变金钱。

华为是一个有战略耐心的公司，所有的创新和尝试，都是在主航道上做出的选择，由战略做出界定。所有创新项目的选择，已经通过战略做出筛选。这个过程,可以用两组数据来说明,据了解,华为2016年研发投入120亿美元,其中30亿美元用于研究创新,2万人参与,这是一个金钱变知识的过程,这个过程就是把广泛的信息最终变成与华为公司战略相匹配的知识。其中90亿美元用于确定性开发,6万人参与,这是一个知识变金钱的过程,把与战略相关的知识转化为华为的技术与产品,让华为具有持续的市场竞争力和战略上的领先能力。

第三则:没有基础研究,无法成为平台。

企业如果想成为平台型企业,一个核心关键是:企业需要有基础研究,需要在基础研究中做大量的投入。这次交流又给了我一个特别的视角,是华为愿意投放资源在基础研究上。一个在多个领域取得成功的企业,一定是一个平台型企业,而成就一个平台型企业,在任先生看来,就需要有基础研究,没有基础研究,不可能成为平台企业。

第四则:生存依靠绩效。

任先生从另一个角度谈了他对手机业务的看法,让我真心钦佩。他说,华为手机业务的确发展得很顺利,也非常好。但是对于华为而言,主航道外项目的衡量,还是以业绩为主。对于主航道外项目的衡量,还需要一个更重要的维度,那就是项目本身要达到华为对于盈利的要求,以及正现金流的要求,如果在约定的时间里,达不到这两点,不管这个项目有多大的影响力,没有达成盈利预期,没有正现金流,也是会被关闭的。企业必胜的信心不能建立在远见和长期的预期中,而应该是建立在真实的绩效基础上。

第五则:内外合规。

华为对于内外部的合规要求都是极为严格的,华为从依赖个人,到可以制度化可持续地推出满足顾客需求的、有市场竞争力的成功产品的转变,就是在任先生1997年访问了IBM等公司,决定开始管理体系的变革和建设开始的。任先生当时就提出了"先僵化、后优化、再固化"的变革指导思想,这也是华为能够建立一套行之有效流程的关键之所在,并以此建立了自己内部合规的习惯。而"构建和谐的商业生态环境,让华为成为对当地社会卓有贡献的企业公民",我想这是任先生及华为对于内外合规的理解和选择。

第六则:华为是一家全球化公司而非中国公司。

一次在瑞士我们有幸见到华为瑞士公司的负责人,这是一位外籍人士,朋友问:"您在中国公司里工作的感觉如何?"这位华为瑞士公司负责人说:"华为不是一家中国公司。"这个回答让在场的中国人都很惊讶,我把这个转述给任先生,他自己也笑了,回答说,华为的确是一家全球化公司而非中国公司。现在华为建立起了一个全球体系,华为的销售额中超过70%来自于海外市场,华为的产品及解决方案已经应用于全球100多个国家,在海外已经进行了全球架构的组织布局,按照围绕着人才设立机构的原则,通过跨文化团队合作,已经实现全球异步研发战略。

第七则:中国稳定的基础是制造业。

任先生总结一个国家发展的规律,比如,美国依靠石油产业奠定了自己国家的经济稳定性,英国依靠黄金奠定了自己国家的经济稳定性,而中国有13亿人口,中国需要更多的就业机会,才会有稳定的经济基础,所以中国应该和德国一样,以制造业为核心,依靠制造业的发展来获得经济的稳定性。

第八则:多元文化与独立的人。

谈到深圳,任先生认为深圳之所以在中国有着极大的特殊性,是因为这个城市具有两个最大的特点:多元文化与独立的人。深圳的故事跟硅谷的故事是一样的。深圳是中国最先走改革开放道路的地方,深圳有着非常多的发展基因、开放基因。

第九则:"理想主义+奉献精神"。

独立的人是一个什么样的人,任先生认为是"理想主义+奉献精神"的人。华为的几个广告一推出就引发了巨大的反响,这几个广告也是对任先生关于"理想主义+奉献精神"的诠释。任先生说道:"上帝粒子研究的最新发展,那是厚积薄发;跌倒了的乔伊娜,依然抬起头来冲锋拿冠军,那也是厚积薄发!我非常喜欢这两幅广告,亦如我喜欢'芭蕾脚'与'布鞋院士'的广告一样,理想、奉献、艰苦、奋斗,这是华为崇尚的'人'。"

第十则:不需要感恩,只需要契约。

谈到员工与公司的关系,我们谈到了"感恩"这个词,在我们的认知里,觉得当一个公司能够给员工提供好的工作环境,获得好的收入并能够不断成长,这个员工应该有一种感恩的心。想不到任先生不接受这个观点,他说,在华为,我们不需要员工感恩,如果有员工觉得要感恩公司了,那一定是公司给他的东西多了,给予他的多过他所贡献的。我听到这里,就问身旁的曹轶,她在公司工作十多年,问她怎么理解任先生这个说法,她的回答也给我很大的触动,她说,她更多感受到的是"责任",而不是"感恩"。田涛也随之附和说:华为与员工之间是一种契约信任的关系,不会用感恩或者情感作为纽带。

第十一则：华为更像军队文化。

一个企业如此强调流程，所以我们自然就讨论到华为是更贴近西方文化的一家公司，任先生没有完全同意。我谈了自己的看法，觉得华为更像军队文化，任先生确认，他认为华为的确是军队文化特质。田涛补充说，华为更像美国的军队文化。想到美国军队，我总是会想到西点军校的22条军规，以此来看华为，的确觉得非常接近，甚至你可以认为华为本身就是一个商业军队。

第十二则：华为最强的是财务体系与人力资源体系。

当姚老师和我问任先生，他觉得华为成功的核心点是什么？他回答说：还是财务体系和人力资源体系。

第十三则：真正的人力资源策略都是反人性惰怠的。

关于华为人力资源部分，谈到华为人力资源策略，想不到任先生讲了一句非常特别的话，他说："真正的人力资源策略都是反人性惰怠的。"任先生抬高他的手势说："企业要想生存就要逆向做功，把能量从低到高抽上来，增加势能，这样就发展了。"人的天性就是要休息、舒服，这样企业如何发展？任先生正是通过洞察人性，激发出华为人的生命活力和创造力，从而得到持续发展的企业活力。

第十四则："在有风的地方筑巢，而不是筑巢引凤"。

华为布局全球的能力，是把能力布局在人才集聚的地方，用华为的话来说就是"在有风的地方筑巢，而不是筑巢引凤"。机构随着人才走，不是人才随着机构走。是在全球找人才，找到这个人才围绕他建一个团队，不是一定要把他招到中国来。在任先生看来，离开了人才生长的环境，凤凰就变成了鸡，而不再是凤凰。

第十五则：人是最重要的。

人是最重要的，认识到人才的价值，也要给人才合理的回报、合适的价值空间、适合的工作环境。一个小插曲，我们交流的会议室，是一个有着欧洲风格的房屋，我们觉得整个装饰很漂亮，但是任先生说，这是华为最早设计的办公场所，还很土气，现在的东莞松山湖总部就非常漂亮了，这个还不达标。在华为看来，人比机器重要，因此尽量把人装备好，把环境做好。

结尾

也许是火炉的温暖，也许是话题本身，时间在不自觉中溜了过去，想不到已经到了我们要赶去机场的时间。当任先生知道我们要赶去机场，马上嘱咐服务员把本来是他自己预定的午饭送上来给我和姚老师吃,我们也客随主便,就把任先生和家人预定的盒饭给吃掉了。之后,他陪着我们下电梯到车库,想不到他会为我拉开车门,那一刻被任先生细致、平和的品性所折服。

车行驶在去机场的路上,我回想这一个上午,在整个上午的时间里,只有我们和任先生之间安静地交流,没有人来打扰,没有电话进入,一切都是从从容容,也是那样地专注,这一点可见华为的品质。

虽然我算是比较熟悉华为的人,但是与任先生面对面的交流,使我依然感受到还有很多需要从机理上去理解的东西,也许下次的交流,我可以延续《围炉日话》这个题目。只是这一次多少有点可惜的是,我们沉浸在交流里,竟然忘了照张相,在一个刷脸的时代,这算是一大损失哦!

(原载:春暖花开公众号,2017年1月17日)

比全球化更重要的是全球思维

中国企业和世界跨国企业之间的差距，根源在于中国企业本身，在于中国企业全球理念的缺失。全球理念的形成需要有全球思维的确立，只有借助于全球思维能力的培养，中国企业才能够在全球化进程中不再遭遇挫折和障碍。

随着全球经济和政治的展开，全球化的经营模式势必是企业所必须面对的选择。真正有效的全球化战略包括制定符合当地文化的市场开发计划，以及在当地及全球范围内建立发挥作用的业务模式。

也许了解这一点不算太困难，因为在全球市场上中国企业所经历的痛苦和教训，已经让我们开始明白全球化的真实含义。但是从20世纪90年代开始的中国企业的全球化努力为什么没有达到想象的程度呢？

问题的根源显然不在于市场，也不在于中国企业和世界跨国企业之间的差距，根源在于中国企业本身，在于中国企业全球理念的缺失。

一、中国企业和世界跨国企业差距在哪

企业如何去寻找成长空间，是每个经营者都必须清楚的问题。在全球化经济环境中，回答似乎是不言而喻的：企业应该在产业机会和市场机会的生长演变中去寻找成长空间，而今天的产业机会和市场机会都在全球化背景之下。但是，中国企业对于全球市场、产业、金融、政策、商业机会和危机控制等因素都不够敏感，对经营环境的变化也不够敏感。

究其原因，就是中国企业的思维空间相对狭窄。由于思维空间延伸不够，大量产业机会和市场机会在中国企业的视野之外生生灭灭，再大的产业和市场空间都与中国企业无关。

这种现象很容易让人联想到德鲁克关于企业成长的一种说法：一个组织只能在其价值观内成长，企业的成长受它所能达到的价值观限制。

套用德鲁克的这种表述，我们可以对中国企业全球化进程做出这样的判断：中国企业全球化成长只能在其思维空间之内成长，中国企业的成长受所能达到的思维空间限制。中国企业在全球化市场依然沿用自己习惯的思维方式，依然沿用自己在中国本土市场所形成的经营模式，这也许就是中国企业全球化进程中多受阻碍的根源所在。

研究证明了环境是影响思维和行为的根源，中国环境下产生的企业思维和企业行为，必然与西方环境下所形成的企业思维和企业行为不同，从而导致了不同的价值体系。而不同的价值观体系又决定了企业创造不同的价值，并最终决定企业不同的创新素质。经济学家熊彼特的这段话可谓一针见血："没有发展就没有利润，没有利润就没有发展，对于资本主义体系必须再补充一句：没有利润，就不会有财富的积累。"美国企业就是这类专注于创造利润的实用主义者，善于借用一切技术和机会来创造并提升利润，前美联储主席格林斯潘就曾经说过这样一句话："在20世纪，美国国内生产总值的总量没有增加，但其价值却增长了20倍。"

相比之下，中国企业却是在一个有着"义利之辨"的中国文化背景下成长起来的。改革开放初期，人们还在为"致富是否就是资本主义"辩论，今天虽然财富成为人们追求的目标，但是依赖于中国环境和传统文化所形成的企业价值取向和思维方式，依然对中国企业经营带来很多影响。

随着改革开放的深入，人们一下子又从"殉义"的背景下跳入"逐利"的大海中，为了获得利益不惜牺牲原则、准则。在这30年间，中国企业表现出来的短视、急功近利、拼杀价格的行为比比皆是。这样的价值取向，在一个阶段里，让中国企业得到了快速的发展，尤其表现在中国本土市场上，成功地引领了市场份额，包括索尼、IBM在内的跨国企业都在中国本土市场输给了中国家电企业和PC制造企业。

但是，到了海外市场，我们在中国市场上称雄的模式，没有产生任何作用。我想起了对于易建联的报道，美国的体育媒体说，易建联有着很好的潜力，但是却常常犯规，相对于同样是新秀的美国球员来说，易建联明显缺乏职业化训练。中国企业是否也是如此？正如吴霁虹教授所总结的那样，跨国企业优胜之处，正是中国企业的弊端：

他们（跨国企业）在科技大名的基础上永无止境地创新发展（技术产业化），而中国企业善于用关系获取政策等资源；

他们耐心地选择有机会的成长方式，并在成长过程中一开始就专注于做强，而中国企业较浮躁，倾心于快速、超速、飞速；

他们经历无数竞争和经济萧条周期的锤炼积累起来的经验曲线，足以使他们充满智慧地对待机遇和危机，而中国企业一直伴随着GDP漂亮的增长曲线成长，他们的经验单纯、浅薄；

他们拥有超群的智库专家（如社会的经济学家、管理学家、资讯专家），不断地将他们的实践经验提炼成理论，促使他们的知识结构不断更新，而知识和他们超强的学习能力使他们追求创新成为可能，中国企业都处在知识（包括经验曲线）的饥渴状态，并且饥不择食；

支撑他们做强的动力是个人奋斗的激情、社会责任感和历史使命感，中国企业的动力可能比较混杂，还没有形成主流。

二、怎样确立全球思维

全球理念的形成需要有全球思维的确立，只有借助于全球思维能力的培养，中国企业才能够在全球化进程中不再遭遇挫折和障碍。事实上，中国人非常有智慧，也有很强的学习能力，但是进行思维方式的调整，却是一个非常困难的事情。我一直在大学讲授"企业文化管理"课程，我们知道文化最重要的特征，也是最重要的特性就是思维方式，作为文化的表现方式的思维决定人们的行为选择。因此，如果中国企业还是习惯于用固有的思维方式和行为在全球市场上竞争，结果一定是欲速则不达。

我们需要确立全球思维，在内部原因方面，中国企业需要跨越这些成功陷阱：改变单一产品的成功、改变单一资源的成功、改变企业家个人的成功、改变没有付出规则成本的成功，中国企业如果不跨越这四道门槛，是不可能持续做大的。企业必须挑战以往成功的惯性思维，对市场环境变化和发展有充分的认识。

在外部原因方面，企业经营的外部环境也使具有全球理念成为发展的必需。

首先，中国企业所面对的是具有全球理念的跨国企业，这些同行和对手要求中国企业用国际规则来竞争。

其次，中国市场已经是全球市场，来源于消费者的选择使得中国企业具有全球理念；如果还是沿用中国自己的消费理念和消费习惯来判断，想赢得消费者的选择和忠诚那是幻想。这些来自企业外部的挑战，迫使中国企业进行战略性的思考，即围绕企业战略需要，培育企业战略竞争力和整合相应产业资源，发现和做实新型产业盈利模式。

中国企业在经历了30年的快速发展之后，迎来了全球化的经营与环境，正如哈佛大学经济学家丹尼·罗德里克在研究报告中指出的那样："这不是你要不要全球化的问题，而是你如何全球化的问题。"这也是中国企业需要面对的问题。

（原载：春暖花开公众号，2017年3月27日）

转型比创新更难，
只有改变才能成长

确定增长的路，只有一件事情，就是超越自己，做出改变。

对我来讲，我最关注的是组织管理，我本人非常在意的是中国企业能不能找到非常好的成长方式。大概20年前我开始做"中国领先企业的研究"，在这20年研究过程中，最深的感受就是我们的企业在发展到一定阶段时，遇到最大的挑战是组织的瓶颈和惯性。一个组织到底有什么样的思维惯性，这对企业来讲是至关重要的。

我们常常说改革难、转型难，很大原因是整个组织的思维惯性卡了壳。我昨天跟一帮企业家聊天，我说：我不认为创新很难，我觉得转型比创新还难。我曾经帮一家企业做转型，我进入这个企业一年半的时间，取得了一些我们看得见的变化。所以我非常清楚地知道转型比创新到底难在什么地方，其中很重要的是整个组织的思维惯性。这个思维惯性当中重要的是区分，你是一个增长型的思维，还是非增长型的思维。非增长型的思维就是把KPI完成，不要冒险。

但是如果是增长型的思维就会不断地努力去做，我们在任何情况下看到的都是机会，不会仅仅看到挑战和压力，所以不可能有焦虑。这时我就在想，如果你有焦虑，那么一定是你的思维方式错了，如果你的思维方式没错，按道理你看到的应该是机会，因为今天从未有过这样的商业机会，那样的丰富和多元化。我相信这是所有人都承认的，所以我们也要求，你在战略上有一个很大的挑战，这个挑战就是要从外向内看，不是从内向外看。

很多人在问我，说我的公司有30年历史，核心竞争力很强大，我就说忘掉它吧。我们都知道为什么华为有竞争力，因为在华为的逻辑里面只有成长没有成功，他从来没有讲过成功，一直在讲成长。我在新希望六和时，他们问我新希望六和有什么，我说我们只走在成长的路上。我想这就是我们要讨论的事情。在今天来讲你一定要从外往里看，而不是从里往外看，你只有从外往里看的时候才能找到真正的发展方向。这个从外向内看的原则很简单：

第一，你从外审视你的企业；

第二，不断扩大对市场、对行业的理解；

第三，一定要利用真正的细分来明确顾客需求；

最后是你的能力，特别是核心能力要不断地重新构建，只有不断地重新构建打磨这些能力的时候才可以做到。这对很多企业来讲可能都是一个比较大的挑战，如果是这样，根本的问题就是你愿不愿意确立一条增长的路，这是根本。

我们知道今天的经济进入了一个新常态，北大的海闻校长对新常态用了三个概念，增速开始调慢、结构开始调整、新技术产生。我是非常认同的。的的确确，整个外部环境在变化，我们大部分产业都遇到了产能过剩的结构问题。像我所在的行业，中国的饲料产能利用率只有38%左右，这样一个完全产能过剩的概念中，你的增长从哪里来，我跟同事说增长点只可能在结构内不可能在结构外，结构内的增长和结构外的增长这两者对企业的要求是完全不一样的。

新的技术出现，不仅仅包括互联网，我们看到更多新兴的技术在各个行业都产生了非常多的挑战，所以这里面就需要大家明白，在新常态下，我们就要问自己这条路应该怎么走下去，我相信这就是今天对各位最重要的问题，你怎么确定你的增长之路？希望大家更重要的是看到变化带来的机会。

你对你的行业认知应该是要改变的，我之前十年离农业稍微远一点，十年之后我回归农业，在2013年10月的时候，我跟这个行业许多同行交流时，探寻我们这个行业最大的变化是什么？以前是农民来评价饲料企业好不好，现在是消费者来评价饲料企业好不好，你的产品安不安全。如果从农民的角度评价，最重要的评价是你的服务方不方便，成本低不低，质量好不好；但是消费者就是看你的产品安不安全。整个评价体系变了，这时候你对行业的定义就要变。

我相信所有的行业也一样遇到这个难题，这个难题就是行业的定义会变，你不能用你的经验、历史再来规划你的行业，如果是那样，我相信你被淘汰也是必然的。所以我个人认为，从某种意义上来讲如果能重新定位，其实机会更多。重要的是你要知道顾客的需求是什么，你增长的路径怎么安排，你的产品、技术怎么组合，你用什么方式和速度去发展，更重要的是你跟谁组合在一起。事实上，如果你想确定一条增长的路，只有一件事情，就是超越自己，做出改变。

（原载：春暖花开公众号，2017年4月5日）

在不确定的环境下
企业需要全新的战略出发点

只有把分享价值作为自己战略的出发点，不断地超越自己，才能够真正地服务目标顾客，也才真正具有竞争力，才能够获得经营根本目标的实现。

企业增长与企业寿命是人们所关注的两个重要的话题，如何获得有效的增长？如何保持企业的持续性？是需要企业管理者谨慎思考并做出选择的。对于这两个问题的回答，都会归结到战略出发点的选择上，如果不能够正确地理解增长的来源，不能够设计企业的可持续性，也就是如果不能够正确地理解战略的出发点，做出正确的选择，企业是无法获得稳定而持续的发展。

企业三种错误的增长方式

在过去的30年中国企业发展历程中，在获得增长与持续性这两个问题上走向了三种可怕的方向：

第一，在错误的企业设计之下的增长。这种增长是用资源投入获得结果，企业在投放资源的时候感受到快速增长的势头，因为资源投放而导致的增长效果非常明显，甚至于企业会认为增长是可以无限的，可以脱离市场按照自己的意愿获得。但是管理者却忘了，投入资源只换来规模的增加和产能的扩充的话，企业就一定陷入"经济黑洞"，一旦没有资源的投入，企业就失去所有增长机会。我们常常可以看到企业所陷入的怪圈，用大量的广告获得市场的占有率，而不是用真正的产品竞争力获得市场认同。这是一种可怕的选择，但可惜的是很多企业习惯选择这个增长方式。

第二，高速增长。脱离现实的高速增长，虽然带来快感，但是也带来对企业管理的挑战。高速增长本身没有任何错误，错误是在于高速增长来源于什么？企业是否具有了支持高速增长的体系？从外部环境看，如果高速增长是以牺牲产业价值或者过度占有价值链上相关者的利益而获得，这种高增长必然导向失败。所以很多时候，我反对企业提出"超常规发展"或者"跨越式发展"的观点，企业增长需要符合市场规律，即使是做出创新，也是在顾客价值方面，而不是在企业增长速度上。从内部环境来看，如果企业组织与文化没有相应做出变革，企业依然沿用原有的组织和文化来支撑高增长，也势必导致企业组织体系落后于企业增长所带来的冲突和挑战，这也会导致企业的失败。

第三，将企业业务简单延伸到一个以前从未打算进入的客户群。表面上看，这种增长是一种必然的选择，很多企业或者高估自己品牌的力量，或者高估自己渠道的能力，或者高估自己技术的能力，或者高估自己整合资源的能力，甚至可以说高估了自己的"核心竞争力"。认为只要企业自己愿意，任何事情都可以去做，这种过度的"自信"也必然导致盲目的"自大"。

因为这三个错误发展的方向，导致一些高速增长的企业陷入困境，因此我们不得不重新回到一个根本问题上来，那就是：企业的战略出发点可能是错的！

很多企业可以拥有今天的发展地位，应该说主要归功于顾客的包容和庞大的市场需求。但是随着环境的变化，顾客能力的提升，以及技术所带来的消费习惯的改变，消费者已经不再包容，市场也开始出现"顾客不足"的情况，这些都要求企业改变自己的发展逻辑，因此需要好好地理解：什么才是今天公司战略的出发点？

战略出发点选择

对于这个问题的思考让我联想到可口可乐，这样一个单纯的饮品公司，持续存活了超过100年，一定有着一些根本性的东西推动着它，这个根本性的因素到底是什么？

可口可乐的早期经营模式是这样的，可口可乐先确定软饮料行业的价值链：浓缩液制造—装瓶—库存—分销—广告促销—零售—客户关系管理等环节，根据价值链的判断确定公司产品所在的价值链中的价值地位，可口可乐进行了两个选择：

第一，可口可乐的价值活动定位：浓缩液的制造商以及商标使用授权与广告。

第二，向区域性的企业提供独家装瓶许可和地区销售许可权，可口可乐公司在各个装瓶厂几乎不占任何股份。在当时的情况下，每个装瓶商都与可口可乐签订"特许协议合同"。合同中规定浓缩液的价格，以及授予装瓶商地区独家经营权——这种早期的特许装瓶商模式取得了巨大成功。消费者满意，装瓶商致富，可口可乐则成为头号大公司。

经历了100年的沉淀，可口可乐公司在保持竞争力的同时，根据市场的变化，又确定了自己新的经营模式，简单地整理后可以看到这个新的经营模式由六个基本核心构成：

第一，扩大消费者的范围——为顾客提供选择；

第二，成为价值链的管理者——确保价值链上所有环节的价值获得；

第三，对销售渠道进行重组——用为顾客创造价值作为战略控制；

第四，关键业务的确定与拓展——明确的业务范围界定；

第五，进军国际市场；

第六，从追求市场份额转变为努力增加股东的价值。

从可口可乐早期的经营模式到现在可口可乐的经营模式选择，虽然在市场领域做出了巨大的拓展，但是核心的策略没有改变，那就是共享价值链。因为可口可乐帮助其价值链上所有成员共同成长，可口可乐自己定位于价值链的管理者，帮助其价值链上成员一起分享价值。不管市场如何变化，一代又一代的消费者，不同区域的消费者都聚集在可口可乐的红色标志下，感受着可口可乐带来的活力，就是源于价值链的共享。

反过身来看看中国企业的处境，大部分中国企业都成功地做到内部挖掘、降低费用与成本，改进生产设备、提高质量，创新及改进，关注人才，积极引进新的管理工具和方法。但结果是什么，拥有持久市场地位的企业少之又少。如何解决？必须明确战略的出发点是共享价值链。

正像以可口可乐为代表的成功企业的做法一样，需要管理者从思维方式上做根本的转变，我在很多场合下坚持：一定要记住其他同行不是你的对手，从某种意义上讲他们也是你的合作伙伴，都正在逐渐扩展产品的使用范围；企业必须致力于使其服务对顾客价值有所贡献，必须致力于是否能够带动业绩成长的营销服务；企业管理者应该知道服务营销的目的性是价值分享的可能；要始终如一交付价值，公司必须能够对从产品设计、生产到销售、分销和定价这一完整的业务流程中关注价值交付。

确定把共享价值链作为今天战略的出发点，就是要确定价值链中的所有成员可以贡献和分享价值。因为产品价值界定，产品直接使用的差异化营销，价值分享的可能性都来源于价值链成员对于价值的把握，都来源于价值链成员对于顾客价值的理解，因此对于企业而言，只有把分享价值作为自己战略的出发点，不断地超越自己，才能够真正服务目标顾客，也才真正具有竞争力，才能够获得经营根本目标的实现，那就是为顾客创造价值。

（原载：春暖花开公众号，2017年5月3日）

无论营销模式怎么变，都要在这四个层面上做出努力

营销基本层面就是产品、渠道、消费者、广告，当不确定性成为常态的时候，离开基本层面的努力都是没有效果的。

无论营销如何创新，营销最基本的东西没有改变，对于顾客而言，最为关心的要素还是价格和产品本身，而能够影响顾客的最基本要素依然是促销和广告，因此需要重新审视我们对于这些基本层面的努力是否做得足够。

回归到本质的思考是源于这20年来中国营销领域的浮躁和急功近利，一些企业希望一夜成名，不惜大量投入资源，更多的企业不断采用短期行为却希望获得长期的效果，还有的企业不顾顾客的安危而采取令人痛心的行动——这些现象的存在，表明人们并没有真正理解营销，所有的努力如果不能够与营销的基本层面结合，其实是无法解决问题的，而营销基本层面就是产品、渠道、消费者、广告。

一、产品

产品的真实意义在于它是连接消费者和企业之间的载体。企业之所以能够进入市场中，是因为能够提供产品满足消费者的需求，所以不能够简单地把价格定位在产品的能力上，产品的能力还是要回到对于消费者关注价值的贡献中。迈克尔·波特曾经比较亚洲跨国企业与全球跨国企业的区别，他认为亚洲的跨国企业比较关心钱从哪里来，到哪里赚钱；全球跨国企业比较注重产品从哪里来，产品到哪里去。

相对于中国企业来说，这个评价一针见血，在过去的30年，低价一直是中国产品核心优势的标识，在改革开放的前10年，中国企业和发达国家跨国企业竞争

的时候，成本的比较优势，使得中国企业可以真正面向市场。

但是到了今天，消费需求的改变，环境的变化，跨国企业全球供应链管理的能力，使得产品需要独立发挥作用。所以理解产品要回到产品本身，而不是价格本身，如何让产品具有顾客的认同，如何在细分市场上与顾客互动，如何呈现顾客的价值等等，这些都要求产品需要理解消费者，并能够真正地代表消费者。

二、渠道

渠道代表着一个企业营销宽度，以及这个企业有效覆盖的面积。当发现渠道变得更为集中，并与终端结合在一起的时候，比如国美、苏宁的崛起，比如沃尔玛、家乐福在中国的策略，企业跟渠道本身结合的能力就显得更为重要了。

在不断研究企业的过程中，随着中国企业制造能力的提升，以及市场环境的发展，人们会发现，很多中国企业的产品与跨国企业的产品在质量的水准上已经非常接近，甚至很多跨国企业的产品与中国企业的产品就是在同一条生产线，由同一组生产线员工生产出来的，但是表现在终端的能力上却相差甚远。尤其是大型跨国折扣店全线进入中国市场的今天，很多跨国企业与零售巨头达成战略联盟关系，使得中国企业处于劣势的地步。

而在中国自己的渠道领域中，因为制造商和渠道商不能很好地进行沟通，直接导致本土的渠道能力在制造企业中没有得到很好的发挥，陷入无利润的区域成了企业陷入困境的原因所在。不久前我去一家家电企业调研，企业的管理人员介绍说：其实他们的产品水平跟美国的电器是在同一个生产线上生产的，但是因为这家美国电器公司和沃尔玛之间是战略联盟的伙伴关系，所以这家中国企业的产品要进入沃尔玛变得非常困难。但是，他认为必须进入这个渠道，才能真正打开国内市场。

我们在探讨这个话题的时候发现，解决了产品本身，如果在渠道上没有能力是无法发力的，这是已经看到的事实。我们常常梦想中国的产品能够真正意义上进入全球市场，但是必须明白一个基本的事实：如果不能拥有渠道，就不可能进入全球市场，我常常惊讶于美国和欧洲的企业战略，无论是沃尔玛，还是家乐福，当这些渠道与终端全球布局的时候，美国和欧洲的产品也借此机会长驱直入。这就是渠道的力量。

三、消费者

营销整体的驱动是来源于顾客需求的驱动，想要获得顾客需求驱动，就取决于你对于顾客的理解。我们真正了解消费者吗？我曾经看到一个资料，介绍宝洁在进入中国市场的时候，在组织结构中设立一个七十多人的市场研究部门专门研究中国消费者。即使到今天，大部分中国企业依然没有这样一个研究中国消费者的部门，我们又凭什么说对中国市场非常了解。

我在很多场合都讲过我到美国的一个例子，2004年我跟随农牧行业代表团访问美国17家行业领先的农牧企业，在多日的访问中，我发现他们最为关心的是：顾客是谁？顾客的价值贡献自己所占的比重是多少？这17家企业在营销上都有各自的独特性和创新，但是他们有一个共同点，那就是对自己的客户有非常深刻、独到的理解。

我们并没有做到这一点，企业的营销人员并不是了解顾客，而是了解同行，市场研究部其实是同行研究部。没有人关注顾客需要什么，关注的是同行在做什么，结果是同行之间花费大量的资源进行恶性竞争，而顾客真正关心的东西没有资源投入，恶性竞争的结果就是三败俱伤。一个企业的营销如果不能深刻而独到地理解消费者，那么可以预见这个企业是没有办法真正进入市场的。

四、广告

广告具有的真实能力到底在哪里？这个问题是需要营销人员认真思考和寻找答案的，因为广告媒介的影响力以及成本的消耗是大家有目共睹的，借助于广告而获得巨大成功的案例也比比皆是。但是更多的案例是投放巨额的广告费用，却得不到有效的回报，甚至因为过度广告而使企业陷入破产边缘，究其原因是没有真正有效地使用广告。

广告的核心价值是引发顾客的认同并使其产生购买的意愿，然而很多企业的广告并没有从这个核心价值出发，而是从企业自己的价值出发。真正好的企业广告一定是和顾客站在一起，知道顾客需要什么，了解顾客在什么样的环境中生活。

1898年百事可乐把自己定位于"清爽、可口，百事可乐"，强调清爽的口感。这个定位到了1909年转换到顾客的感受上，"百事可乐：使你才气焕发"。1910年"喝百事可乐，让你心满意足"。直到1928年百事可乐依然定位于积极勃发的情绪,"百事可乐,激励你的士气"。但是到了1932年,百事可乐调整了自己的定位,强调价格给予顾客的照顾,因为人们生活处在经济大萧条中,这一年百事可乐口号是:"一样的价格,双倍的享受"。1939年百事可乐口号是:"一样的价,双倍的量"。而到1940年之后,百事可乐又恢复了它清爽、勃发的定位。直到今天,年轻人彰显自我,不断超越,而百事可乐口号变为:"突破渴望(Dare for More)、敢于第一(Dare to be No.1)"。

回归到这四个营销的基本层面,是对于一个企业的营销最基本能力的要求,不管营销需要如何创新,创新都需要基于这四个基本层面的理解和运用,为创新而创新事实上是没有意义的,当不确定性成为常态的时候,离开基本层面的努力都是没有效果的。

(原载:春暖花开公众号,2017年6月21日)

战略思维就是选择不做什么

一个企业可以走多远,取决于这个企业是否具有战略的思维和能力,战略从本质上讲,就是一种选择,尤其是选择不做什么。

品牌发展出现困境会引发多个层面的思考,同时也让人们明白需要开始反省企业到底应该用什么样的思维方式来进行管理。企业的战略思维不能够被管理理念替代。

战略思维与管理理念有着根本的区别。战略本身就意味着做出艰难的抉择,选择那些有利的事情;而管理则是那些你不必做选择而必须面对的事情,它事关各种业务的处理方式。战略思维是:

问题1:你想做什么?

问题2:所想做的事情凭什么条件可以做?

问题3:你有什么?

问题4:你缺什么?

关键的问题是:你要做些什么?

战略思维就是做出选择。管理理念是:遇到任何问题都要找到解决的办法;管理没有对错,只有面对问题,解决问题。因此,不管遇到什么问题,战略思维要求首先问自己:我想做什么,而不是去问我如何解决问题,后者是管理理念。

战略思维会让企业关心企业的存活的依据,会清楚地界定盈利的来源,会知道自己能够做什么不能够做什么。战略并不是一个以盈利作为选择依据的行动,而是以持续发展为选择依据的行动,盈利仅仅是战略选择所带来的结果但并不是依据。我们看到矿井陆续出事,当谴责那些昧着良心赚钱的矿主和经营者的时候,也应该知道不能够把这些人称为企业家或者经营者,因为这违背了战略思维的方式。

作为企业,如果仅仅看到面对的问题,只知道解决当前的问题,是危险的。如果企业所努力的方向就是解决所面对的问题,那么你就是只顾管理理念的人。

在今天，信息流和资金流以惊人的速度运转时，只会管理的公司前途难测。更糟糕的情况是以管理为中心的做法，往往还会导致企业陷入故步自封的形态。如果人人都想竭力解决问题，那就必然会使企业根据自己的能力来决定产品。过去几年来，当看到技术发展带来行业格局调整，从而使得原先占据领先地位的企业被淘汰，就该明白它是只顾管理而忽略战略的结果。

战略思维就是选择不做什么。我理解了彼得·德鲁克先生曾经说过的一段话的深刻含义，他说："在法律上和财政上的意义（不是从公司结构及经济上）来说，现在的有120年历史的公司将活不过25年。"

我在讲学的时候都以这段话开篇来讲战略的问题，大师告诉我们在企业发展的过程中有两个问题是必须保证的，用自己的理解来说就是：法律保守、财务保守。这是做企业的两个基本前提，如果违背了这两个前提，已经活了120年的公司也不会再活多久，更何况中国的企业还没有活到120年呢？

这里明确表达的就是：战略是在法律、规则保守和财务保守的前提下的选择，换个角度说就是战略要求不做违背法律和规则的事情，不做财务冒进的事情，这是战略思维的首要选择。如果你具备战略思维的能力，就应该具备这样的自我约束能力，进而你的企业抵御风险的能力也就强化了。

不要急着解决问题，而应该先回答自己到底要做什么。这几年中国的经济和中国的企业发展神速，我曾到美国拜访一些美国的企业同行，美国联合饲料的总裁问我："为什么美国企业的成长夹角只有几度，而你们企业的成长夹角超过有90度？"我不知道该如何回答才好，如果我告诉他我们运气好，似乎又降低了中国企业的水平，但是的确是因为运气好，才使得中国企业拥有了比美国企业更高的发展速度。

可是这样的高速增长却掩盖了中国企业战略能力的缺失这样一个最为关键的问题。我确确实实很想中国企业不要急着追赶世界500强，也不要急着进行世界级企业的梦想征程；同样也不要急着说，别人都是品牌企业我们也要做品牌；不要以为我们有了2000亿的销售额，就是世界强者之一。

我想因为高速的市场发展所带来的一切好处，我们都该抛开，沉静下来思考，在战略上我们做了什么，我们没有做什么？真的不要急着解决跨国企业正在解决的问题，他们能够解决这些问题是因为在战略上他们已经不存在缺失，看看沃尔玛的全球供应链效应，微软实现顾客价值的能力，宝洁对于消费者的深刻理解，也许你该明白这不是低价的问题，不是创新的问题，也不是多产品的问题，而是战略的坚实基础的问题。

也许有人会提出异议,说企业没有管理理念怎么能行?我不反对这个说法,但是我更强调,企业首先要有战略思维,其次才是管理理念。企业领导者必须学会先思考要选择做什么,再思考解决什么问题及如何解决问题。

(原载:春暖花开公众号,2017年8月14日)

价值增长的两个关键问题：
在哪里增长和如何增长

对于如何增长，其实并没有我们想象的那么困难，因为归结起来，企业只需要明确两个问题——资金来源和经营重点。能够紧紧抓住这两个根本问题，增长就自然能实现了。

我们确信价值增长是必须实现的，那么我们就需要回答两个关键性的问题：在哪里增长和如何增长。这两个关键问题的答案并不是什么新的理论，20世纪80年代就有很多学者、企业开始关注、研究以及进行实践。

一、在哪里增长

如图1所示，对于一个企业来说，它可以处在市场上任何一个位置，而它也可以通过四个角度来改变它的企业市场位置，即通过市场拓展、多元化扩张、增加市场份额以及与自身能力相关的扩张。但这四个角度还只是企业在市场方面努力的外化表象，而构成这四个角度的维度是市场区域和企业自身的产品及服务。因此，我们可以概括为，如果要回答"在哪里增长"这个问题，只需要分析市场区域和企业自身的产品及服务。

对于市场区域来说，要决定是进入新的区域还是仍维持在现有的区域，企业需要回答这样一些问题：

第一，应该把重点放在现有的哪个市场？

第二，是否应该考虑进军新的市场？

第三，应从哪个地区开始？

这些看起来很简单的问题，却需要我们持续认真地回答。我曾经辅导过一个企业，企业领导人都很清楚应该怎样去解决增长问题，但是在实际运营中，又盲目地进入了不该进入的区域，造成了极大的困难。所以不要小看这些问题，能够

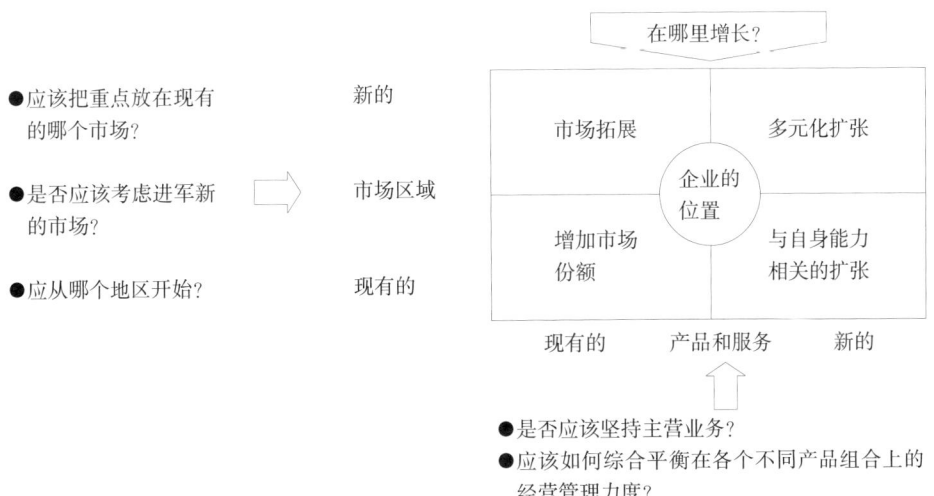

图1 企业的市场位置

认真不折不扣地去解答，并不像说的那样简单。

对于企业自身的产品和服务来说，也需要回答两个问题：

第一，是否应该坚持主营业务？

第二，应该如何综合平衡在各个不同产品组合上的经营管理力度？

在第一个问题上，我们不会有太多的疑问，而第二个问题则是非常关键的问题。我所观察到的中国企业在这个问题上是有很多困难的，因为无法平衡，企业就出现了随着行情变化而变化的状况。企业无法控制自己的节奏，就会使外部因素仍然是影响企业变化的关键因素。如果可以平衡各个产品组合的管理力度，企业就可以满足各个细分市场对于企业提出的个性化要求，增长就会出现。

二、如何增长

如图2所示，企业如果需要增长，有四种方法：合并收购、战略联盟、自我完善和有机发展，但这些方法还不是如何增长的根本所在。

对于企业来说，解决增长来源的根本是两个问题：

第一，资源从何而来？

第二，经营的重点是什么？

资源的来源从外部来看是联盟或者并购，从内部来看是自力更生，所以企业

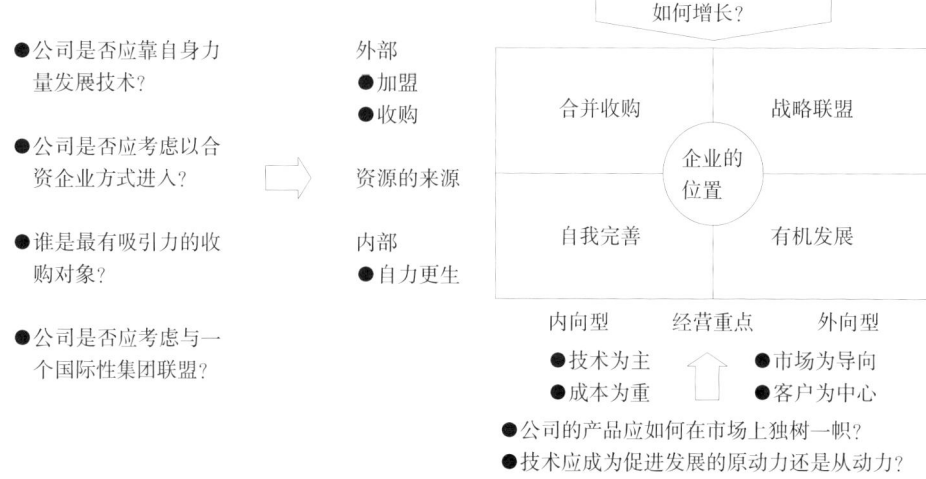

图2 企业增长的方法

如果想增加资源,必须回答这四个问题:

第一,公司是否应靠自身力量发展技术?
第二,公司是否应考虑以合资企业的方式进入?
第三,谁是最有吸引力的收购对象?
第四,公司是否应考虑与一个国际性集团结盟?

根据这四个问题的不同回答,企业自身做出选择进而得到增长所需要的资源。

一个企业经营重点的选择决定企业增长方式的合理性。对于外向型的企业,经营重点应该是以市场为导向,以客户为中心;对于内向型的企业,经营的重点则应该是以技术为主,以成本为重。这两个方向能否做到又取决于两种能力:

第一,使公司的产品在市场上独树一帜的能力;
第二,使技术成为促进发展的原动力而不是从动力的能力。

解决了以上这些问题,企业就解决了如何增长的问题。对于如何增长,其实并没有我们想象的那么困难,因为归结起来,企业只需要明确两个问题——资源的来源和经营重点。能够紧紧抓住这两个根本问题,增长就自然能实现了。

(原载:春暖花开公众号,2017年7月26日)

企业实现服务转型要做哪些准备

一、我们确信服务经济真的到来

1999年，美国服务业的就业人数占总就业人数的80%，所创造的价值至少占国内总产值的78%。服务业在世界各国已经逐渐成为一支主导力量。在制造业和信息技术产业中服务是一项必要的业务，因为这些企业都已认识到要进行全球竞争，就要提供优质的服务。这些行业中的大部分利润来自于服务。在通用电气公司，首席执行官杰克·韦尔奇发动了一场名为"第三次革命"的运动，旨在把通用电气的增长率增加到两位数。"第三次革命"的重点之一就是推动通用电气更深入地进入服务业。

我们更清楚服务等于利润。从20世纪90年代中期开始，企业对于服务战略的可行性就有了显著的需求。学者们也构建了一个可靠的方案，即适当实施服务战略可以带来大量利润。这比关注成本节约的战略或者希望同时实现这两方面的战略所能够实现的利润更多。

二、服务转型，我们中国企业做得如何

我们来看看中国的企业在服务转型方面做得如何。很多人都认为近些年来我们的服务已经做得非常深入，更多的人认为在服务上我们已经做得很好了，但我认为事实并非如此。在对服务、品质、渠道、服务管理、职能这几个服务价值体现点的理解上，我们还存在着非常大的偏差。

第一，对服务的理解并不深刻。我到企业调研的时候问大家，如何看待价值链上所有环节的价值。很多人的观点是：价值链整合就是社会优势资源为我所用以及资源获取后的善用、活用、用好。然而这是错误的，价值链整合应该是为社

会优秀资源服务，资源整合后可以获得价值分享。

第二，对品质的理解不够深刻。对于品质，没有谁会忽略它，所有的企业也都视品质为企业的生命。从这个意义上说，品质的确引起了企业足够的重视，但是，如果我们仔细分析起来这其中还是有问题的。大家普遍认为品质就是追求生产合格率100%、客户零投诉等，做到这些就是达到"品质"的要求了。实际上这也是不对的，真正的品质需要有可衡量的标准——不是客户投诉为零而是具有好的处理客户投诉的能力。

第三，对渠道作用的理解也有待加深。渠道商的作用似乎一直是一个脱离企业的话题。对于很多企业来说，渠道商是一个需要特别留意的对象。很多人认为一方面要整合优秀的中间商，另一方面要让优秀的中间商共同为终端服务。这种理解同样是错误的，应该界定优秀的中间商；确定中间商的服务价值，即物流价值。

第四，对服务管理的理解。服务能否真正起作用，除了服务本身之外，还取决于服务管理是否有效。但是对于服务管理很多人认为，服务管理是现场管理，服务管理是过程管理。这样理解服务管理太过简单了，实际上，服务管理的内容非常丰富，包括七个层面：时限、流程、适应性、预见性、信息沟通、顾客反馈以及组织和监督。

第五，对职能的理解。职能如何配合服务是很多企业需要关注的问题，我们也看到很多很好的企业例子，但是大多数企业还不能够很好地解决这个问题。根本的原因在于，对职能的理解限于：只有形成一个跨职能的工作小组才有可能协调各个方面的服务作用。然而这样会使企业的组织体系变得可有可无，因此正确的理解是，职能应该表现为系统的能力以及流程的能力。

三、企业实现服务转型要做哪些准备

实现服务转型是企业适应新的经营环境的关键，具体来说，要做好以下六个方面的准备。

（一）服务文化准备

服务文化价值观的核心最终还是回归于服务价值，而服务价值具体体现在以下三个方面。第一，只有将同质化的产品竞争推进到价值链与价值链的竞争，我们才能真正使产品成为向用户交付价值的载体，才能使产品真正成为整体解决方案中不可或缺的、真正具有竞争力的部分。第二，价值链服务平台是通过服务来体现价值的关键的，所以企业要力争成为价值链上优质资源的提供商。第三，服务价值对于企业来说，就是从产品优势升级到组织优势的阶梯和从产品同质化竞争升级到服务系统化竞争的基石。

（二）与客户无边界

宝洁与沃尔玛的合作堪称这一方面的典范。宝洁与沃尔玛一同制订了一项双方长期遵守的合约：宝洁向沃尔玛透露了其各类商品的成本，保证沃尔玛有稳定的货源并享受尽可能低的价格；沃尔玛也把连锁店的销售和存货情况按时向宝洁传达。这种合作关系使宝洁更加高效地管理存货，简化生产程序，从而降低商品成本；也使沃尔玛可自行调整各店的商品构成，做到价格低廉、种类丰富，从而使顾客受益。在具体做法上，宝洁成立了跨职能客户服务小组，他们与沃尔玛物流中心一起办公，时刻监控宝洁产品在沃尔玛的销量变动、库存周转率、销售毛利率等业绩表现，这些指标同时也是评价客服小组工作成绩的依据所在。

要成长为服务型企业，就要以用户价值最大化为宗旨，改变传统的营销模式；要使每个岗位上的员工都承担起帮助用户成长的责任，即通过专长能力的发挥提升用户对我们产品的应用水平。譬如说，我就要求六和饲料的化验员达到可以从供应商出厂产品质量控制、产品使用效果跟踪分析、用户自购原料品质控制指导、用户畜禽病理检测等方面提供服务。

（三）用户需求驱动流程

要成长为服务型企业，不能传统地保持原有的职能部门，被动地等待客户要求，而应主动地根据用户的需求牵引内部流程来解决问题。

通过对服务型企业模型的理解可以知道，流程并非起始于某一岗位而结束于另一岗位，而是始于客户需求的提出而终于客户问题的解决。

（四）流程界定职责

设置职能部门的目的在于使专业化分工优势明显，因此这实际上是以职责为导向的，而非以解决问题为导向；是人所属的专业化，而不是能力的专业化。要成长为服务型企业，就不能再以职责范围作为设置职能部门的标准，而要以能使员工在流程中承担相应的职责、协同解决用户问题为界定标准。

（五）培育员工服务专长

服务型企业要求员工必须承担流程所赋予的责任，必须直接面对客户需求并提高解决问题的能力。员工必须找到基于流程的业务专长，并以带给用户价值为衡量自己工作的标准。不能做到这一点的员工将面临精员合岗的压力。举例来说，销管人员就不能仅仅停留在订单处理层面，而要在了解用户的效果、价值链服务平台信息支持、资源的有效调度、客户群信息管理等方面强化自己的服务能力。

（六）服务于价值用户

服务型企业要通过对价值用户的细化服务，一体经营，形成模板，示范带动整个用户群体的成长。对内，要关注好绩优员工的能力提升；对外，要选择优秀用户群体与公司共同发展。

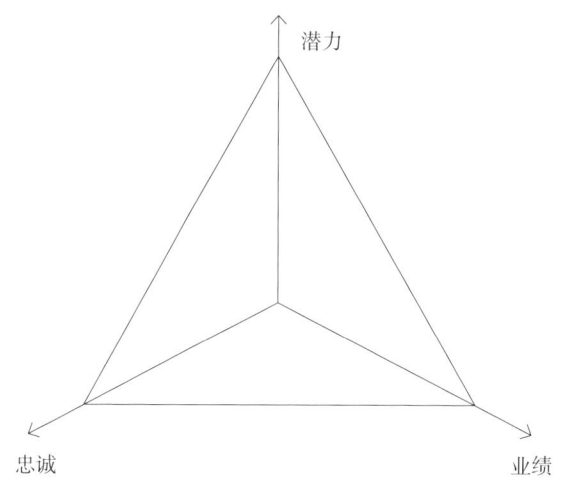

图1　顾客细分的三维模型

借助于图1所示的顾客细分三维模型，我们会得到一个价值用户服务模式，这个模式可以解决如下问题：（1）掌握市场信息；（2）完善数据库管理；（3）动态选择价值用户；（4）分析价值用户的关键问题；（5）针对关键问题提供解决方案；（6）持续跟踪和反馈。由此可以看到服务绩效的评价：一方面以每个用户满意代替所有客户满意；另一方面以顾客忠诚代替顾客满意。

（原载：春暖花开公众号，2017年10月30日）

赋予产品"生命的意义"

我常说的一句话是:重要的不是你和谁竞争,而是你和谁在一起。对于一个企业而言,战略就是选择不做什么,但是所有的企业都是要为顾客提供产品,这些产品可能是有形的,也可能是无形的。当人们选择某个产品时,却往往很难说清,为什么选择了这一个企业却不愿意选择另一个生产同样产品的企业。甚至顾客会选择相对更贵的那一类产品。

那么,企业的产品如何去洞察并且满足顾客的需求,始终和顾客的需求在一起呢?

大家已经可以看到或者说正在经历,我们今天的消费不再是纯物质的消费,人们所需要的是通过消费来满足精神的追求。市场上涌现许多高精神含量的产品和服务足以说明这个现象。

一、成功的产品给顾客创造"体验和想象",从而和顾客的内心产生共鸣

观察市场不难发现,成功的产品都要和顾客的内心产生共鸣。顾客要通过产品消费达到价值认同。最常见的做法就是在功能之外提供精神上的愉悦。例如快速扩张的"真功夫",除了享受餐厅本来就提供的服务(食物)外,还可以让人们联想到李小龙的真功夫,身在其中,顾客多了些想象的空间与趣味;又如北京的正院大宅门,里外都能感受到宫廷的氛围,无论是门前的格格,还是店里的设计,古朴的摆设,加上京剧的渲染,顾客就直接在"宅院"的场景里多了不同的体验。

丹麦未来学家罗尔夫·詹森(Rolf Jensen)在2001年出版的《梦想社会》中认为:"我们可以这样说,1999年是个临界点,是欧洲和美国开始明显发现资讯

时代不会延续下去的时点。换句话说，人类即将进入新纪元——一个以故事为主导的年代。我们将从重视信息过渡到追求想象！"

罗尔夫·詹森举了鸡蛋的故事来说明这点。他说，在1990年，几乎所有丹麦人都购买在工业化农场生产的鸡蛋，只有少数选择天然农场的鸡蛋，毕竟自然生产的鸡蛋的价钱是"工业"鸡蛋的两倍。及至1999年，在丹麦超市的鸡蛋竟有一半来自自由放养的鸡群。产品一样，味道也一样，甚至实验室都找不出两者之间的分别。顾客就是渴望天然、有乡村情怀和动物福利的浪漫，他们宁愿为此付出代价。由此可见，"我们现在选择那些包含感人故事的产品"。

他也描述著名美国烟草牌子万宝路（Marlboro）的故事，这是德国旅客购买到美国西部荒野刺激的冒险经历。万宝路在世界各国，和在德国与美国情况一样，不仅是香烟而已，还是一个完整的故事，万宝路的故事包括有个性的衣服和冒险旅行。这个关于美国西部旷野的故事倡导独立的价值，冷静、锲而不舍的个人力量，这些价值早已通过无数产品和服务体现出来。罗尔夫·詹森的结论是："当我们购物时，事实上我们在商品内寻找故事、友情、关怀、生活方式和品性。我们是在购买感情。"

二、成功的产品能折射出顾客的想法、期望甚至梦想

一个产品如果不能够附着人们的想象力和向往，这个产品就无法存活下来，也许我们可以用"情感""精神""梦想"等一系列的概念来诠释它，但是这一切都在描述着一个根本的事实，那就是具有灵魂的产品，而不是一个简单的功能和结构。2010年年底两部中国电影风靡各大院线，一部是姜文的《让子弹飞》，一部是冯小刚的《非诚勿扰2》，两部电影的票房都创造了本土电影的奇迹。这两部电影之所以产生如此巨大的商业成功，究其原因是很多人都在这两部电影里有了情感或者心理上的共鸣，每一个进入影院的人，无论是年龄、生活背景以及阅历多不同，都可以在这两部电影里找到自己的思绪和情感的宣泄。甚至《让子弹飞》引发了无数的网络语言，而《非诚勿扰2》中引用的一首小诗也成了时尚的语言。

相比较之下，张艺谋的《山楂树之恋》并没有获得预期的成功，因为这部片子只能够让20世纪50年代和60年代的人产生内心的共鸣，而除了这些人之外，年轻人无法和这部影片产生互动和交流，甚至在影院出现妈妈级的观众热泪盈眶，

而孩子级的观众们无动于衷的情况。从影片的画面、人物以及故事情节的安排上，你完全可以对张艺谋放心，但是放映的结果就是这样，因为今天看电影的主流人群无法和这部电影产生共鸣。

人们消费的产品，已经不再是产品本身，而是他们的情感和期望本身。顾客把自己的想法、期望甚至梦想折射到产品上，希望借助于产品来寄托、感受甚至宣泄自己。瑞士手表深谙此道，在瑞士所诞生的那些著名的手表品牌，并不是一个时间的刻度，而是深邃、守约、精准以及典雅的象征。当腕上带着其中一款瑞士手表的时候，顾客内心所感受到的已经不再是时间，而是承诺和确信。传统的手表产业，因为有着个性的追求，越加焕发出时代的光芒，并具有了永恒的时间价值。

三、成功的产品和顾客的生活方式等同一体

对于那些和人们的生活融合在一起的产品，已经不能够简单地称为"产品"，我们常常会把这些产品和生活方式等同一体。每次我在北京首都机场T3航站楼时，只要时间足够，都会到哈根达斯店里坐一会儿，吃吃哈根达斯雪糕，让绷紧的生活即便是在飞机场的候机厅里也能松弛下来，享受瞬间的美好。试想一下，哈根达斯其名称本身，甚至它的标志，都能够让人触觉到美。是的，它代表雪糕。但是，所有喜欢哈根达斯的人都知道它更代表美好的感觉。

20世纪50年代，在摩托车行业，日本摩托车便宜可靠，使用者的裤子不会沾染油脂，日本企业的竞争使得美国许多公司停产，甚至威胁到其他欧洲品牌。当时美国哈雷摩托是美国剩下的唯一摩托车生产者。但是在1999年，却开始出现新现象，美国又重新生产美国样式的摩托车，比起日本的竞争者，美国的历史更善于给摩托车创造某种类型的故事，这让哈雷摩托依然保留着强劲的竞争地位。在富裕的社会里，摩托车不仅是交通工具而已，还可以告诉别人许多故事，诸如展现车主的品位、风格等无形的价值。哈雷摩托不仅是一部摩托车，更大程度上是个性和理想的化身，是某种生活方式的表达。

2009年10月，在广州，似乎每一天早上都会看到跑步运动，这是耐克在这一年所举办的全民运动。当我们看到踏着耐克跑鞋不断运动的人群，可以感受到健康、快乐和阳光，这就是耐克所追求的。菲尔·奈特（Phil Knight）推出耐克品牌后，将运动健身的灵感、渴望与达到价值水平的创新性产品展示结合起来。例

如耐克的气垫运动鞋展示，耐克本来可以花上千万美元宣扬产品的价值，这种运动鞋的中跟处薄而柔韧的膜中装了气垫，外面包着成型的脚框架，并附有一种动力健身系统。但是耐克只简单地展示了一下产品，却与顾客在更深、更鼓舞人心的层次上做了交流，让人在更广阔的运动健身世界里了解这一产品的真正意义，这超越了产品本身，让人感动。

上述这些产品可以和顾客连接在一起，就是因为它们具有了顾客所要的价值，可以说产品就是顾客想象和期待的载体。按照密歇根大学商学院教授普拉哈拉德及拉玛斯瓦米的说法，权力钟摆向顾客的移动使产品"不过是一种顾客体验"。就像柏拉图所认为的那样，人们在日常生活中体验的任何具体事物的各个侧面都存在着该事物的"理念"，是"理念"使事物更长久，甚至拥有永久的意义。

四、打动顾客的是产品"内涵"，是企业以产品为载体传递的企业价值和追求

事实上，追求想象的未来已经浮现。星巴克的咖啡严格来说是饮料，人们前往星巴克的真正理由是需要一个属于自己的可以享受的时间，因为人们渴望属于自己。换句话说，独立才是消费者要的东西，咖啡和咖啡厅只不过为人们提供一个场地和陪衬工具而已。因此，你可以在北京东方广场的星巴克里，在香港海港城的星巴克里，看到安静看书的年轻人。在一个繁华的购物广场，在喧闹的人群中看书写作业，这就是星巴克的魅力。

中国等了10年的创业板终于开闸，一夜诞生的众多亿万富翁让国人兴奋和羡慕。我关注到"探路者"这家做户外运动服饰的公司，资本市场上的神话我并没有多大的兴趣，真正可以让我关注的是这家公司对于生活方式的认识，对于产品与生活意义之间关联的认识。在今天，户外运动所展示的就是一种跨越、融入自然、自我主宰的生活方式。与"探路者"关注户外相反，一些企业关注到人们的疲惫和需要"慢生活"的意愿，应运而生的是养生产品。我们可以把这样的追求称为个性的生活风格市场，这个生活风格市场的持续成长，无关物质的追求，而是驱向感觉的塑造。

如果企业还是孤立地看待自己的产品，显然是落后了。产品仅是载体，打动顾客的是"内涵"，是企业所要传递的企业价值和追求。许多企业需要做适当的反应和调整，当消费者购买产品时，就等于购买这品牌所代表的某种信念和态

度，产品反而是随着购买这些观念而来。所以企业必须了解到产品是企业价值的载体。

五、优秀的企业必须从所追求的价值出发，给产品赋予"生命的意义"

人们一直在关注中国企业和西方跨国企业之间的差异，很多人说差距源于技术、资金以及比较长的经营历史。但是我想，对于顾客而言，根本的差距其实是产品的差距，不是产品功能上的差异，是产品给予顾客价值感上的差异。那么产生差距的缘由是什么呢？其实就是产品所承载的"价值之差"。

饮料是最通常的产品，但是可口可乐却能够让每一个时代的人集聚在它的周围，超越时代、距离和地域甚至文化，这个产品连接不同消费人群的就是它所给予每一个顾客的"挡不住的感觉"。可口可乐的市场总价值中情感实体远大于物质实体，罐装饮料厂、卡车、原材料和建筑物这些有形物质资产对于可口可乐公司和华尔街来说，并没有全世界的顾客对这一品牌的好感重要。换句话说，可口可乐公司所创造的顾客忠诚度在未来难以估量，要量化这一部分的资产负债即使让最出色的首席财务官都无法完成，而价值的确就在那里。

从企业所追求的价值出发，而非产品本身出发，就是优秀的企业和一般企业之间的差距。随着技术和市场的开放，产品之间功能上的差异不会太大，但是顾客感知价值的距离会非常巨大，就如20万的汽车和200万的汽车，在行驶功能上不会有太大的差异，但是在驾驶的乐趣、拥有的感受上，以及一系列相关的联想上却会有非常大的差异，而这200万的支付正是这些"核心价值"在起作用。给产品赋予"生命的意义"，是中国企业缩小与世界优秀企业之间距离的根本选择。

（原载：春暖花开公众号，2017年11月1日）

"生意"就是"生活的意义"

我一直想写一本书——《什么是生意》。这是每个创业者、企业家、商业伙伴、管理研究者、管理教育者关心和讨论的话题。

可是当我不断思考的时候,我发现"生意"这个词用中文解释是最好的:它就是"生活的意义"。

"丝绸之路"源于对彼此美好生活的向往

我想先从我们最熟知的一段历史去讲。当我们今天去讨论"一带一路"的时候,我们会有非常多的角度来诠释它。可是通过了解历史,大家会知道丝绸之路之所以出现,真的源于一段人们对于丝绸的幻想,人们对于丝绸的向往,人们对于丝绸拥有的那份可能。

如果今天让我回顾这条路,延续了这么长的历史,连接了这么多的人,连接了我们甚至认为的东西方之间的对话。我最想跟大家说的,实际上是隔着千山万水之间,人与人对生活之间,对话的向往。

我想这条路可以延续到今天,延续到未来,不是因为更多的人走过,而是因为更多的人想把生活连接起来,让我们相互去享受这份美好。

两个"人生之问"

我们生活中有两个常问的问题:

第一个:你富有吗?我想这个话题是今天更多人讨论的。可是我知道答案是明确的。这个答案不仅是我可以给你,你完全也可以自己给自己。是的,我们是富有的。只要我们能用适合的方式去生活。

第二个,也是我们在生活当中经常讨论的问题,这个问题就是:你幸福吗?我相信答案你也和我一样,都会找到,而且这个答案也是很明确的,是的,我们是幸福的。只要我们的目标在我们力所能及的范围之下。

因此，我相信富有和幸福，它最真实的定义，最真实的含义，只需要两个词：一个词叫适合；一个词叫力所能及。

我今天之所以讨论这个话题，原因就在于我们身处一个浮躁的社会，一个物欲横流的社会，一个追寻更多的社会。

我们真的需要那么多吗？

商业所遵循的逻辑到底应该给人家更多，还是给人家"更适合"？

到底是去满足物质上的追求，还是要回到生活本身？

每个人该为此扪心自问。

圣诞老人是最真实的存在

很快，圣诞节将如期而至，很多人都视之为商业机会。但是，圣诞节真正温暖动人之处，却在于它触碰了人类最真实、最纯净的渴望。

1897年，一个生活在美国弗吉尼亚的8岁小女孩给《纽约太阳报》写信问道："圣诞老人真的存在吗？"她纯真的笔触渴望一个真实的答案。

当时《纽约太阳报》的编辑Francis给她回信道："是的，圣诞老人真的存在！"

一个成人，在他经历过所有生活的挑战、考验、历练之后，给出了一个最真实、最纯净的答案。因为，这个世界上最真实的美好，是眼睛看不见的。那恰恰是最需要你去理解的部分：去细心理解每一个节日，去细心体会每一件事物。

什么成就了最有影响力的公司？

我自己是做领先企业研究的。在过去接近30年的研究中，我一直想知道那些世界领先的企业和中国领先的企业，到底为什么领先？我们今天所讨论的优秀企业，包括获奖的百位最佳CEO，他们所缔造的这些企业能不能从一个伟大的角度去诠释它？找到真正产生影响力的根源？

苹果、脸书、亚马逊、腾讯、阿里巴巴、华为，今天所有这些"最具影响力的公司"都可以用三个词来描述它们：远见、决心与活力。

他们对于世界的影响，对于人类生活的影响，甚至对于未来的影响，的确是功勋卓著，成就斐然。但这还只是表象，他们还有着更为深层的共性。这些共性根植于人类对美好生活的向往，根植于帮助人类近距离和远距离地分享价值。

这些领先的公司带来了便捷。他们不仅仅给你个体满足感，更给你过程体验感。他们关注的是生活本身。因此，今天这个时代，对于"生意"的认知，需要非常大的调整。

过去，商业是让顾客拥有更多的东西；今天，商业要回答的是：帮顾客拥有什么样的生活？

过去，我们崇尚"更多更好的理念"；今天，对幸福与财富追本溯源，我们秉持"适当就好"的理性价值观。

过去，工业化时代是大量生产、大量消费；今天，一切都要纳入可持续发展的框架。

人必须是生活者，而不是消费者

"生意"真正的意义在于：你能不能够提供生活的解决方案，而非销售商品——这是我们今天关注的、最重要的逻辑；这个概念当中，"商业"探索未知，穿行时光，连接起过去、现在与未来，呼应着人类感性的行为。

技术，为人类提供了一个拓展生活可能性的空间，技术本身没有意义。人必须是生活者，而不是消费者。从这个意义上，我们就可以推动我们整体的进步。

我喜欢宋瓷，它成为陶瓷艺术的巅峰，源于其典雅；立顿红茶则代表了一种悠然的生活方式；IBM，"深蓝"，一直在解决人类"思考"的问题；日本料理，于简单中变幻无穷；哈根达斯，"爱她，就带她去哈根达斯"，深情款款；我更喜欢超过百年历史的同仁堂，它用心力诠释真正的"悬壶济世"；我们也知道，"生活，是残缺的艺术（乔布斯语）"，但乔布斯的设计却可以让它趋于完美。

这一切的努力，都在回答一个问题：最好的产品到底是什么？

就是你去交心。

最重要的不是物与物的交易，而是为顾客提供一份非常美好的选择——这份选择将为她带来爱、惊喜，甚至是灵魂的依靠。

生活的无限铸就商业的无限

智能机器人的出现，不会影响你，如果你能够真正去思考；人工智能不会令你焦虑，如果你真正理解存在的意义。真正令人担心的不是机器人像你一样思考，而是你像机器人一样思考！

著名哲学家怀特海说"人类的生活是建立在技术、科学、艺术和宗教之上的。"我希望我们在生活和商业之间找到最佳匹配模式，它将使商业持久繁荣下去。因为只有生活的无限，才会铸就商业的无限。

（原载：春暖花开公众号，2017年11月6日）

第三部分

组织观

变革的"死穴与生机"

王健林在2015年中国绿公司年会上关于万达转型的主题演讲话音刚落,马云就一再逼问:万达准备为转型付出多少代价?王健林最后不得不回应说:不准备付多大代价,代价太大了,我们就穷了。台下哄然大笑。其实这一问一答另有玄机,它折射出中国企业家关于转型与变革难以启齿的忧心与焦虑。

一、变革的"死穴与生机"

企业本身是一个实际的存在体,所以肯定有生有死,但不会因为环境一变企业就死掉。保持持续、保持领先是企业的永恒挑战。一个比较乐观的理由是,企业发展到一定阶段,问题基本都出现在文化和组织上,绝对不是什么资金、技术、市场。如果问题出在文化和组织上,实际上就有机会了,如果你的组织和文化是持续开放的,就有机会实现自我变革。

我认为大企业在文化和组织变革上有两大优势:一是大企业有规模和基础在开放上做投入;二是大企业文化中都有一些优秀的基因,只是有时会把它忘了,当环境逼到它痛时,又会唤醒它的基因。比如IBM的文化基因并没变,还是那三句话:尊重个体、行动卓越、顾客至上,但为什么在郭士纳接手前濒于破产呢?就是把这个基因忘了,IBM能奇迹转型成功,就在于又唤回了这种文化基因。

一个企业能有机会革自己的命,本身就是一种优势,如果连革自己命的机会都没有就更糟。企业自我变革最难,所以我才说根子上的障碍是组织和文化,也就是说,企业持续发展的障碍并不是外部,而是你自己。

这个时代的特点就是这样,以前外部敌人很清楚,你知道怎么打他,怎么跨越,现在外部全是朋友,敌人变成了自己,你反而不清楚了,因为打自己最难。而且这个敌人还不仅是老板个人,还有整个组织的人,组织里每个人都要革自己的命,你说这有多难?

二、"变革悖论":既要赚钱,又要转型

不久前听一位老师介绍稻盛和夫讲京瓷,京瓷55年来从来没有亏损过,也从来没有裁员过,人家问稻盛你为啥能做到这一步,稻盛说京瓷储备的现金,足够让这家企业什么都不做,正常发工资24年。

也就是说企业在变革时一定要有足够的回旋空间,如果当期经营压力不给这个回旋空间,变革是很难做的。中国企业变革特别难的一点就是之前积累的盈利实际上是不够的,本来身处白热化竞争就导致利润空间不足,有钱的时候又把钱乱花掉。这一点中国的大企业和真正的跨国大企业还是有很大区别的,积淀还不够。

中国企业如果想变革升级,就必须承受转型中的亏损或失败。这一点我还是很欣赏2006年的TCL的,它确实把转型的痛硬吞下来,然后硬转。这就是"向生而生",一个企业要抱着必活的信念,就必须得承受转型剧痛,包括对自己很多东西的超越和遗弃。

另外有必要指出,很多中国企业对利润的认识一定要扭转过来。利润很重要的一个功能不是为了行业第一,也不是为了赚很多钱,而是为企业可持续发展做准备和投入。

在刚刚结束的2015年稻盛和夫经营哲学上海报告会上,稻盛先生结合中国经济发展现状为中国企业家开出了永续的良方:"企业经营一定要创造高收益。"他甚至直接强调"不管什么行业、什么产品,既然干事业,那么最低也要做出10%以上的利润率,否则就称不上是什么企业经营"。因为只有这样,才可以让企业永续发展,为员工、股东和社会进步作出贡献。

三、用"求生欲"激活企业原动力

从我的角度来看,我觉得只要是努力应变的企业,都有生的机会。你看今天华为在变,美的在变,格力在变,万科在变,万达在变,小米也在变。因为在今天的巨变的环境下,企业不是在求发展、求机会,而是求生存,求生存的原动力比以往更加迫切。

还有一点也是让我觉得非常有意思的地方,中国文化的特质也会使得中国企

业一定有很强的生命力,因为中国文化不是内心评价,而是外部评价。虽然孔子非常希望"内圣",但还不忘加上一个"外王",也就是说中国人不管内心如何成为圣贤,如果不拜为王者,也不会有人承认你成功。正是这种外部评价使得中国人很难真正"放下"。但这也正是其具有强烈求生欲望的原动力,也是我们对中国企业转型与变革的成功寄予期望的另一个原因所在。

(原载:春暖花开公众号,2015年7月14日)

激活组织，
需要坚持的八个原则

许多人痴迷足球竞技的魅力，千难万阻中，出其不意的破门，令人绷紧的神经瞬间释然。虽然破门者总是能够得到更多的荣耀，而这丝毫不会削弱团队的集体荣誉感。因为每个人都自愿自发地为这个进球贡献了自己最大的努力。甚至连球迷都是球队不可分割的一部分，铁杆球迷跟随自己向往的球队，大悲大喜、无怨无悔。

这就是组织的真谛——为了完成具体目标而从事于系统化的努力的人的组合。这种个人与组织的关系，本质是奉献关系——这不是境界问题，而是由组织的属性决定的。这就是组织最厉害的地方，当组织协作时会产生一种能力，可以让一个人超过本身的能力。

激活一个组织，就是要追随组织的本质进行系统化的持续努力。组织设计是重中之重，因为涉及公司未来是不是能够持续、健康、有序地发展。现在我们知道，组织存在的关键是个人对组织的目标有所贡献的行为。而这里，目标是很好确定的，但是如何保障大家的贡献行为？也即实现目标的组织保障。如果组织设计不合理、组织保障不够，目标是不能实现的。激活公司组织，你需要坚持八个原则：

原则一：客户导向。我们在进行组织结构设计的时候，第一个思考的出发点一定是客户导向。请记住：你的目标为什么能实现？是因为有客户，不是因为有大家。我们一定要知道我们的目标是谁贡献的，是市场贡献的，所以它必须是客户导向，这是一个原则。

原则二：简化经营管理。即怎么能够让经营管理过程简化、流程最短。就是当市场有一个安排的时候，要向上请示资源时，一定要有一个最快的回馈。

原则三：多平台、多机会。一个人的能力和绩效取决于平台，你不给他平台，天大的本事都是没有用的。所以在设计组织结构的时候，一定要设多平台、多机会。别担心他不会胜任，当一个平台被拆分后，新的细分平台给了他机会，他就会被逼着调整自己，由对问题单项思维就变成多维思维。因为岗位职责所在，他必须在其位谋其政。

原则四：必须符合行业属性。比如饲料行业的属性是以区域为中心、专业为主导，你就需要在结构上加以考虑，如何在专业化能力上给予呈现。

原则五：赛马而非养马。人不是培养出来的，人是选拔出来的，人是竞争出来的。放在你身边的人培养不出来，反而会加大管理成本；更重要的是让你变懒了，PPT给别人做了，文章也由别人写了，甚至连业务分析也由别人代做。组织结构设置必须把平台设计出来，让大家在平台上竞争、竞选，你不行就下来，但是先给你一个机会。

原则六：淘汰机制。不能只讲怎么激励，要能上能下。设计一个时间单位：半年？一年？还是三年？来进行考核、调整和淘汰。激活组织，没有淘汰机制的设计一定不会成功。一个好的组织一定是能上能下的。

原则七：对接新的增长。新的增长从哪里来？设计组织结构时必须能够让它对接新的增长。

我赞赏建立公司组织的"成长共同体"关系，即设计好单位时间（如三年）内价值评价与价值分配。也就是组织中的存量、增量怎么分享的问题。那么如何设计这个成长共同体，如何设计增量？如何设计持续的成长？才能保证当你退出来之后，还有机会分享这个企业的成长。这是我最想设计的，我希望个人与组织能够通过事业投资而不是通过资本投资建立关系。

原则八：价值评价。无论是美的还是华为，价值创造、价值评价、价值分享就是他们的三个原则。价值创造，就是让业绩说话。整个资源投放给你，就需要你的产出，这就是价值创造。那么这个价值评价怎么做？

华为的做法很简单：第一个就是业绩评价，不用其他人评价，就是业绩结果。第二个叫自我批判。如果想明年继续获得这个岗位，那你自己看看，今年的不足是什么？如果你的分析被你的团队接受了，而且你又有改进的措施，那么你就可以连任；如果你业绩完成了，可是你的自我批判不足，没有被大家所接受，你依然不能获得这个岗位。如果做下属、同级、上司评价的话，会有一个很麻烦的问题，要么你讨好下属，要么下属讨好你。

美的的方法更简单：只用业绩评价，别的都不评价。也即战略目标和战略追求全部变成业绩的指标直接评价，你胜任就胜任，不胜任就淘汰。

大家会觉得华为的做法好一点，给你一个机会，谈你怎么去纠正。如果你能纠正，而且你的团队对你有信心，组织还是接受你。那我们怎么做这个评价体系？这就是设计组织结构、组织原则的时候需要确立的原则。

结语：激活一个组织，组织设计是重中之重，激活公司组织需要坚持八个原则：客户导向、简化经营管理、多平台多机会、必须符合行业属性、赛马而非养马、淘汰机制、对接新的增长和价值评价。

（原载：春暖花开公众号，2015年8月25日）

调整心态，享受变化

当星巴克的7100家门店在某天下午突然同时关门停业，由此拉开一场浩大而深刻的公司变革时，社会舆论一时烽烟四起。娱乐至死的时代，无论传统媒体，还是各种网络传播平台都纷纷给予负面报道，标题党冷嘲热讽无所不用其极，连脱口秀都在恶搞"没有星巴克的世界"。但是霍华德和他的团队自己知道做什么，135000名咖啡师必须重新接受培训，以确保他们能够精确无误地调制出意式浓缩咖啡，重新唤醒给顾客创造价值的激情。"如果他们只是机械地完成一个动作，而没有用心，那等于自我放弃40年坚守的品牌使命：'激发人类的灵感'。"而早已迷失了方向的经营管理需要下大力气调整，不过危机四伏、前途未卜。

但正是霍华德的敏感，使得星巴克赶在世界金融危机之前先行一步，掀起了一场自我救赎的运动、重塑星巴克精神的灵魂之旅，从而惊心动魄地避过了一场可能的覆顶之灾。

"人不是不喜欢改变，而是讨厌被改变"。当你知道自己往哪里去时，全世界都会为你让路；但是当你决定要转变时，全世界都成了阻力。新的坦途常常始于逆旅，所以霍华德在拯救星巴克的行动中，用了"一往无前"这个口号为自己的团队呐喊加油。

对于管理团队而言，实现公司的战略和推动公司成长是我们的职责和价值所在，这也是我们作为一个管理者，自己能够胜任的工作和需要承担的责任。而组织变革和战略转型，一定会给大家带来困扰和不安，也的确会让大家在经历变化中感受压力。峰回路转、柳暗花明，从转变心态开始。所以我给同事们的建议是：拥抱变化，享受变化。

第一，不要在意别人的评价，而要在意对自我的要求。在这些调整过程中，同事们听到非常多的信息，也得到各种各样的评价。当这些评价干扰了你正常工作的时候，我非常希望你可以回归到对自己的要求上。我们工作的评价并不来源于其他人的看法，而是来自于工作品质本身，如果我们谨守工作品质，谨守价值贡献，就可以对自己问心无愧。如果在意别人的评价多过于自我的要求，因为影响了心情所以影响了工作的品质，这是一种借口而已，但是这个借口并不会因此真的让我们自己得以解脱，劣质的工作成果不是别人的标签，而是自己的标签。这一点需要我们清醒。

第二，变革就是给了每个人画图的机会，我们可以自己规划属于自己的未来。改变的确会带来阵痛、不安和未知，这是改变的基本特点。也正因为此，改变也会带来机会、可能和奇迹，这同样是改变的基本特点。如果我们感受到痛苦、不安和未知，那么也就会一样感受到机会、可能和奇迹。如果仅仅是感受到前者而没有感受到后者，只能说明我们拥有的是负向思维和态度。具有负向思维的人，一定会被动地等待，这样的结果会导致你陷入一种等来却不想接受的窘态。具有正向思维和态度的人，一定会积极接受挑战，快乐迎接变化，期待着创造奇迹，这样的结果会带你去到从未有过的高度。积极的态度让自己获得了规划属于自己的未来的机会和可能。

第三，不怕有问题，所有的问题都有解决的方法，也都会带来全新的成就体验。改变会带来问题，有些问题是历史存留下来的，有些问题是因为改变带来的，有些问题本身存在而被我们忽略了。但是不管什么原因产生的问题，只要是问题就有解决的办法，只要是问题，就有因解决问题而带来的新发现。无论是组织变革还是战略转型，调整、打开就会暴露问题，自己的问题露出来别怕，别人的问题露出来别怨，需要的是负责任的行动。如果我们大家都能够抱持接纳的心态来面对问题，都能够抱持负责任的心态来解决问题，我相信一切都会朝着好的方向发展，当我们齐心解决问题的时候，无论是过程还是结果，都会带来全新的体验，并获得意想不到的收获和成效。

结语：星巴克赶在世界金融危机之前先行一步，掀起了一场自我救赎的运动、重塑星巴克精神的灵魂之旅，从而惊心动魄地避过了一场可能的覆顶之灾。这给我们的启示便是：调整心态，拥抱变化。

（原载：春暖花开公众号，2015年9月1日）

多变环境下的管理创新

我对三星研究了20年,在2013年的时候,三星实际上已经是一个世界级的企业。它有一个著名的口号,我在我们公司内部和在很多地方培训都讲到,那就是"除了老婆孩子,一切皆变"!从1993年到2003年,三星成为消费类电子产品的第一名,因为它做了十年的改革。到2013年,又一个十年过去,一家做电视机的公司成为智能手机的最大供应商,第一次超越诺基亚,成为最大的手机公司。这一切获得来源于三星做了四件事情:有强烈的改变意识;出色的自主创新能力;以产品质量引领行业改变;优秀的品牌营销战略。

第二个企业,也就是我自己参与最多的一个企业——美的,美的崛起的时间是在2011年到2012年,用一年半的时间做全面转型。他们主要是做四件事情:美的把员工从19万人降到12万多人,全面瘦身,提高劳动效率;聚焦产品力,聚焦结构;组织变革,架构扁平化;渠道变革。经过坚定的转型,美的实现了增长方式的根本转型,并在2013年获得了更有质量的增长。

我在内部研究的时候给大家看了两个针对性的企业,就是富士和柯达,柯达已经破产,可是富士品牌市值已经达到120亿美元。行业的巨头常常不愿意变,它想守住它最厉害的东西,但是它不变的结果就会死掉。2002年数字化产品在柯达的产品中只达到20%,可是富士已经到了60%。所以,2012年你会发现,我们看到柯达已经是达到了一个非常糟糕的地步,市值从300亿降到1亿美金,所以根本性的原因就是你能不能做变化,做变革,能不能真正地革自己的命,我觉得这个是核心。所以我一直告诉大家,我们今天既不是高科技企业,也不是传统企业,更不是一个农牧企业,我们必须是一个时代的企业。因为这是一个大变革的时代,如果没有变革的基因、变革的特点、变革的追求,我们就会被时代淘汰掉。这需要领导者鼓起勇气决断,企业的变革没有终点。

第五个企业就是华为,我跟他们做深入交流时有两点感受非常深,华为企业经常自我批判,就是他不批评别人,只批评自己。所以,所有的岗位,你业绩完成,还不能续任到下一年,你业绩完成之后要做自我批评,自我批评的程度要被你的下属接受,然后你才能胜任明年的岗位。这样的一种自我检讨和自我竞争的驱动机制,实际上就是让这个企业完全可以面对变化,所以这是它最厉害的一部分。

下一个企业是很有意思的一个企业——TCL,我陪它的时间也比较长。我2006年做它的顾问,因为国际化的进程,使得它当年销售额达到500多亿的时候还亏损20亿,可是这个企业有一个地方很好,就是能让失败变得有价值,所以2006年我们开始切入,在这个过程当中,它们最重要的是自己救自己,我们把它的管理拉起来,让它正视失败,而且在失败当中不断地推进。从今天来看,这个企业重回到家电领域里面,电视机还是排在国内第一的位置,全球排在前三的位置上。我认为它能够正视失败,并且能够在失败当中成长起来。

另一个企业是联想,联想一直跟大型跨国企业走在一起,向它学习,跟它竞争。联想一开始学习的企业是惠普,我们看到PC机在中国市场发展很快,然后联想便成长起来。最后联想又跟IBM走在一起,学习怎么做一个国际的品牌。2009年联想亏损了,认为自己做不到,我认为恰恰是这五年,使得它真正能在PC这样一个停滞增长的行业里保住它的定位,是非常重要的。接下来是学习苹果,所有人认为自己跟苹果离得其实很远,可是我认为这恰恰是联想自我成长的方法,跟变化走在一起的一个方法。

最后一个企业是宝钢,这是我研究企业20年当中最特殊的一个企业,特殊是因为它换了领导,另外一个董事长上来了。大家怀疑这样一个国有企业在更换领导的时候会不会出问题,可是后来10年当中这位领导做的事情让我非常佩服,就是他开始引入创新,而且在创新里面他发明了两个最重要的方法,一个叫做金苹果计划,还有一个是蓝领创新计划。

我对这些企业做了近10年的研究,其实是想告诉各位,如果我们真正跟变化走在一起,我们可以可持续,如果我们不能跟变化走在一起,我们很难持续,可能只能取得阶段性的胜利。华为基本上靠任正非的思想引领。我们如果想这个企业持续下去,就得有这样的一个企业家做思想家。

今天,我们自己的文化价值观实际上非常多元,而且什么对,什么错,已经不清楚了,所以必须有一个企业的思想家告诉你什么是对,什么是错的,至少企业内部要非常明确。所以,这是第二个原因,我们的企业家往往要变成思想家。第三个原因是我们中国人对企业家的要求比西方人对企业家的要求高,而且道德上也要求很高。所以，在中国当企业家不太容易，当创业家比较容易。如果你想当企业家，道德的高度也要变得很高，所以这就使得我们看到，在可持续的动因当中，其实要求首先是企业领导者自己要接受变化，要能够拥有这种变化，然后才能够去引领，所以我相信这是优秀企业家跟变化走在一起的根本原因。

最后，从管理上，我是一个做企业管理研究的人，到今天为止我们还叫管理研究学者，我还不敢说自己是一个实践者，或者经理人，或者是企业家，所以正和岛（编者注：中国商界高端人脉深度社交平台）问我："陈老师你要不要当岛民？"我说我还没有资格。事实上不管你是什么样，你必须得拥抱这个变化，你不拥抱这个变化，绝对是不可以。

如果要拥抱这个变化，必须有三个最重要的要素。

第一，有变革的领导者，所以我对所有做企业的管理者和经理人讲，我需要他首先是一个变化的领导者，如果你自己都不愿意引领这个变化，我相信很难让你的企业在今天的变化环境当中能够真正地接受变化。

第二，文化，我们的文化能不能真正地接受和包容这个变化，我觉得这是一个很大的挑战。在文化这个概念当中，我非常希望大家不仅仅是服从，而且能够彻底地改变自己，自我超越是非常困难的事情。所以我一直认为中国的整个企业，为什么长期的持续的领先的企业不多，主要的原因是在文化上。我们总是希望有一个阶段，我们就成功了，所以你会发现，中国企业很喜欢写传记，非常喜欢写，我们领导人没有做多久，就开始出书。到今天为止，我写的书都是研究中国企业的成本，有人说陈老师你写一个自己的东西，我不敢，我还没有思想，有了思想人就得"挂"在墙上了，那就太可怕了，我还是先站在这个地方。可是反过来，我需要大家知道的是你要超越自己，因为世界还在变，你一定要不断地突破自己。所以，每个人都说，你之前哪本书最好，我说我未来写的那本书最好，这真的是一种追求，你必须知道你所有的东西都放下了，你必须持续地往前走，这样才能帮助中国的企业成长。

那人的部分是什么？就是真正接受变革，前面所做的都是革别人的命，现在真正要革自己的命，为什么？市场机会没有了。新的挑战者越来越多，你只有革自己的命才可以。我现在带着我整个组织做变革，我首先要让变的人得到好处，这是理性上的安排，然后在感性上，有很高的要求。所以，在全新的环境下要做管理，首先你自己得有一个开放的心态，同时做一个理性的组合，否则很难做变革管理。

因此，我对变革领导者提出根本性的要求，这个要求有三点非常重要：第一，他要真正拥有领导力。我最近看我的同事做这方面的努力，他认为领导力越来越没有权力，说："陈老师你的领导力最大。"我说不是，我还要受大股东的影响。一定要记住，权力绝对不是领导力，那些成为伟人的人是因为他服务的对象很多，所以真正的领导力来源于你对多少人服务，人越多你的影响力就会越大。所以我跟我的同事讲，你知道什么人领导力最强？就是那个不会说话的婴儿，领导力最强，全世界的人只听他，他不说话，全世界都围绕他做事情。所以，领导力本身你天生就具备，只是我们太过看中权力了，就把领导力忘掉了，这是领导者自己要调整的部分。

第二，就是布道者，一定要传播。我和每个人交流的时候，习惯于寻找每个人的正能量，我特别希望我们传媒能够推动这个社会的正能量，当正能量推动的时候，你会发现一切皆有可能。如果我们不是传递正的能量，不是一个好的布道者，你会发现坏的东西越来越多。人们的负能量多了以后，改变和创造就会被伤害。所以，中国为什么创新的力量一直不够，很大的原因就是负面的东西太多，所以你会发现做创新的人，他要承受很大的压力，他的内心要强大。如果让所有做创新的人没有那么大的外部压力，你会发现在宽松的环境下创新其实很容易，所以我们要成为一个布道者。

第三，更重要的是我们要坚持，就是你的韧性是非常关键的，所以我个人认为，在今天，我们要做管理就要学会拥抱变化。

最后给我的话做结束，我选了富士总裁这段话，我认为很能说明今天我们做变革、做管理持有的对管理的认识。我认为21世纪比20世纪更残酷，很大的原因是因为它的变革。我最近在大会、小会上，要求我的同事在我们行业当中说，我们既不是传统的农牧企业，也不是一个基于互联网的现代科技企业，我们是一个时代的企业。我们的总裁在参加论坛时被问道："你们要做时代企业，请你解释一下，什么叫时代企业？"我们的总裁就说，陈老师还没跟我说，我只能讲我的理解。回公司后他谈论这事，我就笑了。时代企业就是告诉大家，今天的企业必须具有变革的特征，这个时代就是变革，你必须得变。你千万不要说自己是一个互联网的企业，你应该是一个变革的企业；你也不要说你是一个科技企业，你应该是一个变革的企业；你更不要说你是一个传统的企业、一个农牧企业，你必须是一个变革的企业。像机械工业出版社华章分社一样，他们有四个板块，原来只有出版，现在有培训、阅读、教育，我觉得这很好。华章能不能引领阅读的变革?你说华章在线就是一个网络的企业,恐怕是不行的。所以,今天的媒体,包括《中国经营报》也在变。大家都知道董明珠跟雷军的对赌,大家都在分析他们对赌的金额够不够大。我自己觉得如果这是一个变革的时代,这些都没有意义,最重要的是你跟变革走在一起。我说如果我是董明珠,我的回答就是雷军我要跟你合作,我要出一个小米格力洗衣机,或者小米格力空调。结果最近我发现董明珠说绝对不跟雷军合作,这个很奇怪,因为这个互联互通的社会,你不跟谁合作,就意味着你一定要跟谁合作才能变革。所以,变革就是所谓时代的企业,因为我们已经身处在这个大变革的浪潮当中,没有人跑得掉,我们只能自己革自己的命。所以,我只好跟华章继续合作,我要跟它走在一起,因为我发现它比我变得更快,我也希望跟各位走在一起,谢谢各位!

(原载:春暖花开公众号,2015年10月20日)

让谷歌来告诉你：
如何避免大企业式下滑

我看到一本介绍谷歌的书，书名叫 *How Google Works*，Nick撰文写道：在该书作者看来，未来组织的关键职能，就是让一群Smart Creatives聚在一起，快速地感知客户需求，愉快地、充满创造力地开发产品、提供服务。什么样的人是Smart Creatives？一句话，Smart Creatives不要你管，只要你营造氛围。所以传统的管理理念不适用这群人，甚至适得其反。

首先，你不能告诉他们如何思考，只能营造思考的环境。给他们命令不但会压抑他们的天性，也会引起他们的反感，甚至把他们赶走。这群人需要互动、透明、平等。这本书反复强调，凡是不受法律或者监管约束的信息，谷歌都倾向于全部开放给员工，包括核心业务和表现。谷歌采用的就是这样一种模式，优秀人才自然慕名而来，这也让谷歌保持了非常好的创造力和领先的行业地位。

2015年7月12日，在公司年中总经理工作会议上，我和同事们分享了对于三星和IBM两家全球领先公司的案例分析。先看三星，人们都知道它做得非常好，可是两年前我曾经在各种场合讲过一句话：三星在最近几年当中，有可能被淘汰，而且超过它的就是华为。我在说这句话的时候没有人相信，被认为是痴人说梦。

2013年三星集团的销售额超过3000亿美元，三星在研发上持续加大投入。2008~2013年，三星研发投入平均增速为21%，2013年研发投入为160亿美元。我们看看，一家如此变化的公司，一家曾经非常辉煌的、行业绝对领先的公司，一家在技术投入、产品上有如此地位的公司，在近两年市场、消费者做彻底改变的时候，出现下滑，这种下滑我相信三星也不愿意见到。我想告诉各位，我花30年去追踪的这家企业，在这样一个巨大的变化当中，在最近两年出现下滑，这种下滑使得公司团队不得不去做一件最重要的事情，那就是改变。大家都很清楚，在1993年的时候，李健熙说过一句最重要的话，"除了妻儿一切皆变"，这个观点被我反复引用过。改变一切是在1993年起，到了2014年，李健熙不得不跟他所有三星同事说，我们必须再来一次改变，除了妻儿一切皆变。三星的案例告诉我们：创造未来比预测未来更重要。

回顾这家公司是想告诉各位，我们今天变的真的是不够，我对很多投资的朋友讲我内心当中想变的样子，其实现在没有达到我的预期。很重要的原因就是我们还有一些根本性的东西没有变成。三星这样一家3000亿美元销售额的公司，在这么庞大的研发投入和技术领先当中，它不做变化也会出现下滑，也需要做出再次改变的决定。

另外一家我长期研究的公司是IBM，IBM经过一百年的变革和调整，已非常强大，而且一直在变。创立于1911年，IBM是为数不多的拥有百年历史的跨国计算技术和IT服务公司，总部位于美国纽约。2014年IBM的收入为928亿美元，是计算机软硬件行业的长期领跑者，其业务涵盖服务器制造、行业软件服务、咨询、金融等。20年来，IBM是美国年度专利授予最多的企业。这家公司历史上拥有5位诺贝尔奖获得者、6位图灵奖获得者和300多位院士。从1991年到2014年，它做的变化非常巨大。IBM提出需要具备为客户整合所有资源（包括自己的产品以及其他公司的产品），并创造性地为客户提供全方位的解决方案的能力，这种变化在整个业务的调整当中做了很多的努力，此次转型主要集中于四个领域：产业模式、商业模式、计算模式和市场模式。

可是为什么还是下滑？大量企业开始使用云服务，对大型服务器等IT基础设施的需求下降，导致IBM传统服务器业务萎缩。2014年系统与技术事业部调整后收入减少22亿美元，较前一年下滑17%。它在大数据、云计算等领域面临亚马逊、微软、阿里巴巴等先发企业的竞争，收入占公司总营业收入的比例较低，难以支撑公司业务转型。从我的角度来看，它下滑的根本原因就是行动变化的速度不够。

虽然所有的理念都是对的，所有对市场的判断都是对的，就像我回归农牧行业，跟大家在一起，一直坚信说我的判断是对的，我们对这个行业的判断是对的，我们提出来的"基地＋终端，向整个食品端转移，由饲料生产向食品供应商转型"是对的，我们所有的提法没有错误，可是没有达到预期的原因跟IBM一样，行动变化速度不够。在今天来讲，我相信无论谷歌、Facebook还是那些真正理解到这种变化并行动迅速的公司，已经走到了IBM的前面。甚至我会认为，有一天，与它从相同的角度去看这个市场的华为，也许会超过它。

的确，这就是残酷的现实，如三星，如IBM，究其根本还是犯了大企业病，整个组织太多层级与官僚，太过依赖于组织本身的核心能力，以及组织拥有的强大经验与技术，忽略了对于个体创造力的激发，以及个体价值的认知。我相信这两家公司，会比我们以更大的力量来调整，他们可能会有能力，在2016年让业务重新恢复过来。但是两年的下滑，不能不对我们提出一个警醒。

一次和女儿聊天，她将要开始硕士研究生的阶段，我们一起聊未来的工作和设想。她告诉我，她更倾向于去一个小一点的公司，而不是到一个大公司。我问她为什么。她说，因为小公司可以让你获得更多、更全面的训练机会，但是大公司可能仅仅是一个很窄的角色。当时，我还反对她的想法。

结果看到了福布斯中文网2015年7月25日刊发的一篇文章，作者是Natalie Robehmed。文章的题目是"为何大学毕业生成批涌向初创公司"，文中开篇介绍："如果问一批近年来毕业的大学生——他们目前在哪里工作的话，有相当一部分人会回答说'在一家初创公司工作'。'初创公司'曾经是一个指代小企业的行业术语，但现在却让人联想到一种令人兴奋的具有企业家精神的生活方式——越来越多受过高等教育的年轻人正在选择这种生活方式。"由此看来，我自己也需要调整自己的看法和视角，这就是女儿他们这一代人的选择和价值取向。

在作者的统计中，Y世代（Generation Y，又称为千禧世代，通常指20世纪80年代至2000年初期间出生的年轻人）中有47%在员工人数少于100人的公司工作。我曾经和一部分年轻人交流过，也认识一些被称之为连环创业者的人，这些年轻人特别强调在初创公司工作，或者设立初创公司，最令他们感到愉快的是，没有等级职位划分的层级结构，没有大系统的僵化与内耗，拥有很多让他们觉得自己可以贡献价值的感觉，并可以看到最终的结果。许多人表示，在初创公司里，能够非常迅速地学会涉及范围更广泛的一系列技能，而不是像大型企业那样被固化在一个狭窄的职位通道里。最重要的是，他们都希望自己能够产生影响，并做出贡献，这些影响和贡献能够得到及时的反馈。最后这一点，大公司里根本做不到。

这也许是如三星、IBM这样的大公司，在今天遭遇到下滑挑战的根本原因之所在。因为这些公司组织臃肿，层级复杂，条块划分，每一个新进员工，都需要一番艰苦的历练，才有机会表现自己的才华。这一切，让那些具有创新精神的新员工望而却步，但是如果一个企业得不到拥有创新精神的员工，也就是谷歌中的"Smart Creatives"这样的人，企业也就随之丧失了创造力。

（原载：春暖花开公众号，2015年10月26日）

如何提升管理水平和能力？
请先看看组织管理四大命题

正如《大数据时代》两位作者在引言中所说："大数据开启了一次重大的时代转型。就像望远镜让我们能够感受宇宙，显微镜让我们能够观测微生物一样，大数据正在改变我们的生活以及理解世界的方式，成为新发明和服务的源泉，而更多的改变正蓄势待发……"在今天，技术和各种行业的融合成为推进组织全局变革的必然因素。

人们对这个时代有各种各样的描述，在我看来，这个时代最令人激动，也最令人担心的是个体能力的崛起。我曾经非常向往埃及的亚历山大图书馆，因为公元前3世纪，托勒密二世为了收集到所有的书籍，准许船只靠岸，交换条件就是把船上的书带下来，准许抄写，不过人们发现取回来的是抄写本，原书被留在亚历山大。用这种方法，亚历山大图书馆丰富的知识储藏可以代表世界上所有的知识。而今，一个人可以拥有的数据信息，相当于亚历山大图书馆存储的数据总量的320倍。拥有如此信息量的个体，也就拥有了一切可能。

"高度的活力也许并不要求渗透到草根阶层，政府内外的精英人士也许足以催生实现理想的创新率所必需的活力。然而这种自上而下的方式还没有成功过，而且难度肯定会更大，因为它抛弃了焕发经济活力所需的最重要的资源：两个脑袋比一个脑袋好使，100万个有创造力的头脑肯定强于50万个或者25万个。"埃德蒙·菲尔普斯在《大繁荣》一书中阐述的虽然是对于国家经济发展的评价，但是从中也可以让我们看到，拥有创造力的个体对于社会产生的重大影响。今天个体所具有的一切改变，使得组织面对从未有过的挑战，这是事实，也是问题，因此如何寻找到新时代下的组织管理模式，就是本书要探讨的话题。

"组织如何管理"日益成为企业管理者面临的主要挑战，特别是传统企业和大企业。最令人紧张的是,我们所做的很多努力都是对的,管理者都理解企业所处的环境变化,都理解互联网时代的特点以及对组织管理的要求,都明白个体在今天所具备的不可想象的能力。但事实上,大部分企业看不到管理的效果,原因到底是什么?

在我看来是有关组织的设计和管理的假设不再符合时代。组织的设计和管理的假设决定了组织的行为,规定了组织能做什么,不能做什么;约束了组织中的个体能做什么,不能做什么;确定了组织认为什么结果才是有效的结果。这些假设也会影响到市场、顾客以及合作伙伴的价值观和行为,同样也会影响到公司能力的构成,以及优劣势的转换。概括地说,这些假设会确定组织管理的核心命题——价值创造、价值评价和价值分配的价值输出。

如何界定符合时代的组织设计和管理的假设,需要我们先来理解组织行为学的八个核心问题。在我主编的《组织行为学》一书中,围绕着这八大核心问题展开组织行为学的整体介绍,因为对于这八个核心问题的认识,恰恰可以梳理出组织设计与管理的假设来。这八个核心问题是:

(1)组织是为实现个人生存目标和组织目标而存在的。组织存在的关键是个人对组织的服务,即对组织的目标有所贡献的行为。

(2)组织里的人是公平而不是平等。

(3)必须正视组织生存的关键影响因素:①激励体制的有效性,相对于组织外在关系;②激励体制是否有能力确保组织的凝聚力、协作和组织成员对具体指令的服从。

(4)集体决策,个人负责。

(5)领导的关键是授权。

(6)组织结构更要依据责任而不是权力来设定。

(7)组织结构的局限性。

(8)组织不再是一个"封闭的系统"。

这八个核心问题是从组织行为学的视角来界定,可以帮助我们深入去理解组织作为一个整体的特征。如果需要更明确地运用到组织管理的实际活动中,我们会发现,组织管理本身需要解决自身的四个命题。

四大命题的界定

在不断学习和研究组织管理命题的过程中,我受益良多,正如在讲授组织行为学中所获得八个核心问题一样，组织管理的命题也是我一直关注和思考的内容。无论是从研究本身，还是不断去观察企业实践，我把组织管理命题归结为以下四个：

（1）组织存在的关键是个人对组织的服务，即对组织目标有所贡献的行为。

（2）我们常常集中精力考虑组织的问题，而忽略了组织中的个体。

（3）必须正视组织生存的关键影响因素。

（4）组织需要具有弹性能力。

很多时候，企业经营者会问我，到底什么是组织管理，怎样才可以提升组织管理的水平，如何才能提升组织管理的能力等等，如果要厘清这些问题并得到答案，那就需要从上述四个命题出发，组织管理就是要解决这四个问题，并确保有关这四个命题的回答能够推动组织实现目标并与时俱进。

（原载：春暖花开公众号，2015年10月29日）

你是否搞混了高层、中层、基层的职责

不同层级的管理者对企业的贡献不同：高层管理者对企业的成长和长期发展作出贡献，中层管理者对企业的稳定和效率作出贡献，而基层管理者对企业的成本、质量和短期效益作出贡献。相应地各个层级的管理者的职责也不同，只有每个层级的管理者做好分内的事，整个组织才能得到高效运作，公司的发展也会更加平稳、迅速！

企业在发展过程中有着三对必须面对的矛盾，计划管理通过建立目标的方法，使得三对矛盾统一协调起来。计划管理认为高层管理者需要对策略性（公司）的目标负责，这些策略性的目标包括公司长期的发展、投资回报以及市场占有率的增长。由此我们可以看到，高层管理者要对长期和变化负责，换个角度说公司是否有未来，是否能够不断地变化，取决于高层管理者。

计划管理认为中层管理者要对功能性目标负责，包括中期的发展、生产力水平以及人力资源的发展，由此我们知道中层管理者需要对企业的稳定和效率负责，也就是说公司是否具有高的效率，是否拥有合适的人才队伍，取决于中层管理者的水平。

计划管理认为基层管理者要对日常操作性的目标负责，包括短期的发展、工作安排（任务为主的）、销售定额、成本控制以及生产力标准。由此我们可以得出结论，基层管理者对短期发展和效益负责，也就是说公司是否具有盈利的能力，是否可以降低成本、保证质量，取决于基层管理者的能力和水平。

为什么很多企业平衡不了长期与短期、变化与稳定、效率和效益的关系，主要原因就是没有发挥计划管理的职能，而是让高层管理者负担所有的责任，无论是成本的问题、质量的问题、盈利的问题，还是人力资源管理的问题、效率的问题，统统都归为管理者的责任，并没有清楚地划分不同的管理者承担不同的责任和目标。我们甚至犯了一个极其大的错误但并不自知，这个错误就是：我们高层管理者做着中层管理者甚至基层管理者的事情，不断地为成本、品质和效率花费精力，他们并没有去促动变化、关注投资回报以及企业的未来，这就是中国目前的管理状态。

我经常和很多高层管理者甚至是企业老板沟通，但是很多时候我被问到的话题是管理效率和人力资源的问题，甚至还会探讨组织内耗的问题。其实企业是否能够培养人，发挥人力资源管理的效用，保持企业的稳定，需要中层管理者的努力和付出，可以更直接地理解为人力资源工作应该是所有中层管理者的职责，而不是人力资源部门的职责，人力资源部门的职责是业务分工，而培养人和选拔人的工作是中层管理者自身的工作。关于人的这个部分，也就是人力资源的管理，不是由人力资源部做的，是由企业整个中层管理者做的。

为什么人力资源的工作是中层管理者负责而不是高层管理者负责？因为只有中层管理者才会面对企业所有的员工，高层管理者能够接触的员工很有限，只有中层才会广泛地面对所有的员工，而人力资源管理主要职能就是发挥所有人的能力，培养人和任用人。同时，如果中层管理者能够培养很多人，可以肯定这个公司是稳定的，所以，中层管理者最重要的贡献就是公司的稳定和效率。

同样的情况也表现在质量、成本定额完成的情况中，当我们出现品质不行、成本失控、定额不能完成的情况，肯定是基层管理者有问题，要么就是基层管理者能力不够，要么就是基层管理者的精力不够，所以我们需要在这个时候，关注基层管理者的培养和提升。但是在日常管理中，这里问题最多，很多时候质量的问题都是由高层提出，成本的要求和标准也是公司高层管理者提出。公司会把成本和质量作为重要的管理内容，这一点并没有错误，错误在于作为公司最重要的管理工作——成本和质量控制，必须是由基层管理者来承担，而不是由高层管理者来承担，因为高层管理者在这两个问题上无能为力，无论高层管理者多有能力，但是决定质量和成本的是基层管理者，只有让基层管理者自己关注到这两个问题，并愿意为此付出努力，成本和质量才可以得到控制。

但是在现实管理中，我看到的情形刚好相反，具有成本和质量意识的往往是高层管理者，而基层管理者反而没有成本和质量的意识。我就看到过这样一个有趣的现象，一次与一家企业老板聊天，他给我看几页纸，我很有感慨，因为老板用废纸打印出来给我，并告诉我反面的文件没有用了，这样可以节约用纸，我很欣赏这个老板的做法。到了下午，恰巧我需要打印一些文件给这个老板看，需要他的秘书帮助打字并打印出来，结果我看到相反的现象，秘书是一个每天都要打字和打印的人，但是我看到她只要打错一点，就会把整张纸废掉，重新拿出一张新的纸打印。我惊讶于这个现象，一个很少自己打印的老板非常珍惜每一张纸，一个每天都要打印的人却毫不珍惜纸张。

因此，问题的关键是有关成本、质量的管理一定要基层管理者承担起来，否则不管公司多么强调，不管高层管理者如何身体力行，效果都不会太好，只要基层管理者发挥作用，成本和质量一定能够控制。所以作为一个高层的管理者，虽然很注重成本和质量，但是没有直接的意义，因为高层管理者对于成本和质量没有直接贡献，对成本和质量有直接贡献的是基层管理者，所以必须培养基层管理者具备成本和质量的意识，如果发现成本失控，品质不够，利润无法完成，一定是基层管理者不合格。

高层管理者对企业的成长和长期发展作出贡献，中层管理者对企业的稳定和效率作出贡献，而基层管理者对企业的成本、质量和短期效益作出贡献。当所有的管理者都能够作出贡献的时候，企业发展的三对矛盾就得以统一协调，企业就可以获得稳定持续的成长，这就是计划管理的好处。

我经常和学生们讲，不要晋升得太快，一旦晋升到总裁的位置，就很危险了，因为"总裁，就是总是可以被裁掉的人"。这虽然是一句开玩笑的话，但是的确讲了一个道理，总裁总是可以被裁掉的，因为总裁对短期盈利没有直接的贡献，因此可以被裁掉。正向的理解就是，我们需要给予基层管理者足够的重视，因为基层管理者决定我们的质量、成本和盈利。

计划管理职能的发挥是极其重要的，在实际运用中，高层、中层、基层管理者的职责不能互相替代，更加不能让高层管理者承担所有的职责。表面上看，承担所有职责的高层管理者非常负责，事实上这是对企业的伤害。我们最容易犯的错误就是高层管理人员承担着所有目标的达成：成本、培养、人才、质量、管理效率等，导致的结果是中层管理人员和基层管理人员变成了员工，拿的是中层和基层管理者的工资，做着员工的事情，而在这种情况下中层和基层管理人员也觉得很郁闷，他们没什么成就感，好像什么都没做，真是得不偿失。

（原载：春暖花开公众号，2015年11月17日）

走进GE无边界组织：
互联时代企业如何运行

我们身处在一个变革的时代。互联网带来的个体价值崛起和市场快速变化，让工业时代的管理备感乏力。"组织如何管理"日益成为企业管理者面临的主要挑战，特别是传统企业和大企业。

而最令人紧张的是，管理者都理解企业所处的环境变化，都理解互联网时代的特点以及对组织管理的要求，都明白个体在今天所具备的不可想象的能力，我们所做的很多努力都是对的。但是，大部分企业看不到管理的效果，原因到底是什么？

在我看来是有关组织的设计和管理的假设不再符合时代。

伴随着手机、笔记本电脑、黑莓、iPad、FaceTime、微信等硬件与软件混合起来产生的无穷应用，管理者们似乎处在一种随时处置公司事务的状态，实时的协调越来越多地取代固定套路的安排，组织生存也从以往的近似稳定均衡变为有限度的动荡或者混沌状态。在这样的一个时代，知识和信息是个人和整个经济的主要资源，土地、劳动力和资本等经济学家认定的生产要素还在起作用，但已经不再是核心要素。因为拥有知识的人，以及互联网的技术，让这些传统的生产要素可以移动和聚合。因此，组织如何创造价值的关键，并不在于组织本身，而是在其中每一个个体的创造力如何被激发与有效协同。

事实上，如何让更多人有机会发挥出他们本就隐含的天赋才能，和因艰苦卓绝后所拥有的才华，是摆在所有管理者面前的一个关键问题。组织中的个体对于创造的渴望以及无边界的创新能力，让管理学者和实践者们不得不反思：组织管理到底需要如何转变，才可以激发个体和组织的效率？

通用电气第一个认识到，基于边界的传统管理方法具有抑制作用，会抑制组织整合资源的能力。于是，他们首创了"无边界组织"这一管理方法。让我们简短回顾一下那段历史：

杰克·韦尔奇被誉为全球第一CEO，从1981年入主GE开始，韦尔奇用20年的时间，使GE的市值增长了30多倍，达到4500亿美元，排名从世界第十位上升到第二位。事实上，韦尔奇入主GE时，公司的状况并不差，但在韦尔奇看来，当时的GE机构臃肿，管理层级复杂，灵活性低，僵化的官僚体制使员工习惯于以往的成就，循规蹈矩，缺乏创新，看不到未来的危机，离他想象的"迅速而灵活，能够在风口浪尖之上及时转向的公司"相差太远。

自1990年以来，杰克·韦尔奇就一直把"无边界组织"挂在嘴上，并最终把通用电气打造成为无边界组织的领导者。其后的事实也进一步表明，那些无边界的组织，以及那些为了变得无边界而努力的组织，已经增大了它们在互联网时代获得成功的可能性。

如今，变化的速度已经加快。然而在新的环境中，人类的基本能力并没有改变。人的大脑没有变得更大，大到能够装下基于互联网的信息海洋，人类进行对话的能力，也并没有随着可以提供全天候支持的科技而增强。与此同时，尽管各个公司之间的联系变得越来越紧密，它们却又同时陷入了一场史无前例的人才争夺战中，因为人力资本正在成为这个星球上最为稀缺的一种资源。伊丽莎白·拉威尔在其《利用群体智慧》一文中说："无论公司是否喜欢这一点，它们都是一个生态系统的一部分。而且，除非公司承认自己与其他'物种'——包括顾客、供应商、合作伙伴、NGO、创业公司、大学以及学术机构——是互相依存的，否则将越来越难以存活。"处在这样一个时代，企业需要获取整体的力量，需要能够集合更多人的智慧，无疑需要开放、整合创新的管理范式，这一范式使企业更加柔性，并可与环境做出协同，使企业能够组合到新的成本结构、不同的价值创造并拥有足够的灵活性。在《美国管理学会学报》近期的一篇编辑寄语中，来自业界和学界的几位作者共同探讨了组织目的与意义，作者们认为，商业组织不仅制造产品，提供服务，也培育人——员工受到工作环境和组织文化的熏陶。他们提出了促成组织实现其目的与意义的六项关键价值观：尊重个体，团结协作，包容多样性，适度分权，互惠互信，可持续性。其中排在首位的正是对个体的尊重。尽管梅奥在80多年前的霍桑实验和《工业文明中人的问题》中就提出了"人际关系理论"并主张不能将人仅仅当作工具而应该将其视为社会系统的有机组成部分。然而，时至今日，学界和实业界均未能将个体作为"完整的人"纳入组织中。

我还记得早年阅读《无边界组织》时这本书给我的启发，四位作者在研究并亲身参与通用电气如何推动打造无边界组织的实践与研究中，提出了有关"无边界组织"的概念。今天再次阅读此书,放在互联网的背景下,显得更加有意义,而此书的目的,是让"无边界组织"不仅仅作为一个概念,而成为一种思维方式,以及一套方法论,让管理者能够根据自身的情况来利用它们。

谷歌就是一个好的例子。谷歌董事局执行主席Schmidt和主管产品的前高级副主席Rosenberg在他们的新书 *How Google Works* 中认为,未来组织的关键职能,就是让一群Smart Creatives聚在一起,快速地感知客户需求,愉快地、充满创造力地开发产品、提供服务。什么样的人是Smart Creatives?简而言之,Smart Creatives不要你管,只要你营造氛围。所以传统的管理理念不适用这群人,甚至适得其反。你不能告诉他们如何思考,只能营造思考的环境。给他们命令不但会压抑他们的天性,也会引起他们的反感,甚至把他们赶走。这群人需要互动、透明、平等。作者反复强调,凡是不受法律或者监管约束的信息,谷歌都倾向于全部开放给员工,包括核心业务和表现。谷歌采用的就是这样一种模式,优秀人才自然慕名而来,这也让谷歌保持了非常好的创新能力和领先的行业地位。

我很钦佩这些优秀的企业,能够不断应变化选择适合的组织管理模式,正如书中的通用电气和嘉信理财,以及现在的谷歌,它们不断调整自己,不断寻找与变化共舞甚至超越变化的能力。透过这本书以及这些与变化共舞的公司的实践,不难得出结论:组织不能再选择通过建立组织壁垒的方式获得成功,而是更需要形成开放与合作的组织结构,让外界容易纳入,或者让自己的组织更具弹性。如何做到这一点,《无边界组织》可以给你以帮助。

(原载:春暖花开公众号,2016年2月23日)

张瑞敏经典问答：如何让石头浮起来

对很多中国企业来说，"流程再造"的过程是一个纯粹实施和执行"西方标准"的过程。随着互联网和计算机系统软件的发展，企业资源管理随之产生。由于发达国家制定的管理流程已经得到了很多世界卓越企业的验证；对绝大多数中国企业来说，模仿是一个必然。然而，这个流程再造的过程，依靠纯粹的模仿已经导致了很多中国企业在流程管理上的失败。有些企业付出重金实施世界上最好的ERP软件而效果却令人失望，这使很多企业领导者望而却步，感觉到是一种冒险。

从张瑞敏在集团中层干部会上提出业务流程再造这个新概念开始，海尔集团开始了一场"再造一个新海尔"的革命。"石头怎样才能在水上漂起来？"张瑞敏向中层干部们提出了这样一个像是脑筋急转弯的问题。熟悉《孙子兵法》的张瑞敏以"激水之疾，至于漂石者，势也"解释速度决定了石头能否漂起来。网络时代，速度是决定企业能否跃上下一高峰的关键。张瑞敏以此说明了海尔进行企业业务流程再造的必要。

海尔如何做？我们发现海尔实行流程再造并没有强调一步到位的基于计算机软件系统的流程，也从不套用那些繁冗复杂的"翻译"词汇，而是非常注重企业管理层与企业员工对流程再造的概念推广。换句话说，国内很多供应链管理和BPR实施咨询师有时还需要借助和应用海尔管理层的对"流程再造"的"通俗"解释；对中国企业来说，海尔在实施流程再造时诞生的各种典故和宣传语最能让普通员工理解"流程再造"的概念。

"给杨贵妃送荔枝"，引入流程导向中注重过程效率，流程是以时间为尺度来运行的。

整个海尔现在是在一个闭环的系统上，从市场上获得的订单信息在系统上流动——海尔力求在每个环节都实现围绕订单服务。从采购原材料到产品卖到用户手中，整个过程都是一种买卖关系：用负债的方式把上一环节的订单买来，再卖给自己的下一个环节，投入的数量和产出的数量必须吻合。只有当产品卖出去，得到用户用钱签的字才能得到报酬。海尔将这种"投入产出一致"的模式戏称为"给杨贵妃送荔枝"，也就是"一票到底"。不管行程有多远，歇马不歇人，必须将"荔枝（产品）"完好无损地送到"杨贵妃（用户）"手中。

"零基目标"与"O2"牌剪刀，引入流程导向中的绩效目标考核，削减职能管理上的控制作用。

剪刀有两个刃，分别代表"零基目标"和"发展目标"，称它为"O2"牌剪刀。海尔每个人每个岗位都定出了"零基目标"：质量零缺陷、交货期零延误、产品零库存、与用户零距离、零营运资本、零冗员。哪个环节出了问题，就要把问题"买断"，然后解决。他们追求的目标是，不管是意识到还是未意识到的，所有问题都是不该发生的，都应该是零。甚至原来不认为是问题的问题，也被"剪"掉了。

"SBU"，即策略事业单位，实施流程导向中的信息传递要求，追求组织简单化和高效化。

海尔管理层给了员工非常丰富的解释：在传统的金字塔式的组织结构中，企业部门和部门间，员工和员工间存在着职能关系的壁垒。每一道壁垒就是一堵墙，其内部信息呈垂直流动，而不是水平流动。员工或下属有问题找上级，上级再找上级，然后做出决策再一级级向下传达。这样的职能导向管理方式已经不能适应越来越激烈的市场竞争——应让每个员工直接面对市场；将过去上下职能式的直线管理模式，变为以市场链为纽带的扁平化管理体系。在这个链条中，每个人，每个工位都面对有价值的订单（市场）来运转。员工由被管理对象变成经营者，因此，在海尔每一名员工都被称为"经理"。

"型号经理制"，实施流程导向中全流程的绩效表现取代个别部门或个别活动的绩效。

配料经理、发货经理、客户经理、产品经理……在海尔，每个岗位的员工都被称为"经理"，都干着"经理"的活——自主经营，自负盈亏。过去，设计人员把产品设计出来，就算完成任务，就可以拿工资奖金，但现在不行了，必须让产品在市场上销售，获得利润，才能证明这个产品有价值，设计人员才能有收益。流程再造把海尔变成了一个开放系统，"型号经理"可以在海尔这个开放的平台上整合用户资源、人力资源，输入的是用户的抱怨，输出的是用户的满意。到2015年，海尔累积申请或授权的专利超过20000项，平均每3个海尔人就创造了1项专利。仅公司最畅销的一款冰箱，就有56项专利。

"人人都有一个市场，人人都面对一个市场"，海尔实施流程导向中激励各成员共同追求流程的绩效，重视顾客需求的价值。

海尔管理层试图向员工传递，再造整个流程旋转的主动力已不再是过去的行政指令，而是相互间平等的买卖关系、服务关系和契约关系。通过这些关系把外部市场订单转变成一系列内部的市场订单，形成以订单为中心、上下工序和岗位之间相互咬合、自行调节运行的业务链。每个流程、每道工序、每个人的收入来自于自己服务的市场和对象。服务有效，按合同索酬；服务无效或效果不好，对方可以索赔。这样做的结果，就使企业的每一个人都有了自己的顾客，每一个人都与市场保持零距离。

从职能到流程，先锋企业管理层对"转变员工观念"尤其重视，他们并不是通过文化潜移默化影响员工的工作和管理，毕竟创造一种新的文化再执行这种文化，其过程显得复杂而缓慢。先锋企业通过让员工理解概念，激励每个员工参与流程再造，重视员工的建议等来完成这个艰巨的管理方式的改变。

（原载：春暖花开公众号，2016年3月31日）

重新理解组织管理的核心命题

组织管理的核心命题是：价值创造，价值评价与价值分配。有关这个核心命题，每一个学习过组织管理的人，是非常清晰的。但是为什么，在实践过程中，价值评价很难把价值创造与价值分配很好地协同起来，而互联时代的到来，这个问题显得更加突出。我从几个角度与大家一起来探讨这个话题。

事实：一个人拥有的信息量是亚历山大图书馆存储数据总量的320倍

我特别喜欢埃及的亚历山大图书馆，亚历山大图书馆建于公元前259年，它当初建立时最重要的目的是要把全世界的书都收进来，建亚历山大图书馆唯一的目的就是"收集全世界的书"，实现"世界知识总汇"的梦想。亚历山大图书馆在整个地中海世界，传播文明长达200～800年。我为什么说这个呢？今天为什么你要特别尊重每一个个体呢？因为，现在一个人拥有的信息量相当于亚历山大图书馆存储数据总量的320倍，这是你必须要特别关注的事实。

一、故事：励志阳光知足远行

接下来，跟大家分享一个故事，在送教四川大凉山的阳光希望小学过程中，我们记录到这个小女孩，当时凉山早晨的温度为5°左右，她上身穿棉服，脚下拖凉鞋，要走五六里的山路去上学。相反，城里孩子，他们的鞋子多得穿不完，通常一次换季就要丢弃一部分八九成新的鞋子。这件事给了大家很深的触动，所以大家决定解决山区孩子们穿鞋的问题。

励志阳光决定利用Superfit以旧换新的平台，传播保护环境、资源利用的理念，与Superfit的公司一起做了一个以旧鞋换新鞋的项目，称之为"知足远行"，就是把城里孩子们的鞋修整翻新后送给山区的孩子。Superfit资源互动的平台，聘用残疾人士，让其感受到在社会上的存在感和责任感。他们每修好一双鞋子，可以拿到10元。这样的平台，通过聘用残疾人，将旧鞋清理好并送给山区的孩子，让伤残人士感受他们也是社会上的一支力量，他们的劳动能励志自己，更能回馈社会……一起完成这份美好的事情，这样就会有更多的人参与进来，当大家都参与进来以后，每个人都感受到这件事情的美好，现在这个项目做得越来越好。

励志阳光已经形成了这样一种商业模式来推进这件公益性质的项目，这个商业模式最重要的是什么？把组织的边界给打开，把品牌童鞋公司、残障人士、城市的孩子、山区的孩子这几个环完全叠加，这样就开始有机会源源不断地送鞋子到山区。通过这个故事，我们可以了解到，假如一个人或者几个人来做这件事，这件事很难做成，但是如果把它放到一个组织去做，你会发现这件事很容易做成。

二、目标：人与组织

我希望大家明白组织是一个整体，组织有一个强大的力量，这个强大的力量就是它可以超越任何个体，创造一个个体完全不可能创造的价值，组织最厉害的就是让本不能胜任的人胜任，如果把这个项目拆开，每个人都会变得不胜任，可是当把它组合成一个组织平台的时候，所有人都会变得胜任。所以相对于目标而言，人与组织是一个永恒的话题。

但问题在于，我们怎样让一个强大的组织变得非常有价值呢？在管理当中最核心的问题是什么？是人组合到组织之后，如何实现组织目标。在开展组织行为学教学的时候，我们脑海中一定要清楚地知道人和组织的关系问题，那么这个关系到底由什么来决定呢？是由目标来决定、由目标来做评价。我们谈组织定义的时候，要坚守一个明确的观点，即组织为目标存在，人在其中起什么作用？如何发挥人的作用？这是我们要关注的问题。

也正是要理解人在其中起的作用，所以就要特别关注今天个体的能力、需求以及变化。

三、时代：互联与共享

为什么互联时代对组织管理的挑战这么大？原因在于互联时代的特点跟以往任何时代的特点都不相同，其中是人的不同。

社会：农业——工业——信息
人：体能——知识——创意
员工：劳工——雇员——伙伴
组织：直线——层级——网状

从社会层面上来讲，由农业社会到工业社会再到信息社会，社会属性的内涵变了；从人的层面讲，从农业社会到工业社会，人的体能的重要性被知识取代，现在创意又显得更加重要；从员工的层面讲，由最初的劳工关系转变为雇员关系，现在只能称为合作伙伴；从组织的层面讲，组织结构由原来的直线型到层级型，今天组织需要是网状型。

这就是为什么我们现在谈到组织管理时要有很大的变化，原因在于社会、人、员工、组织这些时代要素的核心内涵其实全变了，当这些东西都变的时候，我们对人的理解、对组织的理解都要有新的诠释，这是需要大家着重关注的地方。

四、问题：组织如何管理

在组织管理当中，最核心的命题是：价值创造、价值评价、价值分配也同样需要全新的理解。有些企业做得很好，主要在于它可以让真正创造价值的人得到价值分配，我们可以发现只要在组织的价值创造与价值分配之间有一个公正的价值评价，这个企业的组织管理都是很简单的。反之，如果价值评价无法反映价值创造与价值分配之间的公正性，这个企业的组织管理一定是很复杂的。所以组织管理最终都要围绕这个核心命题去做，也就引发出以下几个问题：

我们为什么要研究一个组织？

管理良好的组织，对达到目标来说是有利的工具；它并不束缚成员。

重要的是如何扩展人的理性，而不是把组织看作非人化的官僚组织。

经典理论很重视组织中的秩序而忽视人的情感。

我们可以回顾一下组织理论演变的过程。叔本华的"自由意志"是告诉人们，人内在的自由意志所追求的满足是永无止境，这意味着要理解人的欲望的无穷尽。拥有自由意志的人，如何能够成为一个管理自己欲望的人，巴纳德提出来"自律行为"理论，在巴纳德看来，"尽管个人行为受'内在心理因素'，如自由意志等支配；然而，个人心理的形成，取决于个人的经历，进而取决于现实的环境，以及相关外部环境因素。因此，可以认定个人行为本质上是有节制的，是一种在'责任'与'能力'基础上的自律行为"。正是因为人能够为了现实环境约束自己的行为,巴纳德很强调在责任和能力基础上的自律,因为在这个基础上,人们才可以协调彼此的行为,组织才能够出现。

从"协同行为"到"协同体系",可以让更多人的能力集合在一起,去实现单个人不能实现的目标。在这个体系中,每个人都具有各自的动机和目的,这必然给多数人之间的"协同"造成困难,因此协同体系成立的内含条件是,能否依靠协同体系本身去克服多样性的个体动机与行为所带来的障碍。这就意味着各种"社会因素",比如行为规则、共同价值观与文化,将伴随协同体系的形成而产生。

再进一步演化,从"协同体系"演化成为"正式组织",组织就是由人的行为构成的协同体系。组织存在有三个必要条件:每个人愿意作出贡献;有共同的目标;彼此能够互相进行信息交流。

上面回顾组织理论的演变过程,是请大家能够理解,组织的存在取决于"协同—贡献—交换—分配"过程的统一,以及四者之间的内在均衡。组织能否保持可持续,则取决于成员是否有意愿持续地为组织作贡献。但是,依照上面演变过程的理解,组织成员能否持续作贡献,取决于贡献与满足之间的对等交换,即个人与组织的交换,即价值的分配过程。

所以我们才要进一步关注组织的核心命题:价值创造、价值评价和价值分配。在这个过程当中,组织会非常在意成员的价值创造,而成员则非常在意价值分配。所以我们应该搞清楚价值创造的源泉是什么?价值创造的关键是什么?价值创造的关键行为是什么?关键绩效有哪些?同时我们还要注意价值评价与价值分配。

大家都知道华为每年为员工分很多钱,我看到一个资料说2015年华为为员工福利总投入1008亿,我不知道这个数字是否真实,但是华为是公认的员工属于高收入的企业。但是大家还需要了解,在华为,除了金钱外,名誉、地位也给得很好,例如管理人员的"蓝血十杰",研发人员的"名人堂"等等,每一个细分领域都会给很高的荣誉,这些都是价值分配,而不仅仅是钱。也正是因为这种分配,华为才有今天源源不断的创造力,以促动未来的增长和发展。

五、结束语:创造共享价值的平台

我在《激活个体》一书中阐述了管理新范式的观点,这是一种基于共享价值为基础的范式,在这种新的范式中,有关个体价值的创造会成为核心,如何设立并创造共享价值的平台,让组织拥有开放的属性,能为个体营造创新氛围则成为基本命题。

(原载:春暖花开公众号,2016年10月24日)

组织因目标而存在

了解和关注组织是每一个人必须掌握的知识，尤其是管理者。我之所以这样认为，是因为大多数在组织里工作的人们并不理解什么是组织。

这样导致的结果是：很多在组织里的人并不开心，更多的人认为他们被组织抹杀掉。查尔斯·汉迪说："在我看来，有时候组织会成为禁锢人们灵魂的监狱。我自己在组织中工作时常常会有这种体验。"这位被称为组织管理大师的人这样来描述组织，也让我们了解到组织和个人有着极其微妙的关系，如果我们不能够很好地管理组织，那么对于个人来说是极其痛苦的事情。

在我看来：组织的存在是为了实现目标，组织管理的存在是为了提升效率。

组织既有人的因素也有资源的因素，但是能够把人们联结在一个系统中的关键因素却是目标。有些人认为人们之所以集合在一起是因为利益，也有些人认为人们集合在一起是因为共同的理念，也许这两个因素都成立，但这不是真正集合人群的因素，只有共同的目标追求，才会把人们联结在一起。

不同的目标设计就会导致不同的人群聚集在一起，也决定了人们不同的行为选择和价值判断，因此目标决定组织存在的意义。（巴纳德关于组织理论的探讨，至今几乎没有人能超越，西方管理学界称他是现代管理理论的奠基人。他首先提出一套有关在正式组织中合作行为的综合理论。组织能否发挥效用，取决于组织本身能否带动组织成员一致性的行为。）

正因为此，在组织的理解中，对于目标的正确认识就非常重要了。组织的目标应该明确而且单纯，特别要强调的是时间，在一定时间内，只有单纯的组织目标才能够有效地被实现。

对于组织目标而言，时间概念尤为重要。记得有一次在上《组织行为学》课程的时候，一个身处高管职位的学生问我："追求技术领先是否是企业的目标？"这让我很惊讶。其实对于企业组织而言，它的目标非常简单：持续的获利能力。

一般认为，合理的战略始于确立正确的目标。而我可以套用迈克尔·波特的观点：能支持合理战略的唯一目标就是超强持续的盈利能力。如果你的公司不是从这个目标出发而是直接奔向这个目标，那么，公司很快就会被引到摧毁战略的歧路上。

让我们来看看，如果公司的目标是为顾客创造价值、获得盈利之外的任何东西，譬如这个目标只是将公司做大，或者是成为技术领导者，那都会使公司陷入麻烦之中。因为这些时候，你为了追求这些看似正确的企业目标，投入了所有的资源，但换回来的可能是失去企业持续获利的能力。

这里其实是一个因果关系，企业组织因为超强的持续获利能力而获得了技术领先以及规模，千万不能够反过来把因果倒置，当企业追求大、追求技术领先、追求快速成长的时候，必须记得这些不是组织的目标，这些只是过程中的一个个环节，是一个个结果，但不是目标。分析一家企业成功或者失败的时候，可以找出很多原因来。不过如果你愿意好好思考一下组织目标存在的问题，或许答案会简单很多。

我可以用另外一个现象来对比说明，人也是一个组织，当然也同样要求每一个人的目标必须明确而且单纯。但是对于所有因为腐败问题而葬送了一生的人来说，错误的根源也是目标不够单纯而明确，当你决定承担公共社会责任的时候，就不应该再把经济利益作为自己追求的目标，如果存有经济利益的目标，犯错误就不可避免。

企业组织也是一样，因此企业需要在不同的时期，使得自己的目标明确并且单纯，只有这样企业才能够不至于因为目标的混淆或者多个目标的选择而耗费了资源。

（原载：春暖花开公众号，2016年12月12日）

企业管理就是简化、简化、再简化

我不是一个反对体系建设的人，但是对于过度地关注体系建设而不关注解决问题，让管理复杂化的安排我是持反对意见的。以对中国企业观察的结果看，这些企业并不是缺少管理反而是管理太多；不是体系建设不足，而是系统能力不足；不是员工执行力不行，而是管理指令太多无法执行。这些问题的存在都是源于一个根本的原因：企业的管理太复杂，组织层级复杂、薪酬体系复杂、考核复杂、分工复杂，甚至连企业文化都很复杂。在这样一个复杂的、权责不清晰的管理状态下，如何能够提高效率来面对变化呢？

我自己一直希望企业能够把管理尽可能地简单化，为此还专门写了一本书《管理的常识》。很多时候我们没有发挥管理的效能，是因为管理者把管理做得太复杂，事实上并不需要这样复杂，只要围绕着顾客需要的价值来进行运营和管理，就如德鲁克先生所言：管理就是两件事，降低成本、提高效率。

管理并不需要像很多管理者做得那样轰轰烈烈。我曾经有幸到一家公司出任总裁，能够吸引我到这家公司任职的动因是这家公司对于饲料行业生产方式的认识，因为他们知道应该如何为养殖户生产饲料。

六和公司就在行业一片迅猛发展、赢利高涨的时候，提出了"微利经营"的战略原则，并强行推动，公司要求所有的饲料场月月检讨，人人督促。"微利经营"战略主要体现在帮助养殖户提升养殖效率的同时降低饲料价格。刚刚开始的时候，很多经理人不理解，为什么到手的利润总公司硬是不让赚，谁赚多了谁挨骂。潍坊分公司的一位经理，原本是老板唐芝先生的同学，因利润高了被痛训一顿，心中想不开："赚钱是商人的本分，多了还有错？""经理人替股东把到手的钱捡起来还有错？""为什么有钱不赚？"这位经理摇着头流下了泪。

为了进一步表明微利经营的必要性和紧迫性，董事长唐芝先生在经理人员大会上说：六和公司五年前进了五大步，公司建了若干新厂，买了大车，但看看养殖户的情况，追随六和公司五年的忠实客户，有多少因与六和同舟共济而发达的？养殖业环节是农民兄弟在持盘，但行业利润多分布在了药业、料业、食品业、育种业，农民得到的太少了，长此以往，养殖环节将因孱弱、无利而倒掉，而整个行业也难以存活和发展。均衡价值链上的利润，微利经营的思路越来越清晰，越来越被经理人和业内人们所认识。

因为六和运用了微利经营的战略，找到了最适合的简单的生产方式，所以获得了丰厚的市场回报。

其一，十多年来，六和公司的饲料产量从10多万吨发展到了现在的年产千万吨，整个市场有了巨大的发展。

其二，微利经营使六和公司苦练了内功，摒弃了高利润下的浮躁，即使到了行业利润平均只有千分之三甚至千分之二，许多投资者开始退出的时候，六和公司仍乐此不疲地大步向前。

其三，也是最重要的，微利经营让六和人始终不忘企业植根于养殖业，植根于同行，植根于农民百姓，善以做人，实在做事，企业和养殖农民实际上是一本经营账，消长与共。正如六和创始人之一效成先生所言："价廉物美，千古商规。同样的商品卖便宜一些，同样的价格把品质做好一点，经营再无难。"

简化还来自于促进企业的合作与信息交流。面对这样巨大的压力和挑战，一个企业是无法独立承受的，这需要企业能够与其他企业达成合作和交流，能够把握住变化的信息，能够借助于价值链的力量来获得成长的机会。因为企业间的合作和信息交流可以获得最重要的能力：快速的市场反应。

成功的快速反应是指企业通过与利益共同体的合作，准确把握来自顾客的所需价值，以低成本高速度满足市场和顾客的需求。20世纪90年代戴尔是成功快速反应的代表：要让分布在全球的供货商、生产基地，能够实时分享信息、了解彼此供需、适时相互支持。为了在最短时间内完成顾客订制化要求，就必须发挥材料管理的最大效率。

同样的情形出现在今天的苹果公司，苹果可以获得如此巨大的成功，一方面源于自己对于产品和顾客的理解，另一方面得益于合作的伙伴。当数以万计的开发企业协同在苹果的平台上，共同分享顾客的信息，共同满足顾客的需求，共同提供全新的顾客体验的时候，苹果也就成为这个巨变时代的领导者。

而最具示范作用的是沃尔玛公司，沃尔玛所形成的竞争力来源于被其命名的"高效消费者回应"，沃尔玛要求自己做到对于消费者的高效回应，为此沃尔玛展开了一系列的企业合作和信息交流。沃尔玛关注每一天顾客消费的需求，把这些信息分享到所有的供应商中是其取得成功的"快速反应"的首要因素。

沃尔玛把顾客选择作为尤其重要的事情对待：精心界定每一天顾客的购买信息，更重要的是把这些信息提供给供应链战略的客户。沃尔玛随时和供应商一起来满足顾客的需求，通过销售信息与供应商的直接联系，使得所有的供应商与沃尔玛一起高效地为顾客服务，从而获得持续的、强有力的竞争地位。

（原载：春暖花开公众号，2016年12月28日）

信息共享
可以更好地激活组织活力

我自己曾经是一位首席执行官,让我感受最深的是,我的同事们更希望直接与我沟通,而不是通过正式的组织渠道来获取信息。当我与年轻人在一起的时候,他们会强烈地表达,有希望直接见到我的愿望,因为在他们看来,这样直接的面对面沟通,会更能够让他们展示自己的才能,也更能够明确公司的战略和方向。但是,我遇到的困难是,公司拥有6万多名员工,如何让大家能够保持沟通,成为一个重要的话题。

按照原有的组织管理习惯,一定是按照层级以及组织信息传播的方式进行沟通,而今天成员要求打破组织的壁垒,要求彼此之间有机会"保持接触",要求能够直接对话,很多公司便设计开放式办公场所,有的公司还会开放所有会议,只要成员需要,就可以参加会议,这样的安排,让大家充满激情。因为信息对称本身,也是激励本身,人们会因为拥有对称的信息,感受到安全以及被信任,因此也可以激发大家的积极性。

在一个组织中,人们总是关注信任关系的建立,而建立信任关系的感知,就是是否可以获得对称的信息,是否可以建立一种平等、亲切的沟通氛围和组织形态。我一直欣赏那些拥有亲密无间合作关系的团队,并不是因为团队成员之间的一致性,而是因为团队成员可以开诚布公地交换信息,这种交换本身带来了彼此的信任,并协同彼此完成很多在个人看来无法完成的任务。

在我们的身边,你很容易看到这样的组织,这些组织最大的特点是充满活力,每个成员都在贡献各自的价值,大家在一起共同探讨如何展现各自的能力、天赋和资源,我也曾经在这样的组织当中,只为了去感受用平台属性去打造组织的魅力。

有一次,我和三位朋友在南京,因为一个特殊的机缘组合在一起,然后我们决定一起去创造一个"梦想空间",当我们把这个理念转化为一个组织平台设计的时候,在短短的两天时间里,就有超过40人申请加入,大家欢快地贡献着彼此的智慧、资源和能力,以一个极快的速度组合着成长的要素,每个人把各自的信息交流到这个平台上,让一些事情变得容易起来。现在这个小小的空间,正在按照每个人的梦想组合,我们很快可以看到"梦想空间"变成现实。

在内心深处,每个人都渴望获得对称的信息,都希望可以真正分享到组织内部的一切,进行坦诚的交流。传统的组织,为了确保组织目标以及资源的稀缺性得以有效使用,所以信息交流本身就被赋予了权限,也因为层级设计的缘故,成员也无法真正做到平等地沟通、对称地交流。

互联网是经济与生活变化的主要驱动力,它在改变人们生活的同时,也重塑了社会与组织。互联网还在继续发展,它已经切切实实地改变了人们的生活和工作方式,最大的改变是组织中的个体生存方式发生了根本改变,因为通过文件共享、博客、微信、社交网络等大量的协同信息,使创造力得到进一步提升,让个体显现出更加独特的价值能力。如果可以让人们拥有对称的信息,创造力的释放将会带来不可想象的空间。

宝洁公司利用外部科学网络在公司外部产生了35%的新产品,三年前这一数值还是20%,这使每一位研发人员的销售量增长了40%。通过在线的通力合作,世界各地的程序员自愿合作参与的源代码开发项目已经超过10万个,比如Linux,传统软件因此受到挑战。拥有上万个活跃用户的阿里巴巴,相比零售商店,已经创造了"自助"的模式。这些奇迹几乎每一时刻都在诞生,你看到身边的一个又一个创业故事,正是个体释放能量的现实表现。

组织中的每一个人,不论其职位高低,能力与职位如何,互联网都会让你在瞬间获得来自各个地方的大量信息。任何创意都能在瞬间传遍全世界,而不要花费数月或者数年时间慢慢渗透传播。这一切导致了组织需要提供足够的信息交流机会给每个成员,唯有这样,才可以让成员能够与组织组合在一起。

(原载:春暖花开公众号,2017年2月22日)

激活组织就是一个集合智慧的过程

我在2015年的时候,给自己提出一个问题,就是怎么能够让组织最有创造力。后来我不断研究发现,我如果想让一个组织有创造力的核心,其实是必须激活个体。在那个过程当中,我就不断去找,怎么让个体激活起来,于是才有了2015年11月份《激活个体》的上市。但是等激活个体这样一个组织安排做完之后,我发现还有两个问题是持续需要面对的,一个问题就是你怎么面对不确定性?因为不确定性反而成了这个环境的主要特征。如果你想面对不确定性,就会遇到一个很重要的问题,那个问题就是我们怎么保证组织拥有最有创造力的人,因为只有创造力才可以让你去面对不确定性。所以在2015年《激活个体》上市之后,我给自己又抛下一个要研究的问题,就是怎么让一个组织持续拥有创造力的人才?你只有持续拥有创造力人才,才有机会面对这个不确定性,这样我就给自己继续往下做研究这个任务。

在今天,如果要真正让整个组织能够面对不确定性,那么一个非常关键的问题就是企业如何驾驭不确定性。其实你会发现,如果想驾驭不确定性,核心就是你的组织成员拥有持续创造力,当成员能够持续地去拥有创造力的时候,就可以驾驭不确定性。当拥有这样的创造力的时候,你会发现,他反而对这个变化持一个非常欢迎的态度,变化对他来说都是有限制的,那么这样的一种状态其实就是要我们不断地去研究,如果我想让组织成员持续拥有创造力,组织到底要变成什么样子,今天的话题从这样一个角度讲述。

一、组织环境成为影响组织绩效的关键因素

我们今天有一个可能和以前不太一样的地方,我个人做组织研究、管理已经20多年了,在教学的研究当中,组织管理有四个命题:个人和目标是什么关系、

个人和组织是什么关系、组织和环境是什么关系、组织和变化是什么关系。一直以来管理其实是要回答这四个基本命题，可是我们在今天谈组织管理跟以前谈组织管理相比有一个东西变了，就是影响组织绩效的因素，从内部到了外部。

以前谈组织绩效时完全是从组织内部出发，比如整个人的胜任能力，你对整个公司目标阐述的能力，你能否把整个公司内部权力、责任和利益分配得很好，可是今天你会发现，把这些都做好了，你还是发现你被干掉，原因是什么？环境变了。所以我们从互联技术出现之后遇到的最大挑战就是影响组织绩效的因素移到了外面，它不在组织内部。

今天我们在研究组织如何面对不确定性的时候，需要研究的根本东西是组织环境的特征。今天如果不能理解这种变化，我们仅仅是关注企业内部，失去机会的时候，你会发现，你的管理浪费是非常可惜的。

所以我们就要知道组织环境的这五个新特征：

（1）机会来源于变化；

（2）生活方式的改变；

（3）渠道变了；

（4）竞争对手的不确定性；

（5）共享。

之所以谈这五个特征，就是要告诉大家，环境真的变了，而且这些改变让我们之前所有的经验都没有用。所以组织最核心的管理就是面向未来的管理，这是组织挑战最大的难题。以前对组织的要求是绩效的考核，今天组织管理要有一定的开放度，这个开放度就是面向未来的管理。面向未来的时候，对组织有一个根本的要求，就是不能再仅仅传授经验。

我在不断的研究中发现，企业如果不受环境影响，有四项工作必须要做得非常好：

一是有非常好的组织思维习惯。这个是非常关键的，以前在做组织管理研究的时候，我们没有太关注一个东西，就是组织实际上也是有思维的，一定要知道这个。比如说它们习惯性地会形成对一些事情的判断，我们就称之为思维。比如说我们习惯性地就会判断在今天，我们有没有可能去改变一些格局。

二是一定会有驱动变革的文化，自己改变自己。我们很多时候真的挺难的，最难的是什么？不断挑战自己。有一个刚过来读我硕士研究生的学生跟我说："陈老师，你所有的书中我最喜欢的就是你随笔当中关于'放空'的文字。"他刚来读硕士研究生，然后说有一个假期去寺庙收获非常大，并写了长长的文字给我。我说你什么都没有呢，你"放空"什么东西？他问，你为什么会这样说？我说确实是，你没回报父母，你花的所有的钱是你父母的钱，你没做过任何回报就告诉他们你放空了，放下了，你决定走自己的路，这是非常可怕的事。我现在怕两种情况，一种情况是什么都没有就放；另外一个是有了之后不放。不断超越自己，不断放掉自己。

第三，必须符合规律。我个人感觉，有些词我实际上是不太用的，比如说大家喜欢讲"跨越"，这种词我比较少用，我觉得这个还是有一点点难度的。你用"超越"这个词也许我接受，"跨越"这个词我比较少去用。我其实是希望大家能够回归到基本规律。

最后一个，就是你要有管理的能力。

华为实际上是大家讨论比较多的一家公司，它为什么有如此高的成长？有三个原因：自我批判、能不能面向未来和危机意识。华为将这三点变成实实在在的公司习惯，但是在很多企业当中，这三点只是存在于理念当中。所以我跟很多人讲，如果你的理念不转化为行动，其实是没有意义的，理念转变成行动最重要的是革自己的命，这才是真的行动。

二、组织功能：从管控到赋能

如果外部的环境已经变成影响组织绩效的关键因素，而这个环境又变成不确定的，我们必须想办法去驾驭这个确定性，所以组织就有了巨大改变，这个改变就是你的功能要变，管控要从功能到性能转变。我们有时候不能管控住，主要是两个原因，一个原因是信息不对称，只要信息不对称一定出现失控的情况。第二个是我们整个系统的能力没有办法让技术去做支撑。这个调整对所有做组织管理的人的挑战非常大，从做管理变成去做教练，变成去帮人家成长，所以我们就会看到三个根本性的改变出现：

1. 效率来源于协同而非分工

我们理论上一直强调分工带来效率，但实际运行是效率必须来源于协同，这实际上是对整个管理理论巨大的挑战。今天我们很清楚地知道绩效来源于效率，以前绩效很多时候反而是来源于成本和我们讲的附加值之间的关系，但是今天更多还是来源于效率。这就变成第一个改变，效率不再来源于分工而是来源于协同,这个挑战非常大。

2. 激励价值创造而非绩效考核

今天核心的价值创造,已经不再是我们讲的考核绩效,如果你考核绩效会发现人的创造力是要被禁锢掉的。我们的工作习惯就是,上级的指引是什么就做什么,上级考核什么做什么,这是我们的工作习惯。很严的绩效考核带来很大的绩效,但可能创造力就会被扼杀掉。所以一定有一个很大的组织改变,这个改变就是,从考核绩效转向激励价值创造,这是一个非常棒的改变。这个改变其实在组织理论当中也是一个必须要回答的问题。

3. 新文化

效率来自协同和分工的时候,组织管理的内容不太一样,它其实更强调组织内部的连接,而不是强调分工;它其实更强调建立柔性的网络,大家可以在里面有相应的弹性和授权,强调我们是共生的。所以这个跟我们讲组织管理的很多概念是完全不一样,在原有的组织管理里面比较强调角色要明确,分工要明确,权责要明确,而从激励创造而非考核绩效角度来讲,你会发现我们对于很多人的评价和要求其实都变了。

三、激活组织的七项工作

在讲整个组织管理的时候,我们会发现确实有很多根本性的变化,这些变化我就把它称之为七项工作,这是我对那些优秀的企业,他们在激活组织当中做的工作,做的一些研究归纳。为什么要从这个角度去讲,为什么这七项工作是可行的?如果回到理论上来讲,这实际上是告诉你,组织是否有效,取决于四件事:

第一,组织最有意思的地方,就是开放。因为它是开放的,所以它可以想尽办法从外部整合资源进来。这就是组织为什么要特别在意开放的地方。所以我在上组织管理课程的第一堂课教学生们一个观点:你如果是个体,坚决不要跟组织对着干,因为你干过,不管你多厉害,因为组织是开放的,它可以组合无数的资源来对付你。

第二,组织有一种能力,我们称之为组织资本。组织资本基本上就是三个构成:人力资本、知识资本、结构性资本。拥有这些东西的时候,组织就非常厉害。你个人能够储备的知识和经验是有限的,但是一个组织来储备这些东西就会变得非常厉害。所以组织有一个能力,就叫组织的知识能力,它非常强大。

第三，员工拥有的能力是组织竞争优势的一个重要来源。

第四，组织可以集合利益相关者。

从这个意义上来讲，我们实际上是告诉你，我们做一个激活组织的动作，希望改变七个东西，就是结构、文化、激励、工作习惯、绩效、价值共同体、领导者角色。也就是说我们看到优秀的企业，它其实在这七个部分都做了很大的努力。

第一项工作：打破内部平衡。

激活组织第一动作就是把组织内部结构打掉，打破内部平衡。

第二项工作：基于契约的信任。

在与任正非对话的时候，他讲了很多很多之后，我们就跟他说：你的员工是不是觉得在华为要有感恩的心？他马上很认真地纠正说，我们公司不准许感恩。我就愣住了，他说如果员工对公司感恩，一定是我给他工资给多了。我当时很震惊，马上问他旁边的人，你在这里工作十几年了，你对公司没有感恩，你有什么？他的回答非常简单："我对公司只有责任。"我非常触动，但是这恰恰是对的，因为在整个组织当中，我们一定要建立一种真正的信任，这种信任是基于责任契约的信任。

第三项工作：设立激励价值。

考核绩效必须激励价值，我们要做激励价值的时候，是不是要调整组织的很多内容。

第四项工作：授权各级员工。

当你去做授权的时候，组织内部需要做一些事情，比如说你能不能真正地让下属做自己需要的团队，让下属自己给自己设定目标，然后自己去努力，这些都是我们要讨论的内容。

第五项工作：创造可预见绩效。

这是比较重要的一件事情，就是说我们在做激活组织的时候，能不能创造可见的绩效，这是一个很重要的检验。有些时候大家很想变，变完之后发现没有绩效，今天恐怕不行，必须得用绩效，而且这个绩效是见得到的。大家要记住员工的绩效是设计出来的，不是他做出来的。如果能够为每一个员工都设计出来，他就一定会有绩效。你要让员工自己去把绩效做出来，我可以告诉你，基本上都做不到。但是管理者的绩效是由他自己创造出来的，所以这是两层结构，一定要分好。

第六项工作：合作主体的共生系统。

今天所有组织都有一个生态的概念，所有的组织都是没有边界的，所以我们有一个很重要的工作要做，这个工作就是合作主体的共生系统。也就是说我们每个人都是合作的主体，不再是上下游的关系，不再是谁重要，谁不重要的关系，一定都是合作主体，而且必须是共生关系。这其实讲的是生态的逻辑，所谓万物生长，所有的人没有主次之分，都是宇宙的主体，共同成长。

第七项工作：领导者的新角色。

布道者

领导者必须让别人听得到他的声音，才能够让上下同欲，观念一致，因为现在外面的声音太多，所以必须成为一个布道者。

设计者

领导者不仅仅要设计产品，最重要是设计梦想，所以大家会发现今天的领导者要很会讲梦想才行。要把设计导入企业制度中，包括分配的制度、成长的安排、每个人在组织里面所获得的收益和价值，都要设立。

伙伴

要求老板和员工之间是伙伴关系，要求老板有责任心、包容心、亲和力还要被他人管理。今天作为一个老板要学会被管理，否则创新业务的成绩出不来。以前其实老板基本上不会犯太多错的，因为以前的变化没有现在这么大。现在是一个特别开放的时代，所以我们如果想有新的东西，老板也要做一个被管理者，只有这样才会推动新业务去成长。

上面这七项工作其实是可以帮助我们去做一件事情，这件事情是什么？这是一个英雄辈出的时代，但是我个人认为，这应该更是一个集合智慧的时代，如果我们的组织能够集合智慧，让所有这些辈出的英雄在一个共同的平台上创造价值，那我们当然可以驾驭不确定性，而且你的成长一定会走在一个相对来说会变化却又稳健的路上，这也是我对所有的企业组织一个比较美好的期待。

（原载：春暖花开公众号，2017年4月24日）

重塑边界已经成为事实

今天,各个行业的特征变得越来越模糊。智能互联产品不但会影响公司的竞争,更会扩展整个行业的边界。竞争的焦点会从独立的产品本身转移到包含相关产品的系统,再到连接各个子系统的体系。一家产品制造商可能要在整个行业领域内竞争,有的时候消费者甚至也会参与到竞争中来。如今没有人可以百分之百地确定自己的竞争对手是谁,导致这种情形出现的原因是:所有行业的边界都在被重塑。

一、行业的边界被打破

从诞生初期的PC端线上聊天软件QQ,到如今覆盖近8亿手机用户的微信,腾讯似乎已取代传统电信运营商,成为人们互动与连接最重要的载体之一。与此同时,在移动支付、线上娱乐、生活服务、在线旅游和交通出行等领域,消费者也会发现腾讯的身影。基于核心产品打造的用户网络,在智能互联网络的帮助下,腾讯将自己的竞争力持续地扩展到彼此之间相互连接的不同领域。你几乎无法界定腾讯属于哪一个行业,也很难知道腾讯的对手是谁。但是在腾讯的帮助下,你可以体验到"在线一站式服务"的生活状态。

罗辑思维是什么?就是一种跨界融合打破市场格局的逻辑,它几乎可以通杀所有的行业,因为它把自己变成了一个微信营销的典范。你可以说它是一家销售公司,融合不同的传统行业,但是本质上它是一个自媒体。如果你想破市场的局,想要获取新能力,就要跨界融合,只有跨界融合,才能打破市场格局。

乐视的战略似乎让很多人无法看懂,甚至很多人会认为贾跃亭的做法有着极大的冒险成分,这种担心不无道理。不过,如果可以更换一个视角去看,不适用的也许是对原有行业边界的认识,如果打破边界去看,或者可以理解。不要把乐视界定在娱乐行业、传媒行业、内容提供商或者硬件提供商上，也许这些都不是乐视的边界，因为这些行业的边界都被打破了，形成了一个全新的网络，乐视称之为"生态网战略"。这是一种描述，但也是一个事实。一种更加融合的趋势会让很多行业相互渗透，使其具有成长的可能。

在2015年之前，企业的经营活动都是围绕着结构调整、转型、升级、淘汰落后产能和组织内部激活展开的，这些活动可以解决企业所面对的挑战。但是2016年市场发生了全新的变化，其特点是：所有的行业（甚至包括新兴的互联网企业）都在发生质变而不仅仅是量变，都需要找到行业的新属性。所以，你会发现一家农业公司不再讲农业了，一家卖场不再讲卖场，一家互联网公司不再讲互联网，这叫什么？这叫质变，也就是行业本质的竞争要素在变。

我的一个朋友并购了一家教育领域的企业，他希望我可以给他推荐一个总经理的人选，并告诉我这个候选人需要有教育行业的背景和经验。但是我对他说，你并不一定需要选择具有教育背景和经验的人，因为今天的教育行业已经不是过去的教育行业了。行业认知已经彻底改变，对于这个变化，请大家一定要非常清楚地进行理解。这个变化里面所蕴含的关键点，就是对每个行业的认知不能再以经验来判断，每个行业都处在一个全新的发展模式中。

二、生产者与消费者的边界被打破

最近一个非常吸引人的话题就是"众筹"，我有幸曾与"中国式众筹"的一群创始人进行交流，并为杨勇、树杰撰写的《中国式众筹》写推荐序。杨勇和易辉等人所实践的众筹模式，吸引了很多人参加。在这个过程中，互助保险、人才IPO等创新模式的出现，让我开始体会到生产者与消费者之间角色渗透与互换的特征，更深地感知到两者之间的界限被打破所带来的全新变化，所有这些令人欣喜又恐慌。

我甚至在南京、杭州、北京与一群可爱的人，分别众筹了一间"品成梦想咖啡馆"小店，大家都积极参与和感受这一新兴模式。在了解和参与众筹的过程中，我发现这种模式最大的生命力在于：生产者也是消费者，消费者也是生产者，这种双重的角色定位帮助其商业模式本身具有了可持续性。

Uber把个人车辆的闲置时间利用起来，让私家车主也可以转变为交通司机，乘客因而获得高效、低价的运输服务，服务方也享受到了使用效率提升带来的回报。在消费者和生产者彼此角色的轮换中，持续的需求与供给不断地被创造出来。短短几年时间，Uber便成长为全球最大的"出租车"公司。无独有偶，Airbnb也在共享模式的推动下成为世界客房数最多的"酒店"。消费者也会成为生产者，这样的组织会具有强大的生命力。Uber和Airbnb所采用的模式让它们具有了无法想象的魅力。

三、企业的组织边界被打破

今天的企业较之互联时代之前的企业，最大的不同就是具有弹性，组织需要不断地调整自己，不断地寻找与变化共舞的机会，甚至具有超越变化的能力；通过建立组织壁垒获得竞争力的方式很难再获得成功，组织更需要形成开放与合作的结构，令外界更容易被纳入，或者让组织本身更融入环境。

新希望六和在2013年9月制定了"新希望六和+"的策略，选择打开组织平台，无论是内部还是外部，都可以嫁接新的组织能力，从而帮助企业获得新的发展机会。新希望六和不再用"传统"或"新兴"的标签来看待各行各业，这是因为，从某种意义上说，每个行业都需要具有互联网的特征，都需要具备连接和分享的能力。

在产业链上游，与生物基因科技公司、原材料供应商、食品公司进行合作；在内部，实行产销分离，设立创新平台，打造针对养殖户的技术、金融服务能力；在食品终端，我们与电商平台、终端食品品牌建立了战略合作关系。这些新能力的获得都是建立在合作的基础上的，同时它们也向全行业开放。这一切行动有效地帮助了新希望六和从生产商向以用户为导向的农牧业服务商转型。

今天的新希望六和已经具有了开放的属性以及平台的属性，打开组织边界，激活内部员工的创造力，更重要的是因为不断变革与转型，不断打破内外部边界，让这家传统的农牧企业具有了全新的能力，以应对环境的变化以及顾客价值创造的需求。

行业边界、企业组织边界以及生产者与消费者边界的打破，已经不再是一种趋势，而是一种现实。我还记得2007年阅读《平台领导》这本书给我的启发，安娜贝拉·加威尔和迈尔克·库苏麦诺两位作者在研究英特尔、微软和思科如何推动行业创新的过程中，提出了有关平台领导的概念。"我们所说的平台领导，是指以推动自身行业创新为目标的公司。""没有哪个公司可以获得一个市场中所有的创新能力，特别是当需要创新的工具和知识比以往要更加广泛的时候。结果，在我们了解的平台当中，首先创建最基本的应用产品，然后再为新一代产品创建补足品。不管怎样，平台领导和补足品创新者具有很强的合作动机，因为他们联合起来的创新成果，可以为行业每一个参与者提高潜在收益。"企业管理者在理解了环境变化的几个根本特征后，就需要用产业再造的逻辑去看待每个行业，而不能仅仅依赖于自己的经验。

（原载：春暖花开公众号，2017年6月19日）

管理者为什么要成为企业的布道者

互联时代所具有的不确定性，使得组织成员会受到很多信息的干扰，员工价值观的多元化，让组织管理也遭遇到前所未有的外部影响，一些是正向的，一些是负向的，还有一些似是而非的，这就需要领导者能够让组织成员明确并获得坚定的价值判断。在和每个人交流的时候，寻找每个人的正能量，爱默生说过："缺少热情不可能成就伟业。"而对于员工热情的激发，正是领导人需要做到的事情。

对于组织所要面对的不确定性和变化的复杂性，要求领导者具备坚定的信念和明确的价值判断。我有幸与新希望集团创始人刘永好董事长共同工作几年，让我可以看到他如何面对变化，明确而坚定的立场。面对互联网对传统企业的冲击和挑战，永好董事长在集团内部会议上明确指出："我们必须全面拥抱互联网。"在他看来，农业是最古老的产业，所以需要走一条创新、变革之路。

当我去带领一家接近7万人的公司做转型的时候，内心深知需要与大家上下同欲，才可共同去面对挑战而赢得新的机会，无论是组织转型、业务转型以及产品与技术的创新，每一次变化，都蕴含了一个关于未来增长趋势的信息；如果能够不拘泥于我们每个人原有的经验和习惯，不拘泥于我们原有的核心竞争力，以新的视角来看待变化，就能够抓住这个信息，找到可以增长的机会。

但是，由于这些新的增长机会是与变化相伴，人们的第一反应通常是抵触或者无法适应，甚至感觉到是对自己的挑战。此时就要求领导者，能够给予人们帮助，让大家可以从内心恐惧和回避中脱离出来，感受到主动拥抱变化所带来的美好。这需要企业管理者首先自己感知到变化，并能够把对于变化的认知传递到公司的业务模式和团队成员当中，这需要企业管理者自己能够灌输和传播，以驱动变化，如果做不到这一点，企业就会被变化所淘汰。

很多年前，我非常喜欢诺基亚公司，自己多次在课程中讲述诺基亚公司的案例，我也曾是诺基亚手机的忠实用户，坦白讲，我是因为乔布斯去世，为了纪念他我才更换为苹果手机，但是没有想到更换了苹果手机之后，我就彻底放弃了诺基亚手机。在过去十四年里，诺基亚一直是手机行业全球第一的企业，也是全球最为成功的企业之一，诺基亚开创的"科技以人为本"的技术理念和业务模式，一举奠定了其划时代的伟业。

我曾经在很多场合讲述过诺基亚的案例，因为诺基亚能够敏锐地洞察模拟技术转换为数字技术的变化，同时能够真正以顾客为根本，所以诺基亚让技术与制造效能充分发挥，同时让顾客价值得到充分体现。因为诺基亚，移动手机成为人们最便捷的沟通方式，2008年虽然遭遇金融危机，但是诺基亚人依然可以骄傲地说：此时此刻，全球9亿人因为诺基亚沟通无障碍。

但是到2013年的第一季度，诺基亚却停滞不前了，苹果的出现，让这个行业进入到一个全新的发展模式，最根本的是整个行业开始发生根本性的变化，手机不再仅仅是通信产品，反而成为智能终端。但是这个时期的诺基亚没有做出实质性的改变。再加上三星利用本身就具备成本优势的能力，加上全新的市场布局以及创新能力的拓展，更重要的是三星迎头赶上智能终端这个行业属性，三星成功超过诺基亚，夺得了全球市场手机份额第一的业绩。反观这个时候的诺基亚，我真的看不出它做出了什么应对和改变的策略。

管理者做一个布道者，就是不断地让成员可以意识到危机，可以观察到变化，可以寻找到自己的价值判断，并能够清晰地指引行动，并带来变化。最可惜的是诺基亚的管理者并没有成为布道者，他们似乎并没有意识到这种变化意味着什么，他们好像真的不知道：过去赖以安身立命的核心竞争力已经变得无足轻重。所以他们并没有为变化做出选择，也没有带领团队成员去理解和接受这种变化，最终的结局是诺基亚出局。

稻盛和夫讲过一个篷马车队队长的故事，稻盛先生说："篷马车队队长身上所体现的领导者的第二项重要的资质是：'明确地描述目标并实现目标。'篷马车队从东部出发时，要在美国广阔的西部大地上各自确定到达的目标。要求队长把全队成员安全地带领到这个目的地。但是，那是连地图也没有的、人迹未至的土地。而且篷马车队前行的道路上充满着艰难险阻：险峻的山岳和连绵的沙漠阻挡着去路；也会遭遇狼群和美洲狮等猛兽的袭击；同时还要同原住民印第安人作战。面对这重重困难而绝不迷失和放弃目标,叱咤激励车队成员,率领团队达至目的地。这就是篷马车队队长的任务。"

我喜欢这个篷马车队队长,他能够把目标以及自己对所有问题的判断和选择,都满腔热情地向部下们诉说,他能够灌输坚定的信念并让成员激情燃烧,直至达成任务。我也喜欢稻盛先生把这一过程称之为"能量转移"。的确,管理者就应该把自己的能量传递出去,并唤醒每一位成员的能量。

(原载:春暖花开公众号,2017年7月19日)

决定企业文化变革成功的四个关键要素

很多公司陷入困境的根本原因不在于组织结构、首席执行官或员工,而在于群体组织和文化。所以在从破产的边缘重新走向兴盛的很多公司中,有一些是通过巧妙的财务融资手段获得成功,而另一些则是通过变革文化再次崛起。

因为在不同文化中工作的人会有不同的行为和表现,所以只有改变文化才能够促使每个人更有效率和更富建设性地完成任务。这种变化需要在客户和员工满意、质量和利润方面发动激烈的变革,才能重新获得社会各方面的信任。

一、目标一致

有助于企业的变革应该从一开始就设定清晰的目标。企业的所有成员都要对核心目标达成一致共识。如果不能把大家最终都集中到变革上,那么企业将会付出昂贵的代价。

这个一致的目标还必须体现在企业的战略安排上,换句话说,企业文化变革的目标应该是企业战略的目标,所有的变革都是围绕着如何实现战略目标而展开的。

如果企业在战略目标上不清晰,或者没有明确的战略选择,员工对于战略目标的理解也不一致,文化变革就不会取得成效。

中国的改革开放之所以成功,首先应该归功于全体中国人对于"以经济建设为中心"这个战略目标的高度一致的认同,正是人们对于发展经济的渴望和追求,观念变革才取得了成效。

二、标杆学习

向身边的同事学习，向一切可以学习的人和事学习，在全公司展开标杆学习的热潮和组织氛围。文化变革需要有标杆企业作为参照，需要给员工明确的示范和标准，如果不能够寻找到学习的标杆，文化变革也无法进行。

华为为了改变自己，花了10年时间，请IBM咨询团队陪同华为一起成长。华为把IBM作为自己的标杆，并努力让自己接近IBM的标准，这10年的努力，的确让华为成长为一家具有国际竞争力的中国公司。

三、全员参与

文化涉及每个员工行为习惯和工作，因此必须全员参与才会取得成效。

通用电气的方式是从员工的培训开始，从员工的观念革命开始，再延伸到组织结构的安排，最后到员工行为习惯的调整。

这也启示我们，文化变革需要全员参与，需要企业在组织结构的设计上，在员工授权及发展中做出投入；需要创建一个组织氛围，使得员工可以很容易参与到企业的所有活动中，并能够在其中发挥各自的作用。

其实，能够让全员参与到企业的所有活动中，是文化变革成功的又一个关键要素。

四、质量先导

如果脱离了对顾客质量的承诺，企业发展也就走到了极限。所以，如果说文化变革具有衡量标准的话，这个衡量标准就是产品质量。

文化变革在很多人看来是观念上的改变，的确是这样，但是观念需要体现在产品的质量上，企业文化变革才会落到实处并获得成效。因此，高质量的标准，并以此作为一切行为的先导是活的文化变革成功的最重要的要素。

目标一致、标杆学习、全员参与、质量先导这四个要素是文化变革的关键成功要素，但是我们也清楚，文化变革不是很容易做到的，也不是万无一失的；它要花费时间，至少是一年，通常需要3～6年；它要付出努力，并时刻保持警惕；

它还需要保持巨大的耐性和长期的维护。所以，在文化变革中要警惕以下问题：

设立成功样板是变革的关键，学会用获得的小小的成功去争取更大的工作成就。因此，要先从公司的小地方开始改变，然后再一步步扩大。中国的改革开放就是从四个经济特区开始，然后逐步推广到全中国的。

变革的支持者必须传递清晰一致的目标。如果他们不能传递一致的信息，并保持信息清晰和长时间占主导位置，文化变革可能只是一时的狂热。

当企业开始有了好的转机时，变革经常变得更困难。当变革有了初步的效果后，自满自足成为经常存在的危险，因此需要企业不断地设立更高的标杆来引领大家。

高管团队的稳定非常重要。如果高管团队不稳定，会带来短期行为，这不利于文化变革的实现。

保持良好的沟通。文化变革没有先例可循，每一个企业的变革都是独立探索的历程，所以需要企业领导者保持清醒的认识，和员工不断地交流，与外界不断地互动，并能够及时面对问题，解决问题。

（原载：春暖花开公众号，2017年8月9日）

如何设计一个有效的组织结构

我常常被人问道：企业的组织结构应该如何设计？理论会告诉你组织结构设计与四个要素相关，这四个要素是战略、环境、规模、技术。但是现实的情况是，老板的意愿决定结构，他希望设10个副总裁，结构就被确定下来，有一天老板想撤掉所有副总裁，结构会发生彻底改变。虽然理论上的四个要素没有任何改变，但是组织结构还是改变了。

反过来，我倒是可以从另外一个角度分析问题，帮助大家理解组织结构设计需要关注的问题。我们最常看到的情形是：经理们非常喜欢把人们放在组织结构框图里。他们把这些框子搬来搬去，重新整理和排列，并且每一次搬动都把它称为"组织再造"或者"组织变革"。经理们甚至认为这样还不够，他们希望人们能老老实实待在自己的框子里。更多的经理人把组织结构当做地盘来划分，形成了各自默认的利益关系。这些现象使得组织结构没有发挥应有的作用，反而成了管理的桎梏和内部利益分割的工具，这是百害无一益的事情，必须纠正过来。

一、组织结构所要解决的是权力与责任关系是否匹配的问题

在管理职能的安排上，只有组织结构回答了权力和责任的关系，因此组织结构是要解决权力和责任的相互关系的，最为重要的是组织结构必须保证权力和责任是匹配的，只有在匹配的权力和责任的关系中，组织管理才会有效发挥作用，所以组织结构需要清晰地设计出沟通线、控制线、责任线和权力线，其中权力线和责任线是组织结构的纵向安排，沟通线和控制线是组织结构的横向安排。换个角度说就是组织结构的纵向设计是界定权力指令的，同时也就界定了责任和权限；组织结构的横向设计界定了如何沟通，界定了如何控制公司资源。这里最关键的是权限的设定需要与责任匹配。

组织结构的纵向安排，需要考虑两个问题：一个是设计多少个层级，一个是

公司主业务线是什么。对于第一个问题，设计的原则是以考核点为准，在公司的考核设计中，只要是你需要考核点，就需要设计一个层级。比如，一家公司需要考核副总经理、厂长、车间主任，那么这家公司的组织结构从总经理开始算起就有四层的纵向关系了，如果这家公司关键绩效指标是考核厂长的，那么这家公司的组织结构从总经理开始算起就只有两层的纵向关系。

对于第二个问题，设计的原则是以公司的主营业务为标准。比如说这家公司是销售公司，那么主业务线就是总经理对着销售系统，其他的都是辅助线；如果这家公司是制造公司，那么总经理对着的是制造系统，这个时候销售系统变成了辅助系统。最关键的是组织结构的纵向安排是责任和权力线的安排。

组织结构的横向安排，需要考虑的问题是：需要多少个职能部门完成资源的专业安排。因此设计的原则是以主业务对于职能的需求来决定，其中最关键的是尽可能地减少细分，突出关键职能就可以了，部门越少越好。需要说明的是，职能部门不能够拥有权力，只能够给予专业的指导意见和专业的服务。所以从这个意义上讲，在一家企业的组织结构中，职能部门不能够拥有权力，原因很明显，因为职能部门并没有承担经营责任，所以我们需要明确在组织中权力和责任需要匹配，不能够出现拥有权力的人却不需要承担责任，承担责任的人却没有权力。

二、组织结构更要依据责任而不是权力来设定

组织结构设计要服从于企业的战略。战略所起的作用反映在组织结构上应该可以用"责任"来描述，战略得以实现的要求就是组织结构能够存在的原因，因此负担起实现战略的责任是组织结构设计的根本依据。这样我们可以很清楚地看到中国企业在组织结构设计上常常犯的错误。

第一种："面朝董事长，屁股对着顾客的结构"。这种结构非常流行。因为很多人员都是面朝上司，关心上司的脸色、上司的看法，一切以上司为基准，领导层所说的"一切为基层和员工服务"在这个结构中成了一句口号。

第二种：条块结构。这种结构是各个部门各自为政，每一个部门或者系统都只是关心自己的问题，并且尽可能把责任推给其他部门或者系统，从来不为其他部门和系统提供服务和帮助，在这种结构里人们习惯相互埋怨、推诿，常常出现的情况是没有人肯负责和提出建设性的意见。这些错误的结构之所以存在，究其根源都是从权力出发来进行设计的，而忘记了责任。如果从责任出发来设计结构，我们就可以避免出现以上的错误。

三、组织结构可以重新建立组织和个人之间的心理契约

心理契约描述为未成文的契约，也就是员工与组织之间内隐的相互之间期望的总和。在寻求新竞争优势的过程中，组织也发现自己陷入了尴尬的境地：很多时候，组织不能履行所有它们承诺给员工的责任，从而导致了违背心理契约现象的发生。研究表明，心理契约的违背不仅对员工造成情感上的伤害，对企业来说也是非常有害的。当组织正需要员工更灵活、更努力地工作时，许多员工却从双方良性互动的关系中撤退，对心理契约的违背做出消极的反应，损害了组织的绩效表现。

鉴于心理契约违背可能产生的负面影响，因此企业在组织结构设计中，有必要关注员工心理契约的违背，并对其进行重新构建。实施新的组织结构，是一个大好的机会，可以重新建立和每个人的心理契约〔Levinson于1962年界定了心理契约这个概念，他将心理契约描述为未成文的契约，也就是员工与组织之间内隐的相互之间期望的总和。Schein（1965年，1980年）也关注了心理契约，提出心理契约是指个体所拥有的关于组织的多种期望以及组织所拥有的关于员工的多种期望〕。在组织结构设计过程中，组织创造了又一个提高双方良性互动的机会。

首先，建立开诚布公的沟通体系。清楚地让员工知道自己在结构中的位置，直到他们感觉到确实的责任和权力，他们才可能专心地工作。通过充分的沟通可以有效地缓解结构调整对员工所带来的压力。

其次，确保确定结构的准则是公平的。组织程序的公平性将会消减契约违背时的员工负面反应，即使发生心理契约违背，如果组织在程序上是公平的，那么员工会认为自己仍然是组织里具有价值的重要成员之一。因此在进行组织结构和人员调整的时候，会让很多员工产生极大的心理波动。但只要整个调整过程是遵循一定的公平原则，就可能使整个整合过程变成一个互谅互让的过程。

最后，恪守承诺。心理契约的构建基础是信任，为了稳定现有员工的心理预期而轻易做出的承诺，可能成为未来组织食言的证据。很多组织在设计结构的时候，总是对员工宣称：我们调整现有的结构和人员的目的是让大家得到一个更大的平台，是给大家提供更多的机会。一旦实际操作开始后，裁员、结构调整随之发生，员工因感觉被出卖而愤怒不已。切记的一点是，不要在设计结构过程中轻易做出承诺。当你确实需要做出一项承诺时，一定要做到言而有信。如果做得好，重新设计组织结构的过程可以让公司重新振奋，重新调整自己的重点，让组织与个人建立起新的心理契约。

（原载：春暖花开公众号，2017年10月2日）

第四部分

人才观

经营转型对经理人的要求

专业研究证明,有效的"期望管理"可以激发下属的活动力和创造性,不仅可以促进下属个人生涯的成长,同时能够提升团队的工作业绩。

我想援引三个概念,来逐一诠释经营转型对于经理人的要求。它们来自于英特尔公司的变革实践,包括"产出导向管理""管理真实效率""团队意识"。产出导向管理到底在做什么?什么才是一个企业的真实效率?团队意识要求我们应该做什么?这三个基本概念是经营管理者需要把握的,这也是我带领新希望六和变革实践的逻辑与方法。

产出导向管理:要求单位时间的产出

制造型企业的核心必须在生产和制造当中创造价值,最重要的关注应该是什么,就是单位时间的产出。主要包括:第一,围绕最昂贵的项目设计流程;第二,凡是能以最低成本达到最理想的运送速度以及品质的,便是最佳方案;第三,及早发现,及早解决。

设计流程:你去看看哪个项目花你的钱最多,你就应该在上面花最大的工夫。单位时间产出当中第一个核心的关注就是谁花你的钱最多,你就应该花脑筋最多。围绕最昂贵的项目去做调整的时候,你的产出就会变高。

最佳方案:什么叫作管理当中的最佳方案?其衡量标准是成本与品质的关系,以及成本与顾客之间的关系。一定要认真了解公司的成本BOM怎么设计,BOM的成本有没有竞争力,以及与品质的关系。

持续改进:所谓及早发现、及早解决,就是在生产当中持续改善。

这也是三星成功的原因。三星是全球在消费类电子当中成本最低的公司,比中国的公司还低,又加上全球整合资源和创新能力强。一方面是成本最具竞争力,另一方面整合资源创新力最强,这个公司怎么可能不赢利呢?

管理真实的效率：要求决策的有效性

真实的效率是什么？请大家看一个公式：经理人的产出＝他直接管辖部门的产出＋他间接影响所及部门的产出。这意味着：第一，必须了解哪些活动有高的效率；第二，不时在公司中走动走动；第三，制定决策；第四，当你部属的表率。

你的真实效率就是你的决策有效性。决策如果不能解决复杂性，是很难有效的。决策不是单线思维的。单线思维不用决策，凭经验就可以了。而你一旦决策就要面对复杂性，所以绝对不要用经验。自己在实际工作中，不会先考虑职责范围的工作量和时间，而是考虑尽可能参与到调整工作中，将所有累积的问题一件一件地去做好。这自然是要花时间的。所以，我们要有高产出的管理习惯，一定要建立起处理问题的模式。

有效管理的必经之路就是开会、决策和计划。管理者必须做好这三件事：

关于开会。你绝对无法避免开会，但你可以让会议更有效率。让会议更有效率就需要承担好经理人的会议角色；做到过程导向会议以及任务导向会议。开会一定要让它有效果，经理人开会的角色就是要在最后得到解决方案。

关于决策。我们希望决策是由离问题最近，而且最了解问题的人来制定。好的决策需要自由讨论，清晰地决策并全力支持。清晰地决策，是谁承担责任谁做决策，销售就谈怎么提升顾客数，生产就谈怎么提高品质。我们一定要清晰地决策，决策者就是要担当责任的人。决策完了之后全力支持，这个是你必须要做的事情。并不需要决策一定是最好的决策，但是决策只有被执行，才成为最好的决策。

关于计划。计划是管理者首要的职责，并以此来决定工作的质量。做好规划需要注意以下几点：以目标为起点而不是终点；重要的是确定工具和方法，而不是确定目标本身；用计划作为每天的指引，并时时检查；谨守计划。你的工作质量就由你的计划决定。

团队意识：要求构造组织的柔性

团队意识的获得，体现在如何让组织更有柔性这一点上。军队是一个很刚性的组织，但是你会发现打任何一场仗的时候，整个刚性的军队一下子变成非常柔性的状态，这一点是军队打胜仗的一个奇迹关键的要素。对于企业而言，因为市场的变化，更需要组织的柔性。那么组织的柔性如何才可得以构建呢？

组织柔性需要有一个自由市场的因素。这个自由市场的因素是什么，就是组织内部一定要有市场基准，不要以个人标准为基准，有了内部市场化的标准，就可以让内部具有明确的价值判断。统一的价值判断，会让组织变得柔性而不是僵化。市场要素就是要求我们做到，在组织内部以市场作为基准；关注组织内部的协作而不是简单分工；组织内部是奉献。

组织柔性需要契约义务，要自觉担当职责。契约义务就是要做到：自觉担当职责；职业精神；专心、专注、专业。

组织柔性需要文化价值观，文化最重要的功能是统一大家的行动，如果我们行为一致了，文化价值观也就落实了。文化价值观要求我们做到：认同环境并利用环境；践行公司价值取向；统一行为。

（注：本文观点来自于英特尔公司前总裁格鲁夫的管理总结。）

（原载：春暖花开公众号，2015年7月8日）

落地执行，才有美好：
与管理团队的第七封交流信

2015年上半年已经过去，这半年我们大家一起成长的过程，让我深深感受到一些艰辛，一些痛苦，一些变化，这些感受让你我更加紧密地在一起，也让我们加深对自己和对变化的认识。现在无论是海外中心的拆分，山东片联的一体化重组，还是福达计划的深化，新业务平台的组建与合作，每一个变化，都带来阵痛与挑战。可喜的是，接受变化与适应变化，在公司内部已经成为常态，也许一些改变还需要时间去深化，最让我开心的是，大家已经不再拒绝变化和惧怕变化，即便内心会有冲突，但行动上提速已经成为文化取向的共识。我们所做的这些努力，市场给予了美好的回馈，这些回馈再一次让我们理解：市场乐见做出改变的公司，而我们让自己成为改变者。

也正是在2015年过半的时刻，我打算和大家谈谈我最近看到和想到的一些事情，也对半年的工作做一个梳理，明确接着下来我们要走的路。

一、始终对变化保持敏锐性

6月24日，《中国企业家》杂志对永好董事长做了一次普鲁斯特问卷调查，第十个问题是："如果您能选择的话，希望让什么重现？"永好董事长的答案是："我希望再年轻20岁、30岁、40岁、50岁，成为'90后'甚至是'00后'，当一个新的创业者，在新的格局下，成为'大众创业，万众创新'的积极参与者，或许再过10年、20年我会有新的格局出现。"看到这个答案，你眼前一定是看到一个这样的人，敏锐地感知这个时代的变化以及永远走在时代前端的人，一个"永远年轻"的人，这也是他被誉为"长青树"的根本原因之所在。

把永好董事长的"答卷"分享给大家,是想让大家理解到对变化保持敏感性是极其重要的一件事。很多时候,观察那些成功者以及成功的企业,都会发现这个共性的特征。谁能够适应市场的变化,谁就能基业长青。5月底我到美国参加女儿的毕业典礼,和女儿、妈妈一起去看了迪士尼的音乐剧《狮子王》,我完全被打动,感到震撼。人偶一体的设计理念独具一格,在剧中的各个角色都有自己的性格化偶像。老狮子王穆法、小狮子辛巴、大管家沙祖、疣猪朋朋、狐獴丁满以及土狼等都是演员穿着偶装,操纵着木偶边舞边唱。人和偶完全融为一体,感觉上人是偶的魂而偶是人的形,合起来就成了活生生的角色。观看的过程中,我一直为迪士尼驾驭创新的能力所折服。

回放一下迪士尼的发展历程,与变化共舞的能力带领这家企业度过近百年的历史。1920年迪士尼开始投身创业的浪潮,1928年推出世界上最早的有声动画片,诞生了米老鼠这个主角,掀起了热潮。随后迪士尼推出了世界上第一部动画长片——《白雪公主与七个小矮人》,直到几十年后的20世纪90年代,推出世界上第一部数字技术的动画片《玩具总动员》。而在2015年迪士尼推出的真人版《灰姑娘》一样令人瞩目。迪士尼就是这样,始终拥有着同时代作品中最好的视觉体验,最强的创新展示,对文化行业最独特的商业模式打造;融合技术、顾客需求与文化价值的能力,让迪士尼始终走在行业的前端。

公司如果要持续经营,就需要对变化保有敏锐性,不要认为变化是一个阶段的需求,是某个特定时期的选择。有人曾经问我,"企业转型在什么时间去做比较合适?"我回答说,"企业转型是一个持续性的话题,需要在任何时间去做。"是的,变化是个永恒的话题,没有人可以回避。我们已经持续转型整整两年的时间,现在初步看到了转型带来的效果,到了这个时候已经有一些同事反馈给我,是否应该调整一下策略,不要让大家总是在变革中、转型中,这样长期下去,大家会受不了。也有一些同事对于正在展开的更深入的变化,觉得动作太大了,写邮件给我,建议应该缓一缓。我倾听大家的建议,也观察每个区域和部门的行动,觉得有必要与大家明确这个话题的结论,那就是,必须持续变化与转变,因为,停滞就意味着已经落后。永好董事长如此,迪士尼如此,我们更没有理由不如此。

最近一段时间,有关互联网思维的争论喋喋不休,有人认为必须要有互联网思维,有人认为根本不存在互联网思维,每一种观点的持有者都有充足的理由来阐述各自观点的正确性。因为这些争论,也会有同事和学生来问我的观点,被问多了,我也不得不对此做些思考。

二、落地实现才是王道

是否存在互联网思维真的那么重要吗?两年前我要求公司开放平台,做"新希望六和+",两年后全社会都在谈开放平台"互联网+",我们开放了自己的平台,展开了与统一方便面、永辉生鲜超市、京东商城、和创科技、佰镒通等的合作,让我们有机会转型到养殖数据端、食品消费端。而这两年中,你可以看到几乎所有的企业都在开放平台,相互叠加,形成了产业互联网的全新格局。所以核心不在于提出的概念,而在落地实现的效果。与其去纠结概念,不如切实地执行自己的战略选择,集合一切可以集合的资源,回归到市场与顾客的核心价值当中。

Bill Gross在TED的演讲中讲过两段话,让我印象深刻。一段是他转述拳击手泰森的话,"每个人对一件事情都有计划,直到他们脸上挨了一拳。"另一段是"一个团队的执行力,很大程度体现在:它适应客户打在他脸上拳头的能力,客户是真正的现实主义。"在研究和实践上,这里面想表达的含义非常清楚,商业模式,以及对概念和策略的把握的确很关键,但是更关键的是团队执行力,落地实现才是关键,而不是概念本身。

两年后的今天,我很少在内部再提"新希望六和+"的概念,我更关注和在意这个模式落地执行的情况,策略实现的情况。你可以很骄傲地说"+"这个概念我们早在两年前就提出来了,但是两年过去了,真正需要评价的是结果——实现的结果,而不是概念的超前性,或者概念本身的含义。

在战略转型中,我们确定了很多策略,各个区域与事业单元还有一些自己细化的策略。这些都是很好的选择和概念,重要的是如何把这些策略一一地落地实现,而不是停留在策略创新或者概念创新中。

禽肉事业部最近一年的变化,让我看到执行落地的效果。李兵亲自督促,蒋凯带着团队一点点去抓落实,把事业部与生产工厂,事业部与分销渠道,事业部与合作伙伴,事业部与每一个成员结成一个有价值的网络,持续地执行与落地,让2015年上半年业绩有了大幅提升的成效。看到禽肉事业部的变化,同样说明,一个好的策略,好的想法,只有加上超棒的执行力,才可能获得效果。

福达计划的推进,让我看到另一个值得骄傲的执行团队。在曹博士的带领下,组合和创团队、片联与区域、经营管理部、饲料管理部、财务与人力资源、信息中心,在大家持续关注和帮助下,以更快的速度覆盖和推进,让公司拥有了更加全面的养殖数据及动态把握的能力。

围绕公司中期三年战略规划的核心,山东片联展开了结构重组,邓成带领着山东片联的同事们,克服一切困难,坚定地推行下去,才让我们看到聚焦山东市场基地建设的可行未来。2015年我们设立了一个新的一级部门SHE,把食品安全、环保和健康管理提升到总部高度,维才与龙海带领着新组建部门的同事们,以更高的标准来推进和展开工作。成都片联的稳健发展一直让我欣喜,华北片联2015年上半年取得了超乎预期的靓丽业绩,上半年量利同增,每一个核算单元都在成本、产业价值和有效经营上花工夫,打了一场真正的翻身仗。

看到上述经营单元所取得的成效,如果分析其背后的原因,都是因为更加注重落地实现,更加贴近市场和顾客,更加关注行动的成效。相反,还是有一些同事没有把落地行动作为根本选择,结果是跟不上公司变化的步伐,无法取得有效的进步,我期待他们做出调整。

三、开放合作是对每个成员的要求

我刚从德国的PHW集团和法国的Cooperl集团回来,两家公司都是本国最大的肉食品产业一体化的公司,我们有机会与其合作来开发中国市场。PHW集团已经有超过80年的历史,在80多年的发展历程中,PHW集团一直本着开放合作的心态去发展自己,给我印象特别深的是,当我走进公司办公楼的走廊去CEO办公室时,在走廊的墙上悬挂的都是与合作方法国Cooperl集团交流的图片。另外一个细节给我印象深刻,我们抵达的时候,刚好碰上Cooperl集团年度最重要的活动,所以董事长和CEO一再道歉不能够全程陪同我们,我们在最后一天进行了一个会议交流,交流时我才知道他们最重要的活动是合作社的年度千人大会,其中核心合作社成员200人内部交流会。在年度千人2天的大会中,运营班子要能够充分与200名核心成员深入交流,倾听他们的意见和建议,把公司的战略以及近期的规划达成共识。董事长很骄傲地告诉我们说,公司的合作社已经有50年的历史,50年来都是这样交流与信任。在法国的几天,每天都安排得满满地去看各种工厂,最后一个环节是参访Cooperl集团的专卖店,店内的肉食品琳琅满目,在店内工作的店员笑容可掬,他们每个人都承担着多个角色,从与顾客沟通,到后台开发产品,管理仓库以及摆设柜台,看到他们前后台的流畅度,就知道每一个成员都是在协同高效地工作。

两家企业的参访和合作交流，也在说明这一点：开放合作是每一个成员都需要做到的事情，从董事长，到一线前台员工，只有每一个成员真正合作开放，才会让组织变成可开放合作的平台，否则组织变革是一句空话。

我们成立创新事业平台有半年的时间了，在这半年的时间里，照江带领着几位年轻员工组成的工作团队，再加上与和创科技、佰镒通等互联网公司的开放合作，很快我们具有向"云养殖"，以及食品供应数据化发展的平台与能力。庄悦的"刀客联盟"让我耳目一新，借助与专业技能的合作互动，让"滋生活"有了新的想象空间。崇星与闫博士，用最快的速度，把养猪专业能力在公司内部培育起来，并组合外部的资源，让猪产业的专业化能力得以提升。兴垚与希望金融的同事们，设计好系统上线，3月18日正式上线，6月18日突破1亿元融资额，为几百户养殖户或小微企业提供了融资服务，资金完全从互联网平台募集。这些成效有赖于开放与合作，有赖于每个成员理解开放与合作的价值并渗透到自己的行动中。

从公司内部来看，每个成员的合作开放意识与行动更是同等重要。农牧行业发展到今天，需要以更有竞争力的成本、更可靠的品质以及更加便捷的方式为顾客创造价值，而农牧行业本身的特点，决定了其需要在产业链的效率上获取竞争力，而我们本身就是一个选择产业链发展模式的公司，只有内部开放合作，整体效率才有可能获得改善。

有些时候，也许对外开放合作相对容易一些，因为外部的差异和相对界限，会让大家觉得比较好接受。对于内部而言，一方面因为管理习惯导致的界限隔阂，一方面因为心理契约的障碍，对内开放合作反而显得没有那样容易。几年前在华为参与华为内部培训，让我记忆深刻的是，任正非要求华为高层管理者学会"灰度管理"，我和华为的管理干部们进行充分的讨论。任正非说："一个领导人重要的素质是方向、节奏。他的水平就是合适的灰度。坚定不移的正确方向来自灰度、妥协与宽容。一个清晰方向，是在混沌中产生的，是从灰色中脱颖而出，方向是随时间与空间而变的，它常常又会变得不清晰。并不是非白即黑、非此即彼。合理地掌握合适的灰度，是使各种影响发展的要素，在一段时间和谐，这种和谐的过程叫妥协，这种和谐的结果叫灰度。"我想其核心，就是要管理者能够协同工作，开放包容差异以达成合作的效率。

"自我批判：恐惧造就伟大"，这句话是我理解华为得到的，原文出处在《下一个倒下的会不会是华为》一书。我之所以和大家谈论这个观点，是因为我们本身也需要用自我批判的眼光来对待我们自己。两年来转型与变革,大部分的阻力都是来自于我们自己,包括我们曾经积累的优势、能力与经验。

与大家一起工作的这两年,我总结转型的阻力,其核心都是来自于不肯对自我做出否定和超越,主要表现在四个方面:第一,过于迷恋已有的核心竞争力。30多年来公司所积累的核心竞争力——饲料,所以大家习惯了用饲料的逻辑来判断一切,很多同事习惯于规模与成本之间的逻辑,习惯于依赖行情进行经营选择,但是市场已经发生改变,行业与产业的格局已经从饲料转向食品端,可靠性成为必要条件。两年来我们做出了调整,但是否定自己的确是一件不容易做到的事情。第二,管理者自己已经落伍。无论是行业评价标准的改变,还是互联网技术带来的改变,对管理者能力的要求都发生了根本性的改变,如果管理者不能够自觉地跟上变化,那一定是会落伍的;特别是那些对于新方向、新做法想都不想就直接否定的管理者,那些不愿意学习新知识,增加自己新能力的管理者,一定要问自己是否已经落伍了。第三,想尽办法避免冲突。改变一定会带来冲突,但是一部分人不愿意面对冲突,所以这些人就尽可能去避免冲突,甚至会为了不冲突做出不改变的选择。第四,恐惧变化。转型的两年中,我们的确做出了很多调整和变化,而且这些调整和变化还在持续中,很多经理人会在交流时问我,我们还需要变到什么时候,我只能回答,变是一个恒久的话题。只有接受变化、主动变化才会保持活力,所以恐惧变化本身是需要超越的。

不断否定自己、超越自己的确是非常困难的一件事,但这也是今天对于你我的要求,我也知道这是极难的一个要求,尤其是对于那些已经取得过成功的人来说,我们在骨子里的自我认知,恰恰影响和妨碍了我们对于自我的否定和超越,所以我要特别强调这一点。

四、回归一线与顾客

我们面对的最大的挑战,就是不确定性。这个时代的不确定性远远超过了以往任何时期,无论是在变化的规模、速度还是迅猛程度上,都与过去根本不在同一个数量级上,互联网更加从深度和广度上加剧了这种不确定性。如何识别不确定性,并从不确定性中找到属于我们的价值,是对于今天管理者的又一个要求,其答案是在"现场与顾客"中。

拉姆·查兰表达过一个很现实的观点,"随着职位越升越高,有些身居高位的领导人对客户需求的理解、对客户体验的把握,已经相当生疏了"。这一点我有点认同,随着总部搬迁到北京,总部功能被强化与系统化,另外一个问题就会浮现出来,那就是总部如何服务一线?如何对接顾客价值创造?在我自己的经营哲学中,顾客是企业唯一存在的理由,顾客是唯一一个可以解雇我们和老板的人,企业如果被顾客淘汰,企业就没有任何存在的理由了。因此,新希望六和命中注定是为顾客而存在的,除了顾客,新希望六和就没有任何存在的理由了。

作为一家农牧企业,产业链的价值是核心,我们能否让产业链的每一个环节都有价值,我们能否为产业链的成员贡献价值,是检验我们的标准。现在的竞争就是产业链与产业链之间的竞争,就是价值网络的构建与合作,我们确定自己的战略"基地+终端",就是要形成我们从上游到下游产业链的整体强健,这就是新希望六和生存之本。真正能够感知到变化的是一线,真正寻找到变化机会的是与顾客在一起,如果能够回归一线和顾客,就会更早地感知到变化,正所谓"春江水暖鸭先知"。今天的环境与变化,需要我们顺势而为,利用变化,变中求胜。如果想要寻找到解决方案,就要与顾客交流探讨,就要在一线去体验,这不仅能拓展我们观察事物的视角,帮我们判断哪些信息更为重要,帮我们分析如何更好地把握胜机;还能提高我们自己和公司整体的洞察力,更早地发现新的趋势,更好地引领新的变革。

我希望以顾客为导向不是一句理念或者口号,而是真正落实到我们的具体行动和日常经营中。

任何一个令人称赞的伟大公司,都是真正为顾客创造了价值,都是源于对"需求的未满足"的认识,这些企业的发展过程就是不断满足顾客需求的过程。为什么在今天,传统企业感受到从未有过的压力和焦虑,是因为互联网时代使"人"的感受和体验,变得更加丰富和多样,而新兴企业更能够借助于互联网去满足这些不断被释放出来的需求,如果我们不能真正去理解和发现顾客需求,我们也一样会陷入焦虑之中,甚至会被淘汰。

各位看到这封信的时候,2015年的下半年已经展开,新的成长也同样展开,期待我们可以战胜艰难与自我,创造一个属于我们自己的新高度。

(原载:春暖花开公众号,2015年7月8日)

当代中国需要更多像任正非这样的"商业思想家"

20世纪40年代管理学大师彼得·德鲁克在《公司的概念》中热情洋溢地赞颂大企业在现代社会中的核心地位。他指出:"大型公司的工资水平决定了全国的工资水平,它们的工资条件和工作实践也成了一种规范。当我们谈论美国的经济机会时,首先想到的是大规模生产的现代工厂和现代大型公司提供的机会;我们谈论美国的技术时,想到的是龙头企业设立的标准值。"正因为大企业很大程度上承载着社会信仰、精神和希望,所以我也一直期待着中国可以出现德鲁克所赞颂的"大企业",而这个期待随着华为的出现终于成真。

商业和企业的成长对于中国的重要意义并非在于它摧毁了一个旧传统,而在于它在建立一个新世界。由荆棘丛生的荒原构成的中国商业世界,更需要雄心勃勃的梦想者与开拓者。华为与任正非正是这个时代最典型的代表。

一、力量,来源于组织,不是个人

"我是在生活所迫,人生路窄的时候,创立华为的。那时我已领悟到个人才是历史长河中最渺小的。我深刻地体会到,组织的力量、众人的力量,才是无穷的。人感知自己的渺小,行为才开始伟大。""也许是我无能、傻,才如此放权,使各路诸侯的聪明才智大发挥,成就了华为。"任正非认为华为有今日成绩是因为"17万员工,以及客户的宽容与牵引",而他不过是"用利益分享的方式,将他们的才智黏合起来"。任正非重视组织的成就远远超过对自己的成就描述,也没有将自己放在组织的顶部,他做得更多的是托起这个组织,并用组织的整体力量成就华为。

出于对组织力量的理解，任正非为华为人赋予了公平原则、利益共享原则，甚至对华为下游供应商也是如此，在经济危难时期华为也会承诺"绝不让利益共同体吃亏"。由此可见，华为的力量来源于组织整体，而绝非仅仅依靠领袖个人，这也是华为持续发展的动力所在，是任正非创造的组织整体的可持续力量。任正非将华为人个人的能力与组织的能力聚合，形成强大的冲击力，这种冲击力被他称为狼性。值得注意的是，狼的组织只适合于狼，一头狼率领一群羊不可能形成狼的团队，一头羊也无法统领狼群。

二、文化，从理念到行为习惯

"世界上一切资源都可能枯竭，只有一种资源可以生生不息，那就是文化。"任正非强调文化，不仅仅是华为的企业文化，不仅仅是每天需执行的流程和制度，而是文化本身，积极将文化渗入了华为人的自身修养中去。在一个知识与变化的时代，如何培养忠实的追随者，显得越来越扑朔迷离。大凡真正的大企业家，首先应该是思想家，对企业战略有清晰的认识，以自己独特的思想认识，影响和指导企业的发展。华为之所以成为中国民营企业的标杆，不仅仅因为它用20多年时间成为中国最大的民营高科技企业，不仅仅因为它在技术上从模仿到跟进又到领先，而是因为华为独特的企业文化，这种文化的背后则是总裁任正非穿透企业纷繁复杂表象的深邃的思想力。从产品到技术再到文化，华为做得有条不紊。任正非对企业目标的界定，对企业管理的创新，对智力价值的承认，都开创了中国民营企业之先河。

中国历来都不缺乏政治家、企业家，但从来都缺乏真正的商业思想家，在当代中国，任正非应该算是一个。"寻求主流价值观认同""企业成长动力来自于矛盾""聚力和扩张力的辩证关系""跟着外交路线打入国际市场"等，都是他作为商业思想家对华为提出的闪亮指导思想。

时至今日，如果没有这样一些富于雄心、试图改进世界的人物，我们对中国企业在世界商业领域的地位或许仍会有些不知所措；商业世界需要英雄辈出的气氛，没有这些英雄，很难将中国商业领域中属于中国自己的这部分内容区别出来。更重要的是，对中国来说，商业的繁荣也意味着一个不断繁荣昌盛的社会和国家。

（原载：春暖花开公众号，2015年9月11日）

激活个体,"变"及雇佣

一百多年以来,所有发达国家都逐步进入以雇员为主的社会。这种体系带来的最大好处,就是稳定的结构、有效的分工,伴随着流水线的大工业生产所带来的高效率和低成本,让早期的工业社会创造力大幅度提升起来,并创造了巨大的财富。在这个时期组织更关注的是上下级关系、结构稳定性以及个体对组织目标实现的贡献;更关注服从、约束以及标准的制定。所以,产业工人和职业经理人,成为最为耀眼的角色。

正如德鲁克先生曾经描绘的那样:"20世纪50年代,在大型组织中工作的雇员成为每一个发达国家的主要风景线,如在工厂工作的蓝领工人和管理者,在庞大的政府机构中任职的公务员,在迅猛发展的医院工作的护士以及在发展得更快的大学中教书的教师,那时大多数人都认为,到1990年几乎所有参加工作的人都会是组织的雇员,可能还是大型组织的雇员。"

但是,这种情况的确在发生着不可思议的变化,而且随着技术的深入变化越来越剧烈,也越来越让人惊讶。今年,我第一次有一位"90后"硕士毕业生,这个学生非常优秀,他的本科是工科,直接被保送到管理学读硕士研究生的。在他之前,我所有的硕士毕业生,都会很在意毕业单位的选择,也都会在毕业论文答辩之前把将要去工作的地方确定下来,但是这位"90后"学生并不是这样去选择。他很好地完成毕业论文,但是他并不急于把自己定位在哪个企业里或者机构里,他告诉我说,他还要多看看。一开始我还担心他,后来发现需要担心的是我自己,为什么?因为这该是一种趋势和常态,人们不会再轻易地把自己固化在一个组织里,或者一种角色里;会有越来越多的人,期待自由、自主和非雇佣关系。

今年我的公司招收接近800名新入职的员工,他们此时就在青岛基地培训,我花很多心思来设计这个新员工入职的环节,甚至告诉人力资源的同事,要在新员工入职的时候,和他们谈一场轰轰烈烈的"恋爱","恋爱"的程度越深,他们理解和爱上公司的概率越大。但是回想起10年前,或者更早一些,像新希望这样的公司，是不需要花费这样的脑筋的，很多年轻人会渴望走向社会，走向岗位，走向一个好的组织，以让自己得以充分地发挥。但是今天，组织与成员之间的关系变得非常微妙，个体本身的能力已经超出组织界线。

在我安排公司战略转型，需要全新能力建设的时候，知道必须借助于外力，以及拥有新能力的人加盟，才可以实现转型的目标。但是我知道，拥有新能力的人，如果进入到现有的组织体系中，会被淹没；同时，我也理解到这些具有新能力的人，更希望是自主与自由；如果用传统的逻辑来讲，他们不会是公司的人力资源，而是人力资本。理解到这一点，对于这些具有新能力的人，我都未采用原有的雇佣合同，而是采用一种灵活的合约，用共同的目标和价值追求来约定彼此的关系，充分信任他们的能力和将要创造的价值，给予足够的空间与自由。当我采用了这样的方式处理的时候，这些具有新能力的同事，一一走进公司并发挥了巨大的作用。

事实上，大约40年前就出现的组织管理外包，可以说是一种打破雇佣关系的方式。很多时候，人们简单去理解管理外包，认为是一个价值链的价值重组，是为了效率和成本的考量。但是如果仔细去分析，外包的核心是组织的部分环节从雇佣关系，改为合作关系，这是一个非常值得注意的价值，因为对于外包环节的成员而言，对于发包的组织来说，很难用"忠诚度"去界定，更多的视角是合作及契约精神。

人们之所以不再愿意陷入一种雇佣关系中，一方面是源于技术带来更多机会和挑战，另一方面是因为雇佣关系本身会伤害到人们创造能力的发挥。尤其是大型组织以及历史悠久的组织，雇佣关系导致人们之间的角色固化、层级固化，从而滋生出一个固化的官僚机构，也可能滋生信息的僵化与功能的僵化，特别是下级必须服从上级的心理契约，使得人们无法真正发挥自己的创造性，导致真正有创造力的人，会因为雇员的身份和组织约束，根本无法做出价值创造。

我还很清楚地记得德鲁克先生对于"知识工作者"与"雇员"之间的定义的区别，他说"在知识社会里，雇员，即知识工作者，还拥有生产工具。这同样重要，而且可能更重要。马克思认识到工厂的工人不拥有，而且也无法拥有生产工具，因此不得不'处于孤立的地位'。这的确是马克思的远见卓识。现在，真正的投资体现在知识工作者的知识上。没有知识，无论机器有多么先进，多么复杂，也不会具有生产力。"

德鲁克先生的这段话，可以让我们很好去理解今天的从业人员，现在绝大多成员都是知识工作者,他们拥有知识并因此拥有了自己的相对自主能力。相反,组织如果仅仅拥有资产,不能够为成员提供其运用知识和发挥知识的作用,这个组织也就丧失了自己的价值。

今天绝大部分人都是在一种雇佣组织中,所以很多人都可感受到传统组织对于创造力的抑制。很多时候,管理者为了维护流程和自己管理的权威性,会让流程臃肿,信息不透明。层级结构模式中,信息由基层员工一层一层向上流动直到决策层。我有时心里也很忐忑,因为自己就在这个高层的决策层里,但是也一样是从内部流动的信息中获得判断,倘若这些信息不准确,甚至可以确定是不准确的,决策的偏差就一定会存在了。决策后的信息又是按照这个层级,由上往下传递,传递过程中又难免有信息遗失,这样导致的结果,大家可以想象得出来。

因此在这样的组织里,只有那些谨守流程,不做任何创新,不犯错误的人可以存活下来。但是这样的人多了,待久了,公司的创造力和价值创造也就丧失了。而那些有很多想法,不墨守成规,想打破禁锢的人,也就无法生存下去,要么离开,要么抹掉自己的个性。

所以在雇佣社会里,大多数人都是在组织中工作或者为组织工作,每个人要发挥作用取决于是否能够与组织接触,并被组织认可;每个人的生计也是要与组织接触,并获得组织的肯定从而获得收益。这样的原因,导致组织中"管理者"有了非常特殊的角色和权力,而"雇员"则失去了他自己本该有的自主与自由。雇员越来越多地依赖组织,因此要求个体必须了解组织的需求,并为此作出贡献。我在写《管理的常识》一书时,也是因为对于管理者这一点的担心,一再强调,管理者决定下属的绩效,一再要求管理者理解并尊重人,一再阐述管理者如何真正理解绩效。这些常识性的理解,就是源于传统管理理论和组织管理的局限性。

随着个体对于知识和信息的把握,以及个体能力借助于技术发挥得更加强大的时候,这种雇佣型的管理习惯,是无法胜任并伤害到个性的。同时,这也需要代表组织的管理者,了解到一个根本性的改变,组织必须要了解雇员的需求,了解雇员的希望。这个改变,对于管理者提出了挑战。成员不再依赖于组织,而是依赖于自己的知识与能力;成员与组织之间的关系,也不再是层级关系,而是合作关系,甚至是平等的网络关系。这些改变,意味着雇佣关系已经开始解除,人们之所以还在一个组织中,是因为组织拥有资源与平台,倘若资源与平台进一步社会化、网络化,个体的自主性就会更加被显现出来,这一刻,已经就在眼前。

(原载:春暖花开公众号,2015年10月22日)

管理者如何表达对员工的尊重

一、尊重员工是管理的基础

管理者应该借助于任何一个机会，表达对员工付出的尊重。尤其是对于一线员工来说，他们很少接触到高层管理者，而是经常接触到顾客，如果高层管理者不能够及时肯定他们的贡献，就会影响到员工们工作的情绪和结果。也许你会认为这不是什么重要的事情，但对于这些经常被遗忘的人，认同的意义却是非常深远的。

我曾经看到这样一则故事：

有一次，一位经理去视察一家医院，他看到一位工人在拖地板，就问这位工人，地板干净的时候是什么样子，这位工人解释说："干净就是你不但可以看到地板的反光，而且可以在地板上看到电灯泡的影子。"这次经历提醒了这位经理，只有那些干具体工作的人才最清楚怎样去满足顾客。

要满足顾客的期望，只有不断提升员工的工作效率，激发员工的积极性和主动性，而影响员工积极性和主动性的就是"管理者—员工"之间的伙伴关系。作为伙伴，管理者不仅要关心员工现在正在做什么，员工的感受和想法，还必须关心员工的自我价值感和成就感。当管理者对他们表现出不仅仅是关心他们工作任务本身，还关心其他东西的时候，他们就会信任管理者，也就会对这个企业更加忠诚，产出得更多。

正确地理解员工所承担的任务，不管这项工作多么简单，让管理人员帮助员工，使得员工完成这项任务后仍保持他们的自我价值的感觉。管理者的挑战就在于如何去定义这项任务，使得员工们都明白这项任务对企业的整个事业是如何重要，借由这样的定义，管理者可以让员工感受到尊重和付出的价值。

二、贡献创造价值

对于每一个员工来说，工作并不是按部就班，只是流水线上的步骤而已，工作应该是不可或缺的，极具价值和贡献的。管理者对于员工工作的分配，仅仅向他们解释如何像机器一样按部就班去做是绝对不够的，还必须向他们解释为什么要这样做。举个例子，迪士尼乐园的清洁工人，并不是简单地做清洁，还承担了让顾客娱乐的演艺事业。迪士尼乐园的管理者同时还让清洁工人明白，有时停止清扫向顾客微笑，并向他们传递快乐也是工作的一部分。因为这项工作的最终目的不在于清扫，而是在于给顾客快乐。

把一项任务放在大局中考虑，突出工作的重要性，能够体现出任务的品位和意义。没有为这些任务赋予这些品位和意义，员工们就只会机械地完成它，而不会富于创造性并尽力改进工作，或者不能对意外做出积极的反应。因此，尊重和自我价值的实现是创造积极而又高效率员工的关键。

我喜欢德鲁克的一句话："如果你把'功绩'从你的词汇表中抹掉，用'贡献'取而代之，那么你将在经营中获得最佳的成果。贡献能够使你把工作重心放到合适的地方——客户、员工和股东。"让员工明白他们能够做出独特的贡献是把他们组织起来并获得成功的核心。

三、授权员工去改革

企业要更具竞争力，最好的办法就是更灵活，不断革新。既然企业的灵魂是它的职员，那就意味着他们——尤其是第一线的员工，这些直接与顾客打交道的人——必须愿意和能够去革新。对员工表示尊重，赋予他们的工作以地位和意义是让员工愿意和能够不断革新的第一步，但是除了尊重员工之外，我们还需要授权员工去做改革和变化。

在一个充满改革精神的企业里，管理者会倾听那些与顾客最接近的员工的意见，然后授权他们去干。授权与改革是相辅相成，互相促进的。在我担任总裁期间，工作中给我最大帮助的是同事们所做出的改变的努力。我刚上任的时候，整整花了六个月的时间走访所有的片区，倾听一线人员的建议，观察一线人员的做法，这些做法和建议最后成为公司快速成长的动力和依靠。

革新者的成功莫过于让他们觉得自己是改革决策的拥有者。这种拥有无论是经济上的回报，或者仅仅是额外的认同，都会让他们感受到成功的喜悦。但它同时意味着革新者应承担革新的责任。给革新者充分的空间，包容他们的错误，但与此同时，革新者必须在一定程度上承担失败的责任，正如他们接受成功的回报一样。

美国著名管理学家麦格雷戈说："企业这一组织系统，是因鼓励人的行为才存在的。这一系统的输入、输出和由输入转化为输出的过程，都靠人与人的关系和人的行为来决定。"因此，企业的核心是人，人才是企业的主体和根本。只有充分调动他们的积极性，企业才能财源滚滚，长盛不衰。

四、能力三要素

"能力"（capability）这一非常灵活的词语的真正含义是什么？为什么我们可以依赖于员工自己去做改革，就是因为员工具有能力。如果深究下去，我们可以发现，能力这个概念可以分解为三个要素：资源、程序以及价值观。也许我这样划分本身并没有什么科学性，但是可以表达我想要表达的思想，员工所具有的能力，构建了组织的资源、程序和价值观。

员工本身就是一种资源，他们所具有的学识、经验和解决问题的方法，可以带给组织极大的帮助，他们甚至在实践中累积的顾客资源、与供应商的关系、联结家庭和社会关系的网络都是帮助企业的关键要素，而员工本身所具有的影响力更是可以使身边的人快速成长的推动力。所以，有时候，我们常常听到这样的说法，只要找到合适的人，一切就迎刃而解。员工自身所具有的条件，使得员工能够在工作环境中不断释放自己的经验和知识，同时他们也在工作环境中不断学习新的技能和知识，这样不断地交流和学习，让员工更加适应工作环境，从而创造出更大的绩效。

当员工把投入的资源（人员的工作、设备、技术、产品设计、信息、资金等等）转移到具有更高价值的产品和服务中去的时候，企业就创造了价值。员工们完成这些转移时所进行的互动、协调、交流和决策的模式就是程序。很多人会认为程序是一种规定，是工作的流程，但是我更愿意理解为员工们自觉的行为选择，因为程序简单地说就是一种做事的方式。

在这个意义上，程序应该是一种非正式的选择，是人们互动的方式，一种长久以来被证明是有效的、自觉不自觉遵守的组织文化。唯一能够衡量程序的关键就是，如何把投入的资源转换成具有更高价值的东西，因而程序就是员工创造更高价值的行为选择。这样的理解可以让我们了解到，员工所具有的程序的能力，可以让员工们创造出更大的价值，程序可以让员工们知道确定的行为是什么，同时如何让自己的行为和组织的任务协调一致。

所以具有能力的员工，我们可以依赖他们来发展。在任何一个业务的展开中，组织所取得的成就在很大程度上归因于它的人力资源。随着时间的推移，组织的能力总会随着它的程序和价值观而累积起来，人们成功地一起完成每一项新的任务，接受每一项新的挑战，进而获得更有竞争力的人力资源。

（原载：春暖花开公众号，2015年12月3日）

你是否乐于接受这样的管理理念

根据联合国、国际电信联盟、思科等机构的数据显示,到2014年,全球互联网用户普及率达到40%,全球互联网用户将达到30亿,互联网用户的普及率在发达国家达到78%;到2020年,全球互联终端设备将产生近500亿的连接;无论是中国还是全球范围内,人手一机的现象马上到来,预计在2015年全球手机用户总数76亿,而全球人口是72亿,中国手机用户总数为12.24亿,而中国人口数是14亿。同时,互联网用户向移动终端迁移已经成为定局。

移动技术的出现,不仅仅让交流成为更为便捷的方式,不仅仅让商业模式创新变得更加丰富,更重要的是让人的自由拥有了更加厚实的技术基础。很多时候,我自己对技术的理解,总是定格在技术改变生活,技术释放人性的价值上,互联网技术的出现,无疑是让人的创造性得以施展,让人性得以张扬,推动社会的巨大进步的又一次验证。

早年那些杰出的商业领袖无一不深谙此道,也都曾直接或间接地加以运用。当威廉·休利特和戴维·帕卡德于1939年创立惠普公司时,在他们开启硅谷辉煌时代的过程中,二人明确树立了"以技术贡献社会"这一经营目标;比尔·盖茨创立微软的时候,更是要借助于技术的能力,给人类一个"看世界的窗口"。正如戴维·帕卡德所言,众人结成一家企业为的就是:"贡献社会,虽然这话听来老套,但却道出了事情的本质。"威廉·休利特也曾说过:"我们的经营是本着这样一种假设:只要为社会作出贡献,收益自会随之而来。"

为什么这些杰出的商业领袖能够如此确定自己的经营宗旨,能够明确技术带来的价值,就是因为他们深知,技术与人之间的关联,技术本身就是提升和解决人自身能力和困境的。以不断进步的技术改善民众生活这一理想令这些杰出的商业企业饱经风雨而屹立不倒、历经沉浮而发展不辍。1980年，标普500强公司的整体市值几乎完全由有形资产（现金、办公室、厂房、设备、存货等）构成。而到了2010年，有形资产在标普500强公司的市值中仅占40%到45%，其余部分则由无形资产构成。无形资产的核心是什么？就是在顾客心目中的价值创造，可以归结为这家公司技术与人组合后的创造价值。

互联网技术与以往时代的技术最大的不同，是在于这个技术所带来的效率，以及信息对称的程度已经远远超出人们的想象，信息与数据获取的便利性也远远超过人们想象的程度，更重要的是，这一切发生所需要的成本，也似乎被消化掉了，虽然人们并未清楚是如何消化掉的。所有这些，都让人们的生活方式、思维习惯、行为结果发生了逆转，甚至是颠覆，更加不可思议的是，因为互联网技术，促使人们不得不开放自己，因为互动本身需要价值交换，唯有开放自己，才有可能与其他人互联。

用IBM的"智慧地球"概念，在今天，更加透彻地感知，更加广泛地互联互通，更加深入的智能化是环境的基本特征，这一特征，帮助人们更自由地存在，但是同时又要具有足够的责任感，因为没有责任，不创造价值，就不会被环境特征所包容，也就无法获取价值创造的机会。

2014年，我特别喜欢美好团队所做的"统一方便面爱上了美好火腿肠"案例。美好食品是新希望六和旗下的肉食品品牌，美好的同事告诉我，他们一次在火车站等车的时候，偶然看到旅客把方便面里的火腿肠随手丢掉了，职业的责任让他们马上想道："为什么客人会把火腿肠丢掉？""一定是火腿肠不好吃"。想到了就去做，他们决定研发一款让大家在吃方便面时，喜欢吃的火腿肠。

我喜欢这个产品启动的缘由，他们也为自己的想法所激励和驱动，很快产品就研发出来，当他们去找到统一食品的时候，两家公司相同的经营理念，以及对消费者负责的追求，让大家组合在一起，统一方便面第一次在自己的盒盖上印上美好火腿肠的广告，而美好食品也第一次与方便面企业跨界组合，产品一推出就卖了2亿份，让2亿人了解到一个全新的组合，并享受到这份美好，想想都觉得美好。

这些努力给美好团队带来的创新能量不仅激励了营销团队，也激励了制造部和其他职能部门，让这家以制造生产为主的公司，具有了全新的质素，也实现了非常扎实的增长，盈利能力一再创新高。更重要的是，我的同事们学会了开放、互联、合作与创新；学会了自由创造的美好，但同时又感受了担当责任的美好。

这些成绩对我本人和美好团队的所有主要成员来说都是事业上的辉煌一笔。

对于今天的团队成员而言，一定要了解到他们对于自由的渴望，了解到他们希望独立、打破条条框框的渴望；同时，也一定要了解到他们愿意承担责任，有能力承担责任的内在价值判断。如果你乐于接受这样的管理理念，你就会有可能，将你的业务与人类的基本理想相联系，你的企业和你个人的事业就能实现惊人的飞跃。想象一下，这将为你、你的员工和你的社群带来怎样的无限可能？

如果你愿意走到年轻族群中，你会发现，他们更善于发现问题，并把解决问题当作商业机会，从而创造出属于自己的一番天地。今天是一个从未有过的创业时代，其根本的原因就是开放的社会，自由的个体、明确的责任。这个明确的责任，就是"改善人们的生活"，无论是那些有着悠久历史的杰出公司，还是今天不断萌发的新生公司，只要去满足人类基本价值观，只要从改善人们的生活出发，就可以让一家企业获得勃勃生机，这样的企业，反过来又能支持开放式的业务流程，从而陆续催生更加多样而自由的业务模式。

（原载：春暖花开公众号，2015年12月7日）

如何建立信任,激活员工

互联网带来的冲击,最直接的感受就是组织变革带来的改变,组织变革改变了对原有的责权关系和资源分配格局,而这种变化的不确定性会给员工带来不安,甚至导致人员的不配合。为了在组织内部更大范围地达成变革的共识和决心,就需要管理者有能力在组织内部建立信任的文化。

建立信任除了有效地沟通之外,关键的因素还是要员工如何感受到改变带来的好处,所以需要从激励入手,从业绩分享入手,设计一系列提升业绩的方案,以及员工分享计划,这些努力会让员工内心深处建立信任,同时员工透过激励设计,可以看到公司与员工之间的信任关系。

根据华为公司2012年可持续发展报告,华为员工已超过15万人,其中研发人员占总员工人数的45.36%,外籍员工人数接近3万;海外员工本地化比例正逐年上升,2010年为69%,2011年为72%,2012年增至73%。作为一家高科技公司,在全球员工人数超过15万,并且来自世界156个国家和地区,本科以上的研发人才接近一半,这在全球科技行业并不多见。吸引如此众多的高素质人才加入公司"百舸争流"的,不仅是公司的愿景、机会和平台,更是华为公司激活人才"知本主义"战略,也是华为与员工之间建立了有效的信任关系。

华为公司坚信:知识能产生巨大的增值价值,让员工通过知识获取资本,让奋斗者获得足够收益,可以极大地激励和凝聚员工,这就是"知本主义"人才哲学。为了激活和激励华为人的潜能和热情,华为建立了相互关联人才"自动自发"制度和机制,确立"三优先"和"三鼓励"的干部任用激励政策制度。其中,"三优先"是指优先从优秀团队中选拔干部,出成绩的团队要出干部;优先选拔责任结果好、在一线和海外艰苦地区工作的员工进入干部后备队伍培养;优先选拔责任结果好、有自我批判精神、有领袖风范的干部担任各级一把手。"三鼓励"是:鼓励机关干部到一线特别是海外一线和海外艰苦地区工作,奖励向一线倾斜，奖励大幅度向海外艰苦地区倾斜；鼓励专家型人才进入技术和业务专家职业发展通道；鼓励干部向国际化、职业化转变。

更为重要的，便是员工利益分享机制。根据华为基本法确定的薪酬激励政策，华为公司以明显高于行业竞争对手员工收入来确保其人力资源的竞争力，因此，即使是一个刚入职一年的"新兵"，在其转正后年终收入也要明显高于同行业新兵的3~5倍，甚至高于竞争对手的老兵，更不用说那些已经能独自承担一个项目或成为项目主力的"高级菜鸟"。让人印象更为深刻的是，在2008年全球金融中，许多大公司在拼命裁员和降薪，但华为公司却"逆势涨薪"。2011年上半年的加薪优先安排4万多名中基层员工，平均涨幅为11.4%。其余的人员将在下半年启动加薪计划，幅度为5%~10%。对于选择逆市加薪行动，华为公司表示，华为的薪酬体系是基于长期回报的，此次加薪就是要确保华为的总体薪酬在整个行业内最具有竞争力，以此让员工真切感受到公司持续发展的能力。

华为公司力行"不让'雷锋'吃亏"，让"知本"转化为"资本"的利益分享承诺。根据《华为基本法》第十七条、十八条关于知识资本化、价值分配的形式的条款，"实行员工持股制度。一方面，普惠认同华为的模范员工，结成公司与员工的利益与命运共同体。另一方面，将不断地使最有责任心与才能的人进入公司的中坚层。"华为公司自成立之初便着手实施员工持股激励，到目前为止已经实施了四次大规模的股权激励计划。尤其值得指出的是公司在两次全球性金融危机时推出的大规模的股权激励调整，对公司员工的人心凝聚和士气有提振作用：在1998年金融危机和其后的互联网泡沫危机时，华为在2002年推出了"虚拟股票"股权激励；在2008年金融危机推出了新一轮的"配股"激励计划。公司秉承"丰年重赏基层"的传统，从2010年每股2.98元的高分红，到2011年对4万多基层员工平均加薪11.4%，再到2012年拿出125亿发奖金，华为几乎每一次都把公司的利润回报给了自己的员工，从而更加凝聚了人心。

华为与员工之间建立了信任的文化，员工也因此不断奋斗，并驱动华为成为全球最具竞争力的公司，企业持续发展的活力在员工持续不懈的努力中得以实现。

（原载：春暖花开公众号，2015年12月29日）

要与对的人在一起

作为公司的首席执行官（CEO），应该为企业作出什么样的贡献？应该以什么标准对其业绩进行评判？企业的其他领导层和员工对其又有什么样的期待？这是我必须回答的问题，也是我需要解决的问题。

许多企业在回答这些问题时，都显得过于片面。在过去的30年里，我与各种各样的企业首席执行官及其团队一起工作过，我自己也两次出任首席执行官的工作。从这些工作经验中，我感受到，在谈及公司首席执行官的工作贡献时，有很多误解，尤其是从媒体的视角来看，经常会曲解对企业首席执行官的业绩预期，业绩的确是一个根本性的职责，但是对于企业所要面对的不确定性而言，首席执行官的工作中还有一个更加需要专注的内容，那就是不断丰富自己以及不断学习，并且还需要更专注于对人的理解，对人的提升和发展的理解。

绝大多数企业领导者似乎都明白：如果企业没有一个强大的工作团队、没有合理的发展战略、没有一个可以负责执行的组织机构，那么企业就难以获得成功。然而，建立和维持这些又需要花费时间和精力。因此，领导者一方面要为企业增长和业绩负责，一方面又需要为组织持续性和内在的能力负责，而后者其关键就是如何与对的人在一起。

为什么提出"对的人"这个概念，是因为除了企业外部的不确定因素之外，企业的内部也存在诸多不确定因素，比如组织能力的构建、领导力的水平、业务活动是否围绕主要目标展开，内部是否协同一致，是否具有完成所有任务的能力等等。这些内部的不确定性，在今天会更加明显对企业的发展和外部竞争力产生决定性的影响。

所以，今天领导者需要做到以下几点，即明确企业未来发展方向；协同内部的不同力量；重视组织成员培养和发展；了解自己并丰富和超越自己；有坚定的价值取向并能和成员取得一致。在一个外部环境充满高度不确定性的社会中，领导者需要付出更多的努力，想方设法在企业内部构建更多的可确定性因素，比如构建企业要达成业绩所需要的组织能力。正如我自己在企业内部所做的那样，我要求自己要非常清晰地阐述公司未来战略的方向，要求公司内部要建立信任和绩效的文化，要求公司核心团队理解并能够传递转型和变革的要求。一个适合的领导者，就应该帮助组织成员明确：外部环境变化时，我们知道如何做才能应对。

公司战略转型，我发现在公司的传统业务当中有几个领域需要增长新的能力，可是在这几个领域当中内部的人没办法解决。我们在全球范围内扫描，找到几个合适的人，我们就邀请这几个人来公司，我们特设了一些特殊的职位，让这三位拥有专业能力的人按照自己的想法去干，但是要放在我们公司的体系上实现。你要知道能人最大的需要就是要自由，同时他们也会承担责任、主动创新并自觉自律。所以我们只是请这些专业人士确认，做一个项目需要花多少时间、多少钱，要怎么配合，他们开出条件，我们满足他们。他们对目标和责任非常清楚，他们更在意自己的价值体现，更在意自己的贡献和声誉。今天对组织的要求，并不是要拥有这个人，大家必须理解人的天性是向往自由的，这样想，你才可以真正跟对的人在一起。同样在做公司组织变革的时候，我特别需要能够理解组织变革内在逻辑，并有能力去推动变革的人。非常幸运的是，我在组织内部找到这样的同事，当我们在布局几大特区同时转型调整的时候，有不少人告诉我调整的步伐太快了，一定会失败，一定会出问题，一定会乱，一定会……但同样有不少人，全力转型、克服各种困难，抛开自我界限、努力配合协同，快速恢复区域竞争能力，深入了解产品力的结构，从品质、成本入手，从协调和约束着力，仅仅2个月的时间就已经开创出了全新的局面，因为他们坚信聚焦区域的发展、聚焦顾客价值的创造，一定会获得市场的认同。我举这两个身边的例子，是想告诉大家，其实，"对的人"可能是在组织之外，也可能是在组织内部，并不是像大家想象的那样稀少，相反，只要把目标和责任明确下来，就会发现"对的人"，就可以因为与对的人在一起，创造出全新的价值。

所以，核心的问题不是"对的人"在哪里？而是如何界定需求与责任，如何判断目标和方向，技术的发展与变化，我们会面临许多关键性的问题，而所面临的不确定因素之多之大，似乎胜过以往。在不确定性面前，我们到底应该如何进行战略转型？以什么样的组织形式激活创造力呢？我们要用什么样的方式集合发展要素呢？我们从哪里获得所需的资本，又往何处去寻找发展空间？针对这些变化我们又该如何应对？

以上这些问题中的不确定性所带来的直接结果就是，对于人的要求越来越高，管理的难度越来越大。在这种压力下，目标与责任需要成为牵引的力量，只有当目标与责任清晰的时候，人们才会采取相应的行动，以应对这些变化。

当我们试图去寻找对的人来解决公司面对的这些挑战时，需要在公司内部产生出新的措施，需要能够激发出对的人，或者能够吸引到对的人，以确保他们能够有效地进行价值释放。如果还继续沿用以往的管理模式与组织习惯，那是毫无意义的。在新环境下，我们需要有更加宽阔的视野和胸怀，需要积极去与对的人呼应，需要更加清楚地指明方向，使责任和目标更加聚焦，这样就会发现对的人，从而让组织拥有面对不确定性的能力。

（原载：春暖花开公众号，2016年1月5日）

牢记三个特征，助你找到对的人

"能人"的第一大特点就是经验丰富，因其经验太丰富，有极强的能力，所以比较难接受新的东西，往往喜欢凭经验去行动；第二大特点是不擅于合作和协同，总是希望自己解决问题，总是不放心授权其他人去做事情。以上两点也是那些拥有很多"能人"的大型公司，为什么在今天反而显得吃力的一个主要原因，这些大型组织的协同效率太差，反应速度和决策速度太慢，结果丧失了市场的机会。"对的人"表现出以下几个主要的特征：

第一，不固守经验。可以毫不夸张地说，在目前的形势下，大多数企业都需要用新的办法来完成他们目前的所有工作，这是快速变化的环境提出的要求；几乎所有的企业都需要全面去接受互联网技术对行业的改变，并重新认识行业的规律。我也在2015年初撰文告诉大家，就连互联网本身，也由"消费互联网"转变为"产业互联网"，一切都在快速迭代、变化之中。所以，这就要求，我们不能够再以过去的经验、行业的经验、自己的经验来面对今天的问题，就如我和同事们说的那样，我并不担心同事们拥有几十年对于农牧企业的经验，我担心的是，同事们根本不知道，接下来农牧企业长什么样子。

所以"对的人"首先具有的特质就是不固守经验。他应该总是用全新的角度看问题，总是提出新的想法；他不会开口去说"过去是怎么做的""经验是什么"，而是开口说"我们试试一些新的做法""看看有否不同的解决方案""虽然这个做法我从未试过，但是为什么不试试看呢"，如果他是如后者这样去说和这样去做的，那就是一个"对的人"。

在企业还存在各种各样的混乱情况下，新的想法常常不会被关注。但是对的人，往往能够让试图回归到经验习惯的人接受他的想法，使得提出的新想法能够得以贯彻和落实。很多时候，人们更愿意重复以往同样的方法和措施，或许会比以往的成本低一些、速度快一点。对企业来说，今天继续重复昨天的做法会容易很多，风险看起来也许会小一些，但是对的人更清楚，如果固守经验，被淘汰则成为现实，这个风险显然要大得多，所以对的人会坚持引领大家，超越经验，忘掉经验，采用新的方法。

第二，创新并承担责任。对的人在工作岗位上，他们清楚自己的工作任务、时限要求、完成工作所需要的技能和具体的衡量标准。因为变化的要求，使得管理者需要创新性去工作，组织对创新的鼓励和期待也达到了从未有过的高度，创新已是对一个成员的根本要求，自然是"对的人"的一个基本特征。

但是光有创新还不足够，因为核心特征是能够承担责任。创新在很多时候会带来不确定性，或者带来更高的成本。而"对的人"会把创新与责任组合在一起，让责任非常明确，并能够发挥创新的功效，明确自己的任务和责任，这是极其重要的特征。因为变化的挑战，让组织很难界定清楚每个人的角色和责任，甚至在很多时候，需要不断调整成员的角色和责任，这是组织柔性的一个表现，但是又带来一定的混乱，甚至无法界定清楚人们的绩效，以及组织绩效。

对于变化环境中的企业来说，战略是至关重要的，但是许多企业的战略一般不会深入到企业的基层。按理来说，企业的经营战略应该自上而下一层一层地解读和传达下去，但事实是，企业即使这样做了，因为变化，因为员工理解的不足，并未让企业各个层级的人能够清晰自己的方向和责任，更加没有让基层员工理解到变化。相反，企业的基层员工往往会重复他们一直以来所做的事情，但是这样的做法也许并不符合企业的发展战略。

这需要把员工变成"对的人"，不能够只是侧重公司意识的培养，而是应该侧重对责任意识的培养，对于角色的任务意识的培养，如果做到这一点，我们就可以让基层员工成为"对的人"，从而帮助企业战略落地执行。

第三，强调自由但注重价值实现。"对的人"也是热爱自由的人，因为他们具有解决问题的能力，拥有专业的技能，并被证明过价值，所以不受约束，崇尚自己几乎是他们的普遍特征。但是他们又有着另外一种普遍特征，就是注重价值贡献。

那些整天呆坐在办公室，那些把大部分时间花在"自己认为重要的事"上的成员，以及那些替代更低一层职位人而忙碌的管理者，并不能为企业发展带来应有的价值，这一点尤其需要我们关注。"对的人"会有明确的自我角色认知，会以更高的效率工作，其努力的结果，是为了获取更多的属于自己的时间和空间，这些努力的确需要我们理解，如果用打卡、工作时间的监督等手段对待他们，

"对的人"也许就离你而去了。因为在他们看来：他们非常清楚工作中的关键任务是什么，因此，在合适的时间以合适的方式实现工作目标本身就是他们的工作重心。他们绝对不会让根本无关紧要的事情凌驾于重要工作之上，他们的所作所为一定会真正增加价值，当他们确信这一点并做出努力的时候，他们希望得到信任和尊重，希望在一个自由轻松的氛围中工作。

今天，轻松而自由的工作环境的打造，是一件比较容易的事情，电子通信工具，如电子邮件、语音信箱、即时消息以及类似的工具，都会提高信息交流的速度，所以我们要习惯于提供这些便利，以及自由的工作环境，这样才可以吸引到"对的人"来。我去过微信的总部，看到办公室里配备了健身房、游戏室，还有滑梯、咖啡厅和中医按摩，说实话，站在微信的总部楼里，我还是很羡慕在这里工作的人，不过，我也知道微信创造的价值是什么。

只要目标清楚，"对的人"一定会全力以赴把目标完成，而且因为他们的特质，所以你并不需要去关注过程，结果一定会如你所愿。最近我去参加戈壁挑战赛，去之前，我想为队友写一首战歌，歌词写好了，但是在同学之中找不到可以编曲并做成MV的人，我想到曼午，就在微信里问曼午，可以帮助我做这件事吗？曼午很快找来传建、拾口、小帮、渝涓，把同学们拉练的素材传给他们，结果真的就谱曲、编排，做好了视频，拿到MV的时候，我的确庆幸自己找对了人，否则无法在这样短的时间，在我们彼此根本没有见面的情形下，把这个结果呈现出来。

（原载：春暖花开公众号，2016年1月11日）

为顺丰总裁点赞：
管理就是向下负责

这两天顺丰小哥被刷屏，因为他有一个可依靠的总裁。当顺丰小哥被打的视频曝光后，顺丰集团总裁王卫在朋友圈发文称："如果这事不追究到底，我不再配做顺丰总裁！"这话掷地有声，这话立场坚定，让我极为赞赏。顺丰的官方微博也对快递员被打一事做出回应，并且向网友表示已找到受委屈的小哥，并承诺照顾好他，让人心暖，让人心生感动，也让人觉得充满希望。更让我赞赏的是，顺丰总裁同时做出承诺：未来也会像保护这位小哥一样，保护所有员工！

如果回看顺丰总裁的演讲及讲话，可以看到王卫一贯的观点：一线快递员是支撑顺丰的基础，是顺丰集团真正的核心资产！他是这样说的，也是这样做的。所以我可以感受到顺丰快递员的敬业和专业，也可以感受到顺丰的方便与快捷，更感受到顺丰小哥为了帮助我把快递的货物包装好，想办法把东西固定住，他们的用心，很令我惊讶。以前我一直认为是因为顺丰快递员的工资高，所以会这样敬业与尽心，但是这一次，看到王卫对于这件事的反应，我相信作为顺丰的员工，一定是可以做到这样的服务水准的。

我们一直在探讨如何进行管理，这个问题的答案其核心在于管理者如何面对员工，如何对待员工。正确的答案是：管理是向下负责，即管理者要对员工负责。

让管理产生绩效，最终体现在员工的成长与工作成果中。相对于管理中的所有资源来说，人是最重要的资源，对人的激励也是最重要的。对于这个方面的认识，管理者都不会缺少，而缺少的是对于员工成长的安排和支持，我一直认为：员工的绩效是由管理者决定的，也是管理者设计的，只要管理者了解到员工的长处，只要尊重员工，并能够按照其长处设计其工作和职能，绩效会自然得到。一句话说就是员工的成长和绩效是管理者设计出来的。

向下负责：管理者的核心职责。负责是一种能力的表现，也是一种工作方式。当我们说我们会对一个人负责的时候，实际上已经把这个人放在自己的生存范畴中，我们可以这样定义向下负责，"为了给你、你的员工和公司取得最好成绩而有意识地带领你的员工一起工作的过程"。所以向下负责就包含了，第一，提供平台给员工；第二，对员工的工作结果负有责任；第三，对员工的成长负有责任。

为了完成向下负责的核心职能，管理者需要做出四个方面的努力，第一，提供清楚的方向感与努力的目标。协助员工了解其工作对于实现企业目标的重要性是非常关键的，很多员工不能符合企业的管理要求或者企业的发展，很大程度上是你没有与员工沟通工作团队的方向和目标，你不能够有技巧地与员工沟通新的见解与观察，使得员工根本无法了解目标与方向，自然就无法得到好的结果，但是这样的情况出现后，很多管理者会把责任推到员工身上，认为是员工没有能力，我坚持确信，没有不好的士兵，只有不好的将军。

第二，鼓舞员工追求更高的绩效。能够鼓舞员工更上一层楼是第二个重要的方面，有能力让员工努力超越目标，达到他们原认为不可能达到的境地是对于管理者一个能力的考验。没有员工能力的提升，也不会有超越，企业是在员工自我超越的过程中创造佳绩的。如果可以让员工体验到高绩效带来的美好，高绩效给自身带来的好处，员工就会实现高绩效。

第三，支持员工的成长以及成功。向下负责的具体表现是支持员工的成长和成功，做到这一点首先需要管理者真诚关心员工的生存发展，将组织的愿景及目标转化为团队成员的挑战，以及有意义的目标，并能够让组织的目标与员工的发展目标合而为一。其次需要管理者对员工的工作内容有兴趣，了解员工的工作与组织策略的关联所在。然后需要管理者对员工每一个小的成功都给予极大的关注和表扬。最后能够真正让员工感受到你对他的成功的支持和肯定，给员工以满足感。

第四，建立信任的关系。被工作团队的成员所信任是实现向下负责的基础，只有被员工信任你才能够发挥作用，带动大家。这样要求管理者能真正尊重员工，能够给予员工安全感，能够为员工解决困难，并坚定地站在员工的立场去处理问题，这样才会有一个信任的环境，并得到彼此的信任，以建立合作的关系。因此需要管理者能及时了解员工的需求，了解员工的优势和不足。更重要的是管理者能以具建设性的方法处理棘手的问题，让员工感受到你的能力的同时能够学习到经验。

我一直主张，管理是：向上管理，向下负责。之所以坚持这个主张，是因为很多时候，管理者会认为管理是向下管理，向上负责。我不同意这样的观点，因为相对于管理者而言，员工是缺少资源、能力不足的，如果管理者不对他负责，他根本无法取得绩效。在我看来，领导者就应该为员工营造一个安心工作的环境，就应该让员工可以喜欢自己的工作。顺丰总裁做到了，所以顺丰快递小哥也就成了顺丰的核心资产，所以我为顺丰总裁点赞。

（原载：春暖花开公众号，2016年4月20日）

稻盛先生的爱人和利他

稻盛先生是我对稻盛和夫的尊称。他用一年时间创造了日本航空的奇迹,延续了他缔造两个世界500强企业的神话。其实,稻盛先生毕生倡导并身体力行的,仅仅是最简单的为人之道:爱人与利他。

稻盛先生2010年赤手空拳接手日航,仅一年多,日航就成为世界上营利性最好的航空公司。他不是航空专家,也不是财务专家,更不是航空经营专家。但他知道,日航的没落是日航人一手造成的;日航的重新辉煌也只能是日航人双手铸就。能量就在那里,他所要做的,就是果断地走进日航人的内心,唤醒他们的生命意识,释放能量,提升效益。他好像在说,兄弟姐妹们,我这个78岁的老人准备好了,要与你们一起直面困难,垂直攀登。你们准备好了吗?稻盛先生的切入,深深地从内外改变了日航的场域。每个人内心深处的热情被点燃了。敬天爱人这种根本性的思维方式,被充盈到组织的每一根末梢。

倾听稻盛先生的演讲,让我不断地思考和印证一直坚持的观点:公司最重要的资产是员工、顾客和文化。但是又有多少经营者认真地分析过这些资产,或者计划过如何保护这些资产。多年前我在讲课的时候向企业家们提问:企业最重要的三项资产是什么?接近300位企业家和经理人在场,但并没有多少人回答出来。

对于很多管理者而言,他们更关心盈利和规模的增长,更关心竞争对手所做的调整和变化,没有人花比较多的时间来思考员工的创造力如何发挥,如何提供员工成长的平台,白白浪费掉了公司最有效的一个创造性资产。接触顾客最多,创造价值最直接的正是员工,公司只要把员工的创造力和潜力与所有的顾客连接在一起,企业就会具有明显竞争优势。

认可并尊重员工是促进员工释放能量的一个重要方面。为此,管理者应该借助于任何一个机会,表达对员工付出的尊重。尤其是对于一线员工来说,他们很少接触到高层管理者,而是经常接触到顾客,如果高层管理者不能够及时肯定他们的贡献,就会影响到员工们的工作情绪和结果。也许你会认为这不是什么重要的事情,但认同——尤其对于一线员工,对于这些经常被遗忘的人——的意义却是非常深远的。

有一次，从京都到东京的飞机即将起飞，经济舱已经坐满了乘客。空中小姐渡边像往常一样进行着起飞前的各项准备工作。突然，她在乘客中看到了一个熟悉的身影，这个身影让她一下子变得紧张起来。她赶紧回到了工作室，试图镇定一下自己的情绪，是他？不可能！渡边做了一下深呼吸，然后惶恐地走到了那位乘客面前，仔细地打量了一番之后，终于怯生生地喊出了一句："会长……"。

这位乘客的确就是稻盛和夫，不久前刚刚临危受命的日航董事长兼CEO。"我无法想象我们的会长居然会坐在经济舱。"渡边小姐回忆说，感动之情溢于言表。实际上，自从接手日航后，他每周都是乘经济舱往返于京都的家和东京的办公室。这位78岁的老人似乎想用这种方式来表明他重振日航的决心和方法。

正确地理解员工所承担的任务，并明确地传递自己对于员工所承担任务的理解，使得员工完成这项任务后保持他们的自我价值的感觉。管理者的挑战就在于如何去定义这项任务，使得员工们都明白这项任务对企业的整个事业如何重要，借由这样的定义，管理者可以让员工感受到尊重和付出的价值。稻盛先生身体力行地表达自己的理念，并贴近一线员工，无疑给日航员工带来了巨大的冲击，并极大地激发了他们共同努力扭转亏损的决心和斗志。

与日航在经营层面大刀阔斧的变革相比，稻盛先生对员工精神世界的改造可能对这家公司影响更为深远。"稻盛先生当会长以后，不是在具体的经营方针上做指导，而是用他的稻盛哲学在更高层面上，意识形态方面，让大家明白事情怎么会变成这样，或者是发生这样的事情谁来负责。原来大家都不是很明确，他用他的哲学让大家在精神层面上有一个新的认识。"日本航空中国地区总裁横田惠三郎说。

稻盛先生一上任就给日航全体员工写信，传递他的"利他哲学"，鼓励日航员工更努力地工作。加上他本人带头身体力行，日航员工的心态逐步发生了深刻的变化。有一次突降大雨，旅客托运的行李在搬运过程中淋湿了，在行李转盘的出口处，日航的两位年轻女员工，拼命用干毛巾一件一件擦净水迹，这样的情景自日航诞生以来"史无前例"。

稻盛先生用自己的成功实践给我们明示：提升经济绩效的最大契机完全在于企业能否提升员工的工作效能。在企业中，员工通过提供给顾客产品或服务而贡献价值；他们可以为公司所有者贡献价值、创造利润，而且他们可能通过学习和共同完成工作，改进自我价值来互相贡献价值。作为领导者，你必须认识到员工能够做出的潜在贡献，并且使其得到发展。

（原载：春暖花开公众号，2016年4月27日）

企业如何激发"80后""90后"

从1970年之后,领导理论解决了一个非常有意思的问题,就是人才管理问题,进入21世纪,"80后""90后"员工登上舞台,他们的生活环境和教育背景已经与之前的员工有了本质性的差异,很多人担忧这是无法管理的一代,对于"80后""90后"员工的管理来说,需要从以下三个方面入手。

一、发挥领袖的影响力

"80后""90后"需要施加的是影响力而非管理,领袖就是这样的特征。因此领导者面对"80后""90后"员工的时候,需要释放领袖的魅力。就是如果面对"80后""90后"员工,作为领导者需要做的是和"80后""90后"员工达成价值观和使命的认同,而不是上下级关系的认同。这就要求领导者能够沟通使命和价值观,而不是沟通工作内容。如果领导者仅仅是和"80后""90后"员工沟通他的工作的话,领导者取得的效果反而是不好的,为什么?因为他是"80后""90后"员工,在专业能力或者管理能力上他比你强,而且他天天在做事情,你的意见或者建议不见得对他有帮助。为什么他又接受你的影响呢?就是因为你能在价值和使命上和他形成认同,对于"80后""90后"员工来说,这些才是真正重要的东西。

我曾经做了一段时间总裁,应该说是公司的人才,其实我之所以愿意空降到这个公司做总裁,是为这个公司的理念和价值观所吸引,公司的创始人有着非常明确的价值判断,而且很多价值取向,我非常认同。他有一句话我一直记在笔记本上,他说,"凡事往好处想,往好处做,必会得到好结果",这句话说得非常好。我后来自己去体验和践行这句话的时候,我发现真的是这样。任何事情往好处想,往好处做,一定会得到好的结果。他还有一个理论就是"馒头理论":

"你有1个馒头,你一定要给自己吃,你不要给别人,你得先让你自己活得很好。你有10个馒头的时候,你要给全家人吃,这样的话全家人活得很好。你有1000个馒头的时候,一定要给所有人吃。如果10个和1000个馒头都留给自己,你肯定会被撑死。"这些价值判断也同样获得我的认同,所以我们一起创造了这个公司良好的绩效。

同样的,今天很多公司也面临"80后""90后"员工的管理,很多公司已经给他们很好的待遇了,但是他们的离职率还是很高,我告诉人力资源团队,是因为他们只是看到了工作,没有看到自己的未来,同时,对于未来的沟通,他们没有参与其中,这特别需要改变。比如新希望六和就适时做出调整,在后续的新员工成长培训中,我们通过"80后""90后"员工,让他们自己为自己举办新人欢迎会,在公司的成长框架下与自己的领导一起制订成长目标和计划,让新员工的离职率大幅下降。这就是让"80后""90后"员工融入公司的价值观和愿景并且具有参与感取得的效果。

二、真正的个人关心

"80后""90后"员工需要关注到他们的个人需求和成长,企业必须是以独立的、个体的认知来处理与他们的关系。很多管理者并没有很好地做到这一点,但是如果没有个人的真切的关心,很难达成"80后""90后"员工和组织目标的一致,处理不好,会使得这些人才偏离组织的目标,带来更困难的管理问题。

在管理的实践中,很多管理者并没有真切的对于下属的个体认识,他们对于组织的标准和目标可以清晰地理解,但对于个人的标准和目标理解得就不够。企业的人力资源部门所关注的是组织绩效和个人行为的关系,并没有更多地关注到组织绩效与个人目标之间的关系,这样就导致了组织目标凌驾于个人目标之上的情况出现。如果个人目标和组织目标没有冲突,当然没有什么问题,但是一旦个人目标和组织目标有差异,管理者很可能会忽略了个人目标,从而导致核心人才的流失。

因此,领导者需要特别关注到每一个人才自身的需求,而不是人们的共性需求。同时,实践告诉我们,被称之为"80后""90后"的员工,这些员工会具有自我实现目标的能力,也具有多种需求而不是单一的需求,这就更加需要领导者理解其个性而非共性需求。

三、心智的激励

人的心智决定行为的选择，决定了人们在做决策前的逻辑判断习惯，心智的不同，直接导致行为结果不同，因此对于"80后""90后"员工而言，进行心智激励是必需的选择。

中国人在心智上，我认为有两个地方是有先天缺陷的。第一是当身边的人比自己好的时候，很多人不能接受。这是非常糟糕的心智，因为，我们可以合作的人基本上是我们身边的人，如果身边的人比我们好我们不能接受，我们也就失去了合作的人。俗语说，"住在隔壁的诗人就不是诗人"，因为你觉得他没有什么特别，和你一样作息，去一样的商店购物，你就觉得他的诗没有什么特别，甚至诗人生活得一塌糊涂。但是当我们没和诗人住在一个单元里，我们不知道他什么样的时候，就觉得他的诗美得不得了。

第二个心智是"枪打出头鸟"。当有一个人做得特别优秀的时候，他身边的人不是聚在一起商量如何向他学习，而是商量如何用有效的方法，让他尽快回到大家的身边来。这是特别可怕的心智，因为这样的心智导致人们不欣赏、不宽容，甚至会让优秀的人只能选择平庸。

心智激励在目前的激烈的竞争环境中更加重要，一方面是人们本身在竞争中就感受到压力和心态上的冲击，另一方面加上资源和环境的残酷，更会导致人们急功近利甚至不择手段，如果不能在心智激励上做出努力，就有可能让具有专业能力的人无法获得团队的支持，甚至被孤立起来。欣赏身边的人，真正向先进学习，调整自己的心智是极其重要的。

（原载：春暖花开公众号，2016年9月28日）

产品没有市场竞争力，你给一线员工授权了么

针对中国企业在服务转型中的种种误区，我们需要强化对于行动的理解而不是对于理念的理解，而行动最为直接的体现就是一线队伍的建设。

一、让一线员工能够调动资源

我在很多场合都讲过一个案例，青岛有一家五星级酒店叫作海景花园酒店。我喜欢它的原因在于它的服务堪称一流，每一个客人都和我一样感受到这家酒店给人的无微不至的关心和呵护。我曾经很想了解这家酒店是如何做的，通过后来我经历的一件事就都明白了。

一个冬天的早晨，我自己的汽车无法启动，于是酒店的门卫上前问我是否需要帮忙。我问他如何帮，他说可以打电话让车队里的人来帮忙。我说，这么早，这么冷，你能叫得动他们吗？他的回答非常有意思：只要是客人的问题，总经理我都可以叫来。我想这就是海景花园酒店服务堪称一流的原因了。它能够为顾客解决问题，因为它的一线员工有权调动酒店的资源。

正如俗语所言："最长的脚趾最先知道疼。"一线员工因为处在直接接触顾客的层面，因而他们最清楚顾客的所想所需。如果我们能够给一线员工资源使用权，他们就会第一时间解决顾客的问题，而这也正是服务营销的基本要求。

二、将组织能力嫁接到一线员工

山姆·沃尔顿曾经说过："与你的员工分享你所知道的一切，他们知道得越

多，就越会去关注；一旦他们去关注了，就没有什么力量能阻止他们了。"让组织的专业运作优势成为一线员工的竞争力，这是一个企业非常关键的能力。很多企业非常在意能人，非常在意超级营销员——这在早期营销中是一种好方法，但是在现在非常激烈的竞争中，并不存在特定的超级营销员，更加不能够过分依赖于业务员自身的能力，一定要传递组织能力来帮助一线员工。

三、经理人员要贴近市场

我亲身经历过这样一件事情。一次，我与一个公司的片区总经理一起做市场调研。到了当地，分公司经理和业务员希望我们抽出时间与一个大客户见面。因为他们力图与这个大客户合作，但是进行了8个多月的谈判还没有打动对方，所以分公司经理希望片区总经理能够帮忙。于是我们一起去见了这个大客户。极富戏剧性的是，当片区总经理了解了这个大客户的需求后，当场答应并在20分钟内就签下了合同。

大家一片欢呼，而我却非常难过，我在想，如果片区总经理能及早贴近基层、贴近市场，就不会白白浪费客户以及自己8个月的宝贵时间了。很多企业的经理人员常常停留在财务领导层面，总是在不断地分析财务报表，不断地进行数据分析，对于市场却没有实质性的感觉。而我们的营销人员又只是停留在提成管理层面，只是关心销售收入和销售政策，只关心提成管理而不关心顾客需求，这对企业长期生存与发展是非常危险的。经理人员的职责定位应该是解决客户的需求，解决一线的问题。

四、强化营销队伍的专长协作

以往我们强调，营销需要专业化，营销需要由业务员时代转化为团队营销时代。但是到了今天，我们还是没有真正理解营销队伍专业化建设，也没有找到营销队伍专业化建设的方法。这里，我想简单地提一些建议。

第一，营销人员集中工作的关键是要解决专长协作的问题，提高营销队伍的能力。大部分企业对于营销队伍的管理都是松散型的，而我建议应当是紧密型的，要一起工作，一起分享。如果每一天营销人员都能够有机会在市场上集中，并分享当天市场的信息和变化、顾客的变化和问题以及好的做法和教训，那么这个队伍就有了专业分享的机会和条件。一个松散型的销售队伍则是无法做到专业化培养的。

第二，鼓励具有业务专长的员工像服务专家一样在营销队伍中发挥更大的作用。营销人员能够以自己的专长服务于顾客是专业化成长的一个根本。如何发挥具有专长的营销人员的能力来服务于整个营销队伍是提高营销队伍专业化能力的关键。

（原载：春暖花开公众号，2017年3月8日）

转型成功，人的因素最关键

我们如果真的要做转型，成功改变最需要也最关键的就是以下三个因素。

第一，变革领导者必须真正了解到，怎样帮助到所有人相信改变会带来美好。所以今天的管理者在很大程度上需要传递正能量，你要像一个布道者一样去工作，你不能仅仅告诉别人应该怎么做，你还要告诉他做这件事情会得到的美好是什么，支撑是什么，这种正能量的推进是对所有管理者的新要求。

第二，我们要形成一种文化，这种文化要能够帮助到整个组织做变化。联想三十周年的时候，柳传志写了一封信，里面提到了"联想的发动机文化"。我在看到他这封信的时候非常认同。联想内部是一种发动机的概念，高管是大的发动机，子公司是小的发动机，他们像齿轮一样，互相咬合，有动力，所以才会不断有新的小发动机出现，让我们看到了联想今天的辉煌成绩，这就是对文化的要求。我们在不同阶段对文化的要求不一样，今天，我们对文化的要求就是如何激活组织，如何激发活力。你怎么才能让组织中的每个人变得很正向、有活力。

第三就是对人的要求。我们今天都希望找到优秀的能人，可其实应该是找对的人。为什么我们要找对的人？今天遇到的情况是复杂性所带来的多重混乱，管理中的混乱和复杂性的增长速度超过了整个组织中能力增长的速度。传统行业当中能够懂互联网的人很少，这说明你对这个时代增长能力已经没办法把握了。我估计很多从事互联网行业的人也会焦虑，他会说我有这么多能人，我不知道怎么管理了。

增长的复杂性和能力关系之间会有一个差，这个差就叫混乱。这就是我们管理的挑战。你要让"对"的人的增长速度超过复杂性的增长速度。这个事情难在哪里，怎么做？其实我一直对海闻校长很感恩，因为他极大地包容我。假如我是那个对的人，这个包容是有价值的。当你与对的人在一起的时候，对组织有一个最大的挑战就是组织边界平台能不能打开，这是核心。很多企业为什么在今天找不到合心意的人才，原因是你很想拥有一个对的人，但是对的人很难拥有。

我希望大家在做转型的时候必须要做三个准备：

第一，就是你的起点要在顾客，不是在产品；

第二，你必须记住，转型是用行动检验，要提供解决方案；

第三，你真正要做转型的核心是提升整个组织的效率；组织转型的概念就是要把决策机制放到一线，让你的团队真正面对顾客，更重要的是我们要改变管理者，改变整个公司的文化，找到对的人。

每年到年底的时候我自己都会对下一年做一个判断，我不能保证说它是对的，但是我很愿意跟大家分享，既然两位我最喜欢的老师和教授邀请我过来，我就要贡献一点价值。我贡献的价值就是我对下一年的看法，我愿意说出来并愿意带着我的企业朝这个方向做。

我最近讲得最多的就是两个案例，一个是"三只松鼠"，我特别喜欢它，它一出来我就买。这个企业2014年"双十一"单日的销售额超过一个亿，经营者从来没有这方面的经验却创造这样一个奇迹。今天你一定要对你的顾客理解到极致，你的产品才有价值。第二个案例是小米，我关注小米不是因为它现在的奇迹，最重要的是它真正了解跟顾客之间的关系，真正建立了一个互动的平台。

我开始理解数字经济的时间是1995年，当时因为我发现三星开始转型，它主要提出的口号就是"数字改变生活"，当它提出这个口号的时候我们看到三星跟索尼之间的关系，发生了天翻地覆的变化。而我一直在家电领域，所以我跟我服务的家电企业讲，你要关注数字、时尚，你要想它不是一个家用电器而是一个快消品。

互联网与数字经济带来的最大趋势就是你要做品质更高、范围更广的沟通，才有机会在这个市场当中看到你的增长。微博出来的时候我并没有使用，我觉得那是太多人的平台，可是我被一件事情打击了一下，微信出来的时候我马上使用了。

（原载：春暖花开公众号，2015年3月20日）

最好的管理方式是人先于利润

如何调动员工的积极性、创造力为顾客提供优质的服务,是一个极为关键的管理命题,也是每个领导者需要真正正视的问题,因为这取决于以什么方式进行领导,人本管理最好的注解就是:用爱来经营。

在商业经营中"P"和"L"一般是指盈(profit)和亏(loss),但是玫琳凯化妆品公司的总经理玛莉·凯却说,在我们这里"P"和"L"指的却是人(people)和爱(love)。玫琳凯化妆品公司所坚持营造的企业文化主线是,对人的照顾和关心。因为重视人的因素体现在对员工无微不至的关怀,员工也能够为了公司的利益而竭尽全力。在创业100多年的历史中,公司没有发生过行业性的大争端,在营业额、盈利、生产、管理和改革方面,基本上没有受到来自企业内部的干扰,业务蒸蒸日上,竞争优势地位得以巩固,受到了人们的钦佩和羡慕。

真正懂得员工,才真正懂得做领导人,这样说也并不过分。"问渠哪得清如许,为有源头活水来。"员工是体现企业行为的一池水,要使企业充满活力,这池水就必须激活,成为活水。这就要求企业的领导者能够把人的因素放在首位,重视用人之道。哈罗德·孔茨与海因茨·韦里克把构成领导者的要素概括为四种综合才能:

(1)有效地并以负责的态度运用权力的能力;

(2)对人类在不同时间和不同情景下的激励因素能够了解的能力;

(3)鼓舞人们的能力;

(4)以某种活动方式来形成一种有利的气氛,以此引起激励并使人们响应激励的能力。

任何一个组织或群体都是由许多不同个性和品格的个人所组成的,尤其是在互联网时代,个性很容易彰显出来,也有很多机会显现出作用与价值,因此对于领导者来说,具有更大的挑战性和更高的要求。

领导这个职能从定义上来说，是指影响人们为组织或群体的目标作出贡献的过程。具体而言，领导工作就是要让不同个性和品性的个人，能够在特定组织或群体中和谐相处，发挥出群体合作的影响力量，以实现组织或群体的目标。这样看来，领导实质上就是一种影响力，它是艺术性地影响人们心甘情愿地、满怀热情地为实现群体的目标而努力奋斗的过程。

许多著名的公司已经意识到这一要求，目前正在积极地探讨，3M就是个很好的例子。很久以来都因为开发和销售有利产品的创新精神而受到广泛关注的3M公司，制定了一个新的行动方针，希望能够把它的人力资源管理体制建立在它的战略性发展计划上——可能这是一种最具雄心的创新精神，并确保它在将来有能力继续创新。这个计划的实质，就是生产部和人力资源部之间的传统关系可能会被一种新的共同合作与领导关系所替代。

谷歌公司的一些管理创新引发了大家的关注。在谷歌公司中，核心是让"创意精英"能够自在自如地发挥作用，因此谷歌公司"重新定义"了公司，也重新定义了团队，形成了一种全新的企业文化。企业文化的根本改变有可能在整个企业中改变管理者的思维方式，并使他们在制订人力资源决策时具备实行更高的自我领导能力的人力资源战略，这也是企业发展的一个重要机遇。

总的来说，有一点很清楚，战略性管理不需要也不应该局限在传统意义所关心的问题上，诸如利润、损耗等。更明确地说，成功的领导者依靠的是对突出强调企业文化体系的战略性创造，在这样的体系下，人才能真正发挥才能。创造出这样一个环境将会激发人们的力量。

（原载：春暖花开公众号，2017年4月3日）

要学会摒弃个人决策的局限性

对于管理者而言，决策是他必须要做的选择，也可以说管理者本身就是决策的制定者。因此管理者需要知道在决策的过程中，自己会有很多局限性，这些局限性是有效决策的障碍。

一、四个"人际错觉"

个人常常犯一些习惯性的错误，我称之为"人际错觉"，这些小的障碍我们几乎每一个人都或多或少地存在。

第一个是首因效应。在人与人交往的时候，往往第一印象决定彼此的判断，这就叫首因效应。事实上你第一次见到这个人的时候，第一印象不见得就是对这个人真实情况的反映，但是人们会习惯以第一印象做判断，而且第一印象根深蒂固，需要很长时间才可以淡化，也许我们古语所言"路遥知马力，日久见人心"有这样一层意思。虽然我坚持认为第一印象并不代表这个人的真实情况，但是第一印象的效应我们必须知道，所以你在第一次见别人的时候要认真，因为这个时刻在对方对你的认知决策中会起重要作用。

第二个是晕轮效应。借用月亮的效果来比喻，晕轮效应就是以面概点，就是指人们会被一些外在的东西所蒙蔽，而且依据这个蒙蔽的现象去判断。我们举个例子，公司里有两位年轻人小张和小李，小张勤勤恳恳、任劳任怨、早来晚走，小李准时来、准时走。结果，小张因为勤恳得到晋升，而小李被认为没有付出更多而无法得到晋升。但实际的结果是，小李是一个能力非常强的人，所以他不需要增加很多工作时间，所有的工作都在正常的工作时间里高效地完成；而小张其实是能力不足，他需要花费更多的时间，才可以跟上工作进度。可惜的是，我们没有正确判断，反而让能力不够的小张得到晋升，这就是晕轮效应。

第三个是新近效应。在做决策的时候，最新最近发生的事情，会起决定作用。尤其是绩效考核的时候，人们常常关注到考核的时候这个人的表现，但是往往忘了过程中所发生的事情，虽然也有很多时候我们强调过程考核，但是因为过程中并没有及时记录和表扬，而到了展开考核的时候，很多过去的事情已经无法记得，结果是在考核展开的时候发生的事情起了决定的作用。

第四个是角色固着。对于一些人来说，职业的角色、身份的角色等都会影响人们的决策。曾经看过一个测试，被测试者分为两个小组，被测试的人得到一个人的大幅照片，一个小组被告知，相片上的人是杀人犯，可是另外一个小组的人被告知相片上的人是科学家，请他们描述这个人的面部特征。结果，第一组的人如此描述：突出的下巴，说明他邪恶的心理，深陷的眼睛说明他死不改悔。另外一组人得出以下的结果：深陷的眼睛充满了智慧，突出的下巴说明他永攀科学高峰以及坚忍不拔。同一个人，就是因为我们给了不同的角色，认知就如此不同，这就叫角色固着。

二、不易察觉的偏好

上课的时候，我会提问一些问题，慢慢的我发现，每一次提问，我总是选择戴眼镜的同学，我潜意识里认为戴眼镜的人肯定是有很多知识的，一定可以回答问题。人总会有一些不容易察觉的偏好。比如招聘的时候，招聘者总是选择有着相同认知的人，或者某一个地方的人，或者某一个学校毕业的学生，或者某一种个性特征的人。所以，我常常对人力资源部的同事讲，做人力资源最重要的就是开放心胸，喜欢多元化的特征，如果不是这样，我们就会错过很多优秀的人才。

有关禅学的一堂课。那一天听课的人有18名，大家充满着渴望学习的心情等待一个著名的禅师进来授课。禅师进到课室，他的助理给大家每个人发一个画架，上面放了一张A4纸，旁边放了一支铅笔。禅师说："给30分钟的时间，你们画吧。"之后他就离开课室。大家你看看我，我看看你，最后决定听从禅师的要求在白纸上画画。

30分钟后禅师回来，他就带着18个人，在这18张画板前走了一圈，学员七嘴八舌地评价哪个人画得好，哪个人画得像。禅师没有讲话，最后他站在讲台上，学员也都站好。禅师说："我并没有让你们一定要在这张A4纸上画，我只是说大家需要画画，可是18位同学都在这张A4纸上画，没有一个人是不受这张纸限制的。其实你是在用你自己的想法来看世界的,这恰恰就是错的。"我们在做决策的时候,不管怎样要求决策者理性,我们首先要承认,我们是用自己的标准和概念来做出判断的,这一点请各位要记住。

(原载:春暖花开公众号,2017年7月24日)

管理好员工的期望值

员工与组织之间有一种很特殊的关联,这种特殊的关联被称为"心理契约"(psychological contract)。心理契约是员工与组织之间无形的默契,默契的内涵包括员工对组织有一些期望,组织对员工也有一些期望。两者之间的彼此期望如果能达成共识,正式组织与个体健康发展会达成可协调的状态,所以如何不违背员工与组织之间的心理契约,即如何管理员工期望是一件极为重要的事情。

在组织中,人们常常听到管理者强调"态度决定一切"的说法,其正确与否姑且不论,但是要知道,管理者无法随意引导员工的态度,因为员工的态度与心理契约紧密相连。心理契约原本是社会心理学提出的概念,在20世纪60年代初被引入管理领域。从定义上去理解心理契约,有广义与狭义之分,广义的心理契约是指存在于组织和成员间的一系列无形的、内隐的、不能书面化的期望,是在组织中各层级间、各成员间任何时候都广泛存在的没有正式书面规定的心理期望。这种理解充分体现了心理契约存在于组织和成员间维系彼此良好关系的重要性。

卢梭等学者不同意把心理契约定位在组织层面上,认为组织不具有主体性,因而不会有统一的期望。在此基础上,他提出了一个相对狭义的心理契约概念,即心理契约是员工以自己与组织的关系为前提,以承诺、信任和感知为基础,自己和组织间彼此形成的责任与义务的各种信念。这种建立在个体水平上的定义简单、明确,强调员工对于组织责任和自己责任的认知。

20世纪末,有研究者对英国各地区各行业的雇员和组织间的心理契约内容进行调查后发现,组织对雇员的义务的期望主要有:守时、敬业、诚实、忠诚、爱护资产、体现组织形象、互助等7个方面,而雇员对组织义务的期望主要有:培训、公正、关怀、协商、信任、友善、理解、安全、一致性、薪资、福利和工作稳定等12个方面。研究还表明,员工与组织双方在心理契约中对组织义务的期望在友善、理解、福利、安全、薪资以及工作稳定等方面有显著差异。双方在对员工义务的期望中，在忠诚、爱护组织资产和体现组织形象等方面存在显著差异，员工比较强调爱护资产、体现组织形象，而组织更强调忠诚，这一点尤其需要管理者关注。

近年来，在全球竞争和组织变革的大背景下，心理契约在内容上发生了巨大的变化。过去在心理契约中非常重要的内容，正在逐渐消失或占据次要地位。同时，一些新的内容，如对灵活性、公平性、变革创新、不断尝试的要求，在心理契约中占据的权重越来越大，下表概括了这些成果。

表1 心理契约的内容变化

特点	过去的心理契约构成内容	当前的心理契约构成内容
关注的焦点	工作安全性、连续性、对组织忠诚	相互交换的可能性、未来雇佣的可能性
形式	结构化的、可预测的、稳定的	无固定结构的、灵活的、可以广泛协商的
建构基础	传统、公平性、社会判断	市场导向、能力与技能、附加价值（增值）的可能性
组织职责	工作连续、工作安全、培训、职业发展前景	对于附加价值的公正奖励
雇员职责	忠诚、全勤、服从权威、令人满意的工作绩效	技术革新、创业精神、锐意变革、不断尝试、优异的工作绩效
契约关系	正规化、大多数通过工会和中介代理机构	认为双方服务的交换（内部及外部）是个人责任
职业生涯管理	组织责任，通过人事部门的输入来规划和促进职业生涯的内螺旋发展	个人职责，通过个人的在职培训和再学习形成职业生涯的外螺旋发展

在个体价值崛起的时代，组织如何在与员工的关系中建立基于心理契约的信任，是一个需要被特别关注的领域。心理契约能够对员工的工作态度和行为产生重大影响，研究表明，员工在心理契约得到有效兑现的情况下，会表现出更高的工作满意度、留职意愿和组织信任感。相反，组织破坏心理契约或发生心理契约的违背现象则会给员工工作态度及行为产生重大的负面影响。

通常情况下，当员工自认为完成了组织的工作任务，而组织却没有履行相应的义务，这时就很可能发生心理契约的违背。心理契约违背发生的原因通常是员工自认为心理契约内容得不到满足，或体验到不平衡的收入与付出。

因此，作为一种"公平"的认知想法，员工有可能改变行为和态度，有可能通过减少行为的付出或者努力的程度来获得主观上的平衡。显然，心理契约违背对员工的态度和行为会产生消极的影响，当员工的心理契约遭到违背的时候，有可能导致提意见、辞职、忠诚度下降等行为和态度的发生，此时员工对组织的信任动摇，心理契约关系进行重新确定，进而有可能导致员工与组织之间的关系变得更具交易性，更多地关注眼前的直接经济利益，使得员工的心理契约关系变得脆弱，对员工激励带来不利影响。

正是从这个角度看，华为对于员工"感恩"的看法是有道理的，华为强调"责任"而非"感恩"，形成一种基于责任的信任关系，可以很好地管理员工对于组织的"期望"，保证员工与组织之间是一种单纯的、基于"责任"的平等交互关系。华为明确组织对于员工期望的标准，员工也明确自己对组织期望的标准，两者之间处在一个相互符合预期的组织状态中。在这样的组织状态中，员工预期和组织预期都不会产生混乱，更不会有超过预期带来的不满，员工和组织在一种良性的理解中，构建了彼此的信任。从表面上看，似乎组织少了一些"温情"，而实际上，员工会更容易得到绩效结果和满意度。

反观很多中国企业，一直强调"公司是一个家"，拉高了员工对公司的期望，但是公司的确不是一个"家"，无法用对待家人的方式来对待员工，所以员工会觉得受到伤害，达不到预期，往往出现背离公司期望的行为，甚至彼此受到伤害。很多企业的老板不明白：为什么公司对员工已经很好了，可是员工还是不满足？公司已尽力在帮助员工，员工为什么对公司不忠诚？这些现象普遍存在，并不是老板做得不好，也不是员工忠诚度出了问题，究其原因，是员工与组织之间的期望管理出了问题，也就是心理契约出了问题。

在员工和管理者之间，如果存在良好的彼此期望与默契，有可能比任何明晰的文件都能产生积极的影响。如果管理不好彼此的期望，导致心理契约违背的发生，势必会影响组织中信任的建构，破坏组织中的员工激励，导致员工与组织之间的关系遭到破坏。因此，组织管理者如果要建构一个稳定、牢固的心理契约关系，做好员工期望管理，就应该从根本上管理员工的期望，可能采取的做法有以下五种：

第一，尽可能地实现组织和员工的工作关系是正确而合适的，即把合适的人安置在合适的岗位上；

第二，让员工感受到责任承诺与组织对个体的承诺是明确而可靠的；

第三，在任何情况下，都有一个适当的交流，在具体情况发生变化时，要有一个明确、清晰的认识；

　　第四，确保人们因为好的绩效而得到承认；

　　第五，确保人们因为努力而得到承认。

　　这里要特别强调的是，组织成员与组织之间的心理契约是在平等对话和相互承诺兑现的情形下被保护的。因此，把彼此的期望管理好，才能够确保平等对话以及相互承诺兑现的实现。

（原载：春暖花开公众号，2017年8月2日）

手比头高
——比使命更重要的是行动

尊敬的林校长、各位老师、同学们、在线所有老师同学和朋友,很高兴能够站在这里跟大家分享我们作为一个管理学者的心得体会。更高兴的是,我有机会来到北大,来到国发院,这是一个蛮重要的机遇,这个机遇使得我们有机会可以更深入地探讨中国企业成长的路径。

其实我选择这个标题是因为我个人的理念,我认为人的高度是由手决定,并不是由你的头决定,所以我就用这样一个标题跟大家分享作为一个学术研究者、作为一个学生应该做的事情是什么。

我的研究领域是在管理学领域。在管理学领域我们发现诞生理论最多的时间是20世纪五十年代到八十年代,这一段时间为什么管理理论诞生如此之多?是因为这段时间美国经济、欧洲经济高速发展,它的商业模式、组织模式诞生的速度非常快,所以你就会发现在这个时间因为有这样的实践出现,因为有快速经济发展就会诞生出非常多的管理理论。《经济学人》的主编在对德鲁克的研究成果做介绍的时候写过一篇文章,德鲁克很认真地回了他一封信,告诉主编其实他所有理论研究都是因为他关注了三个最重要的问题。

第一个问题是他的研究能够真正理解实践;第二个是他发现管理可以延展到非营利组织当中;第三,管理不仅仅要学,管理最重要的是运用到实践当中去。

我也是受这个影响,认为作为研究管理的人有一个非常好的机会,可以近距离长时间观察企业所进行的这个实践部分。这部分使得我们认为,今天的中国很有(发展)机会。我一直觉得自己很幸运,是因为我们在过去30年间,中国真的成为全世界最重要的经济强国,它实实在在推动世界的进步,尤其是经济上的进步。所以当德鲁克研究美国为什么持续推动经济繁荣的时候,他认为美国在20世纪七十年代诞生了一个人群，这个人群创造了企业家经济。我自己也认为在改革开放后30年诞生了一个人群，这个人群我称之为30年的新人，这个新人（群体）就是企业家人群。

当我们拥有这个人群的时候，其实中国也开始了一个让人又幸运又振奋的非常好的发展阶段。这个阶段使得中国用了30年的时间撬动了世界，这个撬动世界的杠杆是什么？我们用成本、用速度、用创新、用学习撬动了世界。当我们用这四个杠杆撬动世界的时候，中国有了跟世界对话的机会，尤其在这30年当中中国企业的进步是真的令人非常振奋的。

这样一个环境使我不得不思考作为一个中国管理学者有没有机会贡献理论的价值。我在德鲁克身上得到了信心，就中国在管理模式上能不能引进这个问题，他认为中国发展的核心很多东西都可以引进，唯有一个东西是你自己要解决的，那就是你的管理理论要依靠你的人来自己解决。正是基于这样一个认知与理解，我就认为整个的管理理论一定要认认真真回到中国企业实践当中，一定要真正理解我们可以贡献什么。

带着这样一个话题，我很清楚地知道对于管理研究来讲，我们就是要研究和寻找那些规律性的认识，并找出它的解答方案。如果我们从这个层面上去做的时候，其实对于整个管理学研究的人来讲一定要具备三个最重要的条件，第一个就是要有非常好的理论敏感性。刚才大家听林毅夫老师的介绍、听姚洋老师介绍整个国发院，我们发现国发院所有老师都有一个很大的特点，就是对于现象背后的理论敏感性非常精准，或者说非常敏锐。有了这样的理论敏感性才可以观察到这些现象。

接着你要有真正的研究方法和理论储备，没有这个你没有办法做研究的。从管理学研究来讲，还一个很重要的要求，就是要跟管理实务对接。很多时候，很多人认为做理论或者做研究，做我们的书本研究就好，但是管理学恰恰不可以，管理学就在企业当中，不做对接可能就没有办法回答这个问题。

在研究基础上有了这样的要求之后，还有一个非常重要的要求，就是你能不能做好真正的知识储备。也许对于中国企业界和中国管理学者来讲，尤其是管理领域都遭遇过一个最大的挑战，就是很多成功企业家会说教授没用。我自己在很多场合遇到他们表达这个观点，每次我听到这个说法的时候，其实我心里是比较难过的。但是事实上，我认为之所以他们会觉得教授没有用，是因为知识的理解可能还不够。某种程度上，我们作为管理学者对于知识的自信也不够。所以我今天非常强调，如果我们真的要做管理学研究，我们在知识准备上要足够，我们要求你对整个知识理解深度要够、要求你对知识价值理解要够、要求你对知识体系的理解要够，更重要的是还要求你能够知道经典思想、经典理论是怎么样演进、发展和提升的。具备了这样的知识准备就有机会去理解我们怎样真正因应这个时代做我们整体的研究。

这样一个研究其实是可以帮助我们真正解决实际上的问题，真正能够回答我们整个中国企业如何进步这一问题的。我为什么讲我们是一个非常好的时代？大家看看中国企业的品牌，我在今天很高兴地告诉各位，作为管理理论研究有一个最好的沃土，这个沃土就是30年来中国企业的进步。之前我们的研究都是要引进，但是今天我们有机会可以走到领先的位置，因为中国企业已经走上去了。如果我们按照中国品牌构建来讲，今天的海尔、华为、阿里巴巴、中国高铁已经是在全球领先的位置上。我们有这样一个概念，就有机会回答我们始终要回答的问题，从我个人角度来讲，我自己的研究话题就是两个，一个是中国企业成长的模型是什么？另一个是中国企业成长是否可以持续。我沿着这个路径来走，花了整整25年的时间做了一个非常长的研究设计。

设计时间周期是30年，走到今天是25年。在1982年到1992年间，筛选了5家企业，然后去看它们从1992年到2002年的发展，然后再看它们从2002年到2012年的发展，接着还想完成从2012年到2022年的观察。这30年大概可以研究出中国企业成长的模型是什么。我当时的研究中可以看到有国外参照公司和中国候选公司。

1992年到2002年这10年当中，为什么我说这5家企业成功，你可以看到它成功的因素有四个。我最想跟大家介绍的是它在管理模式上非常注重中国理念，但是又非常清楚要关注西方标准，这种组合使得他们可以领先。在1992年到2002年这10年当中，这5家企业之所以领先，是因为他们做了这几件事情，他们对行业、对市场、对人有足够关注，在整个企业管理模式上找到了中国理念、西方标准，在整个市场了解上做到了渠道驱动，更重要的是构建了和社会发展同步的利益共同体，所以他们走到了领先位置上。

再看下一个10年，2002年到2012年的时候变化如此巨大，曾经作为候选公司的全球参照公司和中国候选领先公司，有4家企业今天已经遇到巨大障碍，甚至离开市场的舞台。而没有进入候选的公司，阿里巴巴、腾讯、百度已经走到非常重要的一线位置上。这一系列变化给了我们一个巨大挑战，你想保持持续，保持领先不是那么容易的事情。

他们做了什么？他们做了五件事情。他们在2002年到2012年这十年当中，把自己的企业在五个方面做了提升，从顾客转向用户，从自己成功转向自我否定，从失败当中找到成功价值，通过学习竞争超越自己，最后他们要求全员创新。所以在这10年巨大的市场变化当中，他们依然保持领先。2012年到2022年他们还会做什么？我希望5年后我可以把这个答案告诉大家。

这个研究使得我能够理解到我们企业要不断学习进步和自我更新的要求到底是什么。我也非常希望大家理解这一系列的东西，理论跟实践之间是可以互动的。我作为一个管理学教授一直想证明一件事情，教授也可以操盘，所以我两次出去操盘，告诉大家理论是真的有用的。而且我们成长的速度是比没学习过的人要快，2年让它变行业第一，3年把转型做完，所以请大家记住，教授还是有用的。

其实重要的是，当学术研究跟实践很好地组合在一起的时候，你会发现你的研究话题、研究成果源源不断。有人问我为什么写那么多东西，我只能回答这是因为我在中国，我在这样一个充满变化、充满激情、充满成功欲望的一大堆企业家群体当中，所以我可以不断地写，甚至来不及写，因为总是有很多的实践（案例）冒出来。前两天我看到两个新兴的企业，一年当中走到180个城市、覆盖7个国家，一年当中从0涨到3000人，这样的组织模式只有在中国（才有可能出现）。

我要跟大家分享的是，我对知识有足够的信心，我想让大家端正这样一个概念：知识的力量超乎你的想象。我们可以从20世纪最重要的知识开始算起，因为知识的引入爆发了生产力，因为知识的引入产生了工业革命，因为知识的引入出现了管理革命。前三个阶段是彼得·德鲁克总结，我今天再加一段，我认为今天来到第四个阶段，就是知识革命的阶段。前三个阶段是知识淘汰设备、淘汰生产线、淘汰各种基础资源。到了第四个阶段，知识要淘汰人了，智能的概念将会真正进入到知识革命当中，这是我们今天一定要特别注重的部分。

在这样一个我们必须要关注知识的时期，各位只有两件事情要去做，第一件是不断有目的地放弃，你要放弃旧的，要不断地有目的地放弃。我前两天跟几个企业讲，为什么今天你做不好，是因为你守着过去不肯放。华为为什么可以做好，就是因为它把过去的成功都扔掉。华为有一句话叫，没有成功，只有成长。

第二件事，你要把自己融进环境当中，融进去才可以真正做得到。国发院在这一点上做得非常好，所以我给大家三个建议：第一个是唯有融会贯通。英国一个小说家被人问到为什么小说写得如此之美，他说唯有融会贯通。第二个建议是唯有终生学习。我们在学校里学完所有基本知识，但是我们还要跨界、要融合、要有增量,还要综合运用,只有在综合运用当中,才能真正理解知识。我最近终于懂了一件事情,那就是知识是一个动词,而不是一个名词。如果不能把它运用,那么知识(的使命)没有完成。第三个建议是唯有超越自己的极限,不断挑战和突破才做得到。在今天这样一个知识经济的社会,最可惜、最禁不起浪费的其实就是你的知识潜能。来到北大,来到国发院,我们会把整个知识的潜能完全释放出来,当我们不断释放它的时候,就找到了实现梦想和理想的桥梁。我相信你所有的理想都会实现,原因就在于,在你的理想和现实之间,你放了一个东西,那个东西叫行动。

只要把行动放在理想和现实中间,你的理想一定会变成现实。这就是为什么我认为手很重要,手是比头高的。

预祝大家取得成效。谢谢!

(原载:春暖花开公众号,2017年9月22日)

第五部分

绩效观

卓有成效，你理解对了吗

德鲁克先生对于管理领域的贡献不需要再做注释，但需要强调，对于中国的管理者来说，其价值更加宏大。一直以来，我们在管理中耗费了极大的精力，作出了极大的努力，但成效却不尽如人意。那些理论都是对的、也是真的，问题在于对管理的理解，我们只对了一半。

一、管理负有使命与潜能

管理最为重要的作用，是把人们联系在一起共同实现目标。管理具备的潜在的优势：使单个人做不到的变成做得到。通过分工，取长补短，取得比个人所能取得的效果之和大得多的整体效应，它超越个人的生命而持续不断地发展。因此，提高组织整体力量就成为管理中永恒的主题之一。如果是这样的话，管理者们承担着一个重要的使命：提升整体的力量，延续个体的生命。

你是传统管理者吗？

德鲁克先生告诉我们传统管理者与有效管理者是有区别的。在德鲁克先生看来，传统的管理者第一个特征是专注于繁琐的事务中，只是关心发生的事，这些管理者所有的时间都在处理别人的事情上。换言之，传统管理者的时间属于别人。第二个特征是身处什么岗位，就用什么样的思维方式来看待问题，导致部门之间的不合作，导致"屁股指挥脑袋"的管理状态出现，更不知道整个系统所需要的条件是什么。第三个特征是专注于事务，忽略了人的培养，总是认为没有能够成长起来的人，下属总是不能很好地完成任务。

以德鲁克先生的描述来观察，我发现大部分管理者具有传统管理者的特征，这正是我们管理效率不够好的主要原因。那么，有效的管理者是怎样的？通过对德鲁克先生观点的理解，用我自己的语言提炼为：有效的管理者就是关注时间管理，关注系统思考，关注培养接班人。

二、管理者的真正价值

喜欢德鲁克先生对于管理者的一个描述：管理者就是贡献价值。他给管理者定义："管理者本身的工作绩效依赖于许多人，而他必须对这些人的工作绩效负责。""管理的主要工作是帮助同事（包括上司与下属）发挥长处并避免用到他们的短处。"这是管理者的价值所在，如果管理者只是自己发挥绩效并替代所有的下属或者上司，那么这个管理者就不能够称之为管理者。

三、管理的有效性与承诺

喜欢德鲁克先生对于管理的一个描述：管理就是承诺。简洁深刻，确定明确的边界，管理就是承诺。

承诺目标。结果目标的承诺回答"做什么"以及"做到什么程度"的问题。看似简单却没有切实地认为结果目标是一种承诺。管理者对于目标的反应，决定了员工承诺的水平，决定了为实现目标所投放的资源成效。如果要实现目标，管理者必须对结果目标有明确的承诺，员工才会达成其各自绩效结果目标，以支持总目标的实现。

承诺措施。执行措施的承诺是回答"如何做"的问题。寻找到实现目标的措施，并使措施能够贴近员工的实际。不研究措施，不能够在方法上和工具上给予员工帮助，管理工作的结果和有效性就会大打折扣。员工与管理者对完成目标的方法措施须达成共识，并将执行措施作为工作的内容，确保结果目标的最终达成。

承诺合作。合作的承诺是回答"与谁做"的问题。管理需要解决管理者和被管理者之间的合作分工问题，没有分工与合作，管理是不存在的。为提高团队绩效，高效推进关键措施和结果目标达成，管理者就要与员工交流，确保员工愿意参与和支持承诺。

《卓有成效的管理者》的发表，让管理进入了真实境地，解决问题，贡献价值。因为德鲁克先生，管理变得卓有成效，因为德鲁克先生，管理者释放了自己的价值。真的很有幸，在这些企业实际的运作中，寻找到德鲁克先生，让我们在管理理论的精髓，也是企业生命的精髓里如痴如醉，流连忘返。

但是，我们没有做到德鲁克先生的断言："管理者不同于技术和资本，不可能依赖进口。中国发展的核心问题，是要培养一批卓有成效的管理者。他们应该是中国自己培养的管理者，熟悉并了解自己的国家和人民，并深深根植于中国的文化、社会和环境中。只有中国人才才能建设中国。"这也正是我不安的真正来源。

（原载：春暖花开公众号，2015年4月20日）

德鲁克：
企业的目的就是"创造顾客"

卓有成效的管理实践之前提是要了解企业，1954年德鲁克先生在《管理的实践》中指出，"如果我们想知道企业是什么，我们必须先了解企业的目的，而企业的目的必须超越企业本身。事实上，由于企业是社会的一分子，因此企业的目的也必须在社会之中。"德鲁克先生也曾告诫我们，"对所有的企业来讲，我们都应该记住的最重要的一点就是：结果只存在于企业的外部。商业经营的目标是让顾客满意；医院的目标是治愈病人；学校的目标是使学生学到一些在10年后参与的工作中能使用到的知识。而在企业的内部，只有成本。"

德鲁克先生对于企业的目的给出的唯一答案就是"创造顾客"，要了解企业就要了解企业的外部，要了解企业的外部就要从企业的顾客开始，这正是德鲁克先生管理实践的基本逻辑。所以，对于管理的实践，德鲁克先生给出的首要问题就是"我们的事业是什么"，这是在企业实践的时间坐标上，不论今天和明天企业都必须要面对和思考的问题，用德鲁克先生的话来讲，这个问题不只在企业初创或深陷泥沼时才需要提及，当企业一帆风顺时，更需要提出这个问题，并且需要深思熟虑，详加研究，因为假如没有及时提出这个问题，可能导致企业快速衰败。"我们的事业是什么"是决定企业成败的最重要的问题，而回答这个问题，只能从顾客那里寻找答案。

其实德鲁克先生给出了常胜公司的秘诀，即合适的时间做合适的事情，时钟的价值就在于与时俱进，否则就是一个摆设，这正是百年基业的前提。

由此，管理的实践必须要知道在各个时期"我们的事业是什么"，实践中要沿着这一基本问题向两边延伸，展开对问题的系统思考。

有关"我们的事业是什么"后延伸的问题是定义企业的使命和宗旨，正如德鲁克先生所言，"企业遇到挫折和失败的最重要原因，也许就是缺乏对企业宗旨和使命的思考"，如果把企业宗旨和使命视作企业文化的核心价值观，那么这种核心价值观的表述和践行也应当以外部的顾客为出发点，而从内部出发的仅仅可以算是对产品业务的描述，或者说是为将来被淘汰的业务所做的伏笔，因此所起的更多的作用是对业务发展的限制和进行创新的阻力。正如德鲁克先生所说，在企业内部的只有成本，这也验证了德鲁克先生的又一句名言，一个企业只能在企业家的思维空间之内成长。一个企业的成长被其经营者所能达到的思维空间所限制，企业家的思维到底是停留在企业内部还是外部，以及对外部理解的程度都会直接反映到企业所定义的使命和宗旨中，并最终反映到企业实践的持续力中来。

德鲁克先生的思想可以被不同的个人和组织所接受并且应用于不同的领域，《德鲁克先生的最后忠告》的作者埃德莎姆在其书中说，即使在育儿这一领域，德鲁克先生的书也能提出一些很好的建议，德鲁克先生用毕生的实践履行了其"致力于改善人类生活"的使命，所以我们有很多人都成了他的顾客，德鲁克先生的成果也正是来自于他的外部，吉姆·柯林斯在《基业长青》中所描述的百年组织都拥有这样伟大的使命，而阿里巴巴之所以能够大有作为就在于其"让天下没有难做的生意"的使命，当然，比使命更加重要的是实践，就像德鲁克先生倾力实践他的使命一样。

"我们的事业是什么"前向延伸出一系列子问题："我们的顾客是谁？""顾客购买的是什么？""在顾客心目中，价值是什么？"这些都是营销战略必须要解答的基本问题，德鲁克先生也曾做出回答："顾客所购买的，并认为有价值的东西，绝不是一件实实在在的产品，而始终是'效用'，即一件产品或一项服务可以为该顾客做些什么，带来什么影响。"德鲁克先生很早就已经意识到顾客需要的不是产品而是方案，原因就在于其能够站在企业的外部考虑。德鲁克先生不坚信对产品质量的执着，"制造企业认为'质量好'的东西并不是奠定领先的基础，无论某个产品的品质看起来有多么好，只有顾客认可制造企业的想法，它才能带来领先地位。"

产品的质量对于顾客而言可能完全相对无关紧要，要生产出这种产品，企业很可能要付出艰苦努力、面临各种困难和付出巨大代价，但顾客不会被制造企业遭遇的各种烦恼所打动，他唯一的问题是，而且应该是，它能为我做什么呢？然而，现实中这种对产品质量的执着正是很多企业老板一直在努力做的事情，甚至外部的需要会被有些老板自己的情感所替代，尽管他们也都知道有个名词叫做

"顾客导向"，但实践上他们并没有跳出企业内部的限制，因此，有些企业的发展与其说是被市场所限，不如说是被自身的思维所限。

德鲁克先生有一句名言对我帮助极大，这句话就是，如果你把"功绩"从你的词汇表里抹掉，用"贡献"取而代之，那么你将在经营中获得最佳的成果。贡献能够使你把工作中心放到合适的地方——客户、员工和股东。"贡献外部"是基于正确理解"结果只存在于外部"这一原理而做出的实践。1966年，德鲁克先生在《卓有成效的管理者》中指出，"重视贡献，才能使管理者的注意力不为其本身的专长所限，不为其本身的技术所限，不为其本身所属的部门所限，才能看到整体的绩效，同时也才能使他更加重视外部世界才是产生成果的地方。因此，他会考虑自己的技能、专长、作用，以及所属的单位与整个组织及组织目标的关系。只有这样，他才会凡事都想到顾客、服务对象和病人。事实上一个组织之所以存在，不论其产品是商品、是政府的服务，还是健康医疗服务，最终目的总是为了顾客、为了服务对象，或为了病人。因此，重视贡献的人，其所作所为可能会与其他人卓然不同。"

企业如果能够在顾客需要的领域做出独一无二或者数一数二的贡献，收获是随之而来的事情，企业自身的需要必然要通过对于顾客的贡献来获得，此外，价值链成员之间、组织成员之间的关系从本质上而言都是贡献关系，只有他们在实践中做到相互主动贡献，才能保证整个价值系统为顾客作出应有的贡献。

（原载：春暖花开公众号，2015年4月23日）

德鲁克：
成长必须健康才能有效

与企业界的朋友们在一起讨论管理的问题，常常感受到一些认知的困难，这些困难使得我不得不检讨和重新审视：是不是对于规律性的认识不足够？是不是没有把握最基本的内涵？是不是没有了"初心"而忘了"为什么出发"？回答这些问题的一个途径，在我看来是回归经典著作，通过对于核心概念和基本知识的理解，去寻找发展中规律性的认识，来生成我们的心智与能力。

德鲁克先生曾经形象地表述了企业成长的性质，一家企业必须要能区分错误的增长和正确的增长，区分肌肉、脂肪和肿瘤，区分的原则很简单：能在短期内促使企业资源的总体生产力得到提高的任何增长都是健康的；只能导致规模扩大却不能在相对短的时间内促进总体生产力提高的增长，就是"脂肪"；任何导致生产力下降的规模增长，就是"肿瘤"，应该迅速而彻底地通过手术切除。由此，我们可以得出一个最基本的结论，成长首先必须是健康的才有效。

德鲁克先生在《管理的实践》中表示，"企业规模最大的问题就在于成长问题"，德鲁克先生专门用一章来陈述"大企业、小企业和成长中的企业"，无论是小企业、中型企业、大企业还是超大型企业，德鲁克先生更多的是在担心规模所带来的问题。事实上，规模与领先、规模与利润都不存在正相关的关系。在《成果管理》中，德鲁克先生指出，大不等于领先，在许多行业，规模最大的公司绝不是利润最高的公司，这是因为它在产品系列的发展、市场的供求或技术的应用上无法做到与众不同，更不用说独一无二了，第二位或甚至第三位通常更有优势，这是因为企业可以集中精力应付某一个细分市场、某一类顾客、某一种技术应用，而真正的领先常常源于这些方面，许多公司认为他们可以或者应该可以在他们涉足的市场或行业内的所有方面都居于领先地位，事实上，这是妨碍他们取得领先地位的主要障碍。而同时，在《旁观者》的序言中德鲁克先生又写到，"当然，'小就是美'和'大就是好'一样是无聊、愚蠢的口号，我们看看造物者创造的那无穷无尽的物种就可以了。"

尽管如此，很多企业仍然迷恋于规模的信仰，认为规模会自动带来领先和利润，而对于规模的盲目追求也暴露出他们之间不存在相关性的原因：一是盲目追求规模导致顾客价值的缺失，这也是规模已过百亿的三鹿瞬间倒台的根本原因；二是盲目追求规模导致多元化战略逻辑的缺失，即无法做到资源的有效协同和共享，反而适得其反，导致范围和规模不经济，这都是不健康的成长。由此，成长并不是一味地追求规模的增长，更多的是要考虑将顾客价值的满足与自身能力的匹配，将价值增长作为健康成长的前提。

尽管德鲁克先生已经明确企业的目的不是赚钱而是创造顾客，但是德鲁克先生也对利润对于企业成长所起到的必要作用加以肯定。在《管理的实践》中，德鲁克先生指出，企业的首要任务是求生存，利润则是充饥和成长的面包。在《成果管理》中，德鲁克先生也说，任何公司无论大小，如果所有方面的利润都非常少，他们是承受不起的。利润非常低的企业、产品是无法长期生存的，更不用说创造利润了，他只是苟延残喘，勉强存在，他的存在得益于其他企业的迟钝，只要市场出现风吹草动，他迟早会被挤出市场。因此，企业成长需要有正确的利润观，既不能把利润当作成长的动机，但同时又必须确保成长之路所需的养分。

最后，企业和个人都要注意，不论环境如何变化，成长都是必须要进行的事情，否则就是在与进化论唱反调，这就是成长的持续性。德鲁克先生曾经打过一个比喻，即使设在钢丝绳下方的安全保护网正在收缩，企业也必须在走向未来的钢丝上时刻保持平衡。德鲁克先生也是在告诫我们，企业在冬天的作为仍然是要继续成长。

（原载：春暖花开公众号，2015年4月30日）

顾客是唯一能够解雇我们的人

2004年,我在六和做总裁的时候,曾经向同事们表达了我的七个不安:一是持续的高增长是否有泡沫?二是能否保持稳定性的持续增长?三是是否真的具备大规模作战的系统能力?四是在市场竞争中我们到底靠什么活着?五是是否已经具备了国际化的运作水准?六是是否形成有效的服务模式?七是我们的状态、心态、能力能否支撑我们走得更远?这是对公司当时的理解,也是源于对中国企业现状的整体观察。

当时中国经济一直处于高速增长,中国崛起成为世界制造中心。但是我们真的就可以雀跃和兴奋了吗?仔细观察发现,美国的大企业的平均寿命有40年,中国企业超过20年的就所剩不多。我总是时常想起20世纪80年代初,日本经济学家小宫隆太郎来到中国考察后,宣布了一个当时几乎让所有人吃惊的观点:中国没有企业。我越来越被一种不安的情绪所笼罩,我必须提醒我的同事们不要被现实所表现出来的假象所蒙蔽。当时柳传志曾经敏感地说过这样一句话:"20年的中国企业剩下的已经不多了,被淘汰的要么是适应不了环境,要么是在管理方面出了问题。"

经历了30年规模的飞速发展,持续成长渐渐成为中国企业凸显的难题。很多中国企业开始面临增长的困境:一方面规模的提升不再是具有吸引力的方向,很多企业陷入规模不经济的状态;另一方面,更多的企业陷入增长停滞的状态,找不到增长的方向和方式。很多人会从行业、产业、竞争条件和技术的角度来看待这个问题,但是我一直认为最根本的问题是:企业增长应该建立在核心业务基础上。因为依赖于市场自然增长带来的增长,随着市场的饱和也自然会停滞增长;而只有建立在核心业务基础上的增长才会带来企业持续的增长。

具有核心业务基础的企业需要具备以下特征:市场份额领先;盈利能力较强;具有较强的抗竞争能力;能提高企业综合能力,稳固财务基础。这四个特征是很多企业和研究学者公认的表征，但是如果让企业具有这四个特征并不是一件容易的事情。如果归结到一个基本点上，我的观点依然是：价值增长。

一、价值增长是企业内在增长

其实中国市场复杂多样的突出特征早已在10年前显现出来了，它提示企业需要回归到真正带来增长的根本因素上。过去的多年间，不管企业如何评价自己的增长，一个不得不承认的事实是：这些增长更多的是来源于市场的增长，是市场容量的自然增长带来的繁荣，并不是企业内在能力的增长。而这种增长很容易导致企业忽略需要关注的方向，这个方向就是如何满足顾客的需要——因为，真正的增长一定是来源于顾客价值的增长。

什么是商业成功？实质上就是使顾客满意，同时使企业赚钱。这是一个老生常谈的观点，但是却恰恰说出了真理所在，同时这也是衡量商业成功的基本标准，如果以这个标准来界定企业的发展，我们就可以判断一个企业的增长是否能够带来持续性，就可以判断企业能否集中所有的资源带来顾客的满意，进而推动企业真正拥有增长的内在动力。

我非常惊讶苹果公司所实现的增长，它是苹果公司与顾客之间全新价值体验带来的结果，以至于消费者达成这样的共识——只要是苹果公司推出的产品，必然有其独到的存在价值。苹果公司在有效结合产品设计与生产技术方面的能力深得业内人士得赞赏，同时，它非常注重用户体验以及产品设计对用户体验的影响。随着越来越多的消费者更直接、有效、深入地了解苹果，体验苹果带来的激情享受，进而从情感上接受苹果、跟随苹果，苹果公司也获得了根本性的内在增长。

二、顾客价值创新是价值增长的根本来源

我们如果继续深究下去，会发现今天面临转型的企业领袖们必须回答这样几个问题：

随着市场的成熟度的增强和形成，企业必须找到和回答什么是增长的驱动因素。

随着移动互联网技术推动的一场市场回归，企业必须清晰地知道自己的顾客群在哪里，以及如何规避竞争为顾客创造价值。

随着智慧和连接决定一切，企业必须重新核准自己的战略目标方向，明确共

生、众享的路径。

随着资源成为转型、创业的主要要素,企业必须明确知道如何获得合作伙伴和激发人才。

随着新的技术不断地涌现,企业需要回答怎样使增长持续下去?

而连接这些问题的关键点就是:顾客价值的创新。只有不断地创新顾客的价值,企业才能够找到驱动增长的因素;只有顾客价值的创新,才能够让企业集中资源在最有效的产出之中,也才能够确定持续增长是可以实现的。——移动互联网的出现,反而更加凸显了它的存在,如果我们不去关注企业价值增长的这个关键点,那么我们的企业被淘汰的速度要大大快于10年前。

三、顾客价值创新如何实现

洞悉顾客需求,并不像我们想象的那么困难,但为什么我们一直无法做到这一点?最为根本的原因是企业根本就没有真正转变为顾客导向的思维方式和管理习惯。很多企业的管理者,尤其是高层管理者已经没有机会贴近顾客,但是如果没有长期地贴近顾客,是无法真正了解顾客的。任正非先生曾经告诫华为的高层管理人员,企业高层领导的责任就是三件事:布阵、点兵、陪顾客吃饭。由此你可以知道为什么华为公司可以在激烈的产业竞争中保持优越的位置。而持续的创新投入需要公司的勇气和能力,更需要企业文化所营造的创新的氛围,当每一个员工都能够持续地关注创新并愿意参与创新的时候,顾客价值的创新就有了根本的保障。

作为中国产业互联网元年的2015年不变的东西是什么?是回归顾客的价值。任何企业成功,技术都不是真正的原因,真正原因,是你能实现顾客的价值。如果你拥有产品,能创造顾客价值,你就不需要担心,互联网能帮你实现价值。所以我不认为这是一个巨大的冲击。产业互联网反而是我们的机会。小米是什么,雷军说,小米不是简单的软件公司、硬件公司,而是生态圈。

互联网带来的冲击之大,并不是因为技术本身,更不是因为互联网本身,而是顾客价值创造的方式变了,这种变化几乎覆盖了人们生活中方方面面,以至于顾客价值实现的方式也层出不穷。这本是一件非常好玩的事情,只是如果你不能够在其中,当然就会被淘汰出局。所以我才在多种场合下说:互联网发展到今天,反而给产业一次巨大的机会,让产品和服务借助于互联网,与顾客有更加密切的互动,这是在2015年之前从未有过的情形,也是让顾客价值得以更大释放的情形。大家已经发现,互联网公司在解决了创新与效率的问题之后,接着要解决的,反而是具体的服务、产业的概念——为什么?因为有一个重要的前提——它运用互联网有效地黏住了消费者,授受双方互为因应,但是接下来作为企业它必须要做点什么,从而与"粉丝"彼此成就、持续关联。也许,转型与变革的时代命题,对于互联网企业同样具有意义。

(原载:春暖花开公众号,2015年8月4日)

三个提示教你
如何制定高效工作计划

当我们学习了如何做计划管理,以及准确理解计划管理的内涵,明白了计划管理意味着——让经营基本元素和基本项目连接团队,务必掌握计划管理落地方法,为目标寻找资源的一系列的行动安排,就会更深刻地领会计划管理的重要性。因为指向未来,所以疏忽不得;因为指向行动,所以环环相扣;因为是一门专业工具,所以必然有过硬技术要求。以下特别提示无一不是来自实践观察:

提示一:计划管理中容易出现的漏洞

(1)有要求,无承诺。如果只讲要求,下面也没有办法去干,当你在提出要求的时候,一定要把承诺也给出去,但有了承诺的时候就必须要有要求。

我发现大家做管理者久了之后,很容易体谅下属,不再要求。或者即便有要求也没有那么明确,都是建议供参考,呈现出一团和气、互相尊重的气象。其实,这个"尊重"是打上双引号的,因为它体现的是尊重头衔、尊重职位,并没有体现出尊重真正的价值贡献、尊重能力。

如果只是尊重权力,那么这种"尊重"我建议拿掉。我们对于头衔、职位、权力的认识一定要是对责任的认识。就像我一样,看似顶着一个蛮大的头衔,但我只是感觉到沉甸甸的责任而没有其他的想法。我希望大家一定要有要求。

(2)有目标,无衡量。和第一种错误相关联,在日常工作中只把目标设立了,做到哪儿就算哪儿,而且对于亏损,对于目标没有达成,甚至可能到了熟视无睹的状态,到了见怪不怪的状态。一年过去小半了,离设定的目标有很大的距离,但是大家一点也不紧张,亏损数字摆在上面也觉得很正常,这样的习惯一定要调整的。我必须明确告诉大家，设定目标，就一定要设定检验目标的衡量标准。

（3）有衡量，无量化。或者在计划管理中表达得非常含糊，都是"尽量完成""正常推进""更好地提升""努力地打造""尽可能地改进"等此类表达方式，都没有动作的表达。或者在计划中看不到重点，不知道每个月的重点是什么？如果没有重点，就不可能真正把资源安排好。因为资源一定是稀缺的，资源一定要去到重点的地方，才可以产生效力。因此需要把衡量目标的标准量化，才可以安排资源的匹配。

（4）有计划，无措施。必须明确要求，大家无论在做任何报告，一定是要有目标、有时间进度、有检验的标准、有结果、有责任人，这就是计划管理的习惯。比如行情不提供机会的时候，我们就不讨论行情，只需要讨论能找到的机会，获得机会的原因分析不到的话，就很难调整到位。

（5）有过去，没未来；有数据，没行动。我们经常看到月度的经营分析会议，大家的重心都在总结上，没有在下个月的计划中。我们花费绝大部分时间在做上个月的总结，却极少拿出时间来做下个月的行动安排，如果长久下去，我们就只有过去，没有未来了，想想都是一个可怕的事情。当你总结出当下的数据与年度计划的差异非常大，就要感到压力，立即行动。但现实中常常是只有数据，没有关于数据差异存在的原因，以及改进的计划在哪里、怎么把差异抢回来等。没有行动安排，总结就毫无意义。

（6）有继续，没安排。前期经营遗留下来的差异，被保留了下来，但是在目标加大之后，一些特殊措施的安排，这是需要大家特别关注的。对此我向大家建议，一定要加强计划管理的能力，这是最基本的管理职能，在日常工作中，不会运用这个职能就意味着你不会做管理。

以上这些错误，如果纠正过来，就可以让计划管理落实到日常工作中，为目标配上衡量的标准、量化标准、行动及措施。

提示二："改变"是唯一的出路

让计划管理落实到日常工作中，让年度的目标可以努力去达成，需要我们做出四个根本性的改变和工作习惯的改变。

（一）四个根本改变

第一个根本性改变：如何让自己的工作为公司经营目标服务。就像我现在问我自己和我正在做的工作一样，从我的角度来看，就是要努力地帮助大家学会经营，懂得方法，持续进步，快速行动。我的目标就是帮助大家为公司经营目标服务，管理者所做的所有努力一定是要跟经营目标结合，就是用经营目标来衡量所做的事情是不是需要。

第二个根本性改变：如何让自己的工作能够改进之前所存在的重大问题。经营的突破和经营的质量这两个问题就是当前我们面对的重大问题，就是因为在这两个重大的问题中，我们存在重大的偏差，因此，我们需要反复强调成本的突破，销售的突破，利润的突破，这些都是重大问题，这些重大问题如果可以解决的话，管理岗位贡献就被体现出来。

第三个根本性改变：如何让自己的工作体现所担负岗位的核心价值。我们所在的岗位，每个人的价值会有所不同，但一定会有两个核心价值要明确：一是我们都是管理者，所以我们对激活人的价值必须表现出来；二是我们是公司绩效的承担者，所以必须要让绩效的价值呈现出来。每个岗位所担负的这个核心价值必须明确下来。

第四个根本性改变：如何创新成长。今天遇到的挑战已经不是简单的挑战，它有复杂性，有行情的复杂性，市场的复杂性，对手的复杂性，公司庞大体系的复杂性，还有个人认知的复杂性，所以需要大家有能力去创新。

（二）工作习惯的改变

一个时期以来我经常说的一句话，就是希望大家改变工作习惯。踏踏实实去做改变，文化本身就是行为习惯。我写有一本书《从理念到行为习惯》，就是研究企业文化管理的，文化不贴在墙上，它体现在我们的行为当中。所以改变要从工作习惯改变开始。如何改变？建议如下：

（1）关注改变——行业、市场、机会。每个时刻都要不断关注，有时机会就是你能够比别人快半步，你怎么去抢这半拍？用什么行动去抢？

（2）观念创新——思维方式转变，简单高效。如果你还是在用惯性，可能始终也想不出来新的东西。所谓简单高效，就是避免把事情做得很复杂。

（3）工作方式转变——计划性增强，条理清晰。之所以强调计划管理，即在于此。

（4）追求结果——让数据说话，承诺与信用。追求结果，要有较强的现实感，要脚踏实地。如果真的能接受现实，愿意去挑战它，我相信一定会成功。

（5）现实性——具有挑战性和成功的可能性。

（6）责任感——责任明确，无可推卸。

（7）时间性——时间具体，操作性强，追溯性强。一定要有很强的时间概念，如果愿意在时间上花工夫的话，就会看到很好的效果。

这些工作习惯的改变的总体要求是：要更多地贴近市场，我们的市场在目标客户、在合作伙伴、在终端消费者那里；要更多的创新，创新体现在专业化、整合服务和资源管理上，想尽一切办法在这三个方面去创新；要更多的协同，把团队精神、协同作业、共同推进、资源共享这些做到位，不能只是停留在报告里，要在日常工作当中有协同的习惯。这是工作习惯的改变，也是我认为文化最重要的部分。文化就是工作习惯，把习惯改过来就是文化。工作习惯的改变，就是愿意变化，对变化的关注、思维改变、工作方式改变、寻求绩效、追求结果、面对现实、增强责任感、有时间性。

提示三：掌握计划管理OGMS-T工具属性

计划管理作为日常运营中一种工具（简称为OGMS-T），有着基本的要求和方法，如果认真依照去做，就会看到效果。阐述如下：

（1）目的（Objectives）理解的能力。要有对目的理解的能力，如果我们目的就是成为世界级农牧企业，那么就意味着：要拥有全球市场，整合全球资源，建设世界级品牌，成为全球产业领袖。我们就一定要加大海外的扩张与成长，努力整合全球资源，无论是采购、原材料技术和资金、运营效率都比别人高，让我们真正具有品牌溢价和增值的部分，真正成为行业的领袖。

我们的目的还有企业宗旨，如"为耕者谋利，为食者造福"。这句话怎么来理解呢？这意味着，在讲一体化中一定要先分析消费者得到了什么，相关的合作者得到了什么，最后才是我们得到了什么。这才是真正为耕者谋利。同时还要想，是不是帮助员工成长，让队伍感觉到激情和美好。在食品安全上，在购买的支付能力上，在生活可靠性上，我们做了多少努力？我们经营计划一定是要对这两句话负责，要把所有的计划行动与其挂钩。

（2）目标（Goals）设立和展开的能力。我们的使命、愿景与理念，必须化解为目标,要保证目标是可以衡量的,可以被检验的,同时可以用信息和图表去表达的,而且是一直被跟踪的,这就是目标的部分。

(3)策略(Strategies)制定的能力。从目的变成目标之后,就要有策略,它是达成目标最重要的选择。它基本落在两个地方,一是业务策略,二是组织策略。策略需要回答,业务如何去做,组织上如何安排资源?所以对策略要有非常明确的判断,其中最重要的就是你的关键成功要素,把这个关键点找到,策略就会明确。我希望策略不要太多,然后把资源配置在策略上,资源不足就去寻找资源。

(4)衡量标准(Measures)的设立能力。有了策略就必须要有量化和检验的标准,就好比说我们是好人,这是策略,那么就要有检验标准,比如每天做一件好事就是标准。类似于所说的考核。企业关心什么,就衡量什么;只有衡量你想得到的,你才有可能得到;没有衡量就没有管理。

(5)行动方案(Tactics)的设计能力。接下来要有行动,如果没有行动就没有办法真正实现目标。所以要有能力去设计行动,包括具体的活动,完成这个活动所具有的竞争优势,负责人,用什么时间去完成,每个月安排检查等。

(原载:春暖花开公众号,2015年9月15日)

从"做完"到"做好"，你需要遵循这三条法则

一、做完与做好的区别

虽然，"做完"和"做好"仅有一字之差，但二者的本质是不同的。

前者执行了，但却不到位，只是走过场或者是纯粹地应付了事；而后者不但执行了，而且到位了，它代表着对自我目标负责、对上级组织负责，对公司利益负责。

而一名员工是否有较高的执行力，关键就在于他重视"做好"这一结果，所以，如果想要提高执行力，千万不可自我满足，更不可自欺欺人，明明是自己一开始就没有执行到位，最后却把责任怪在别人头上。

既然执行了，就要付出100%的努力去做事，一步到位交出满意结果，否则拖延到最后不合格，老板和上级就可能反反复复地要求你重新执行，直到符合要求为止，但这不仅浪费了企业的资源，更浪费了你自己的时间。

有人会质疑：99.9%和100%差别就那么大吗？明明就是没有差别啊？

不，你错了！相信很多人都一样抱有这样的错误观点，虽然99.9%只要再努力一点点就变成100%了，其实不然。这就像比赛一样，最终总要分出个胜负，如果大家实力相当，或者在99.9%时的成绩都是一样的，那怎么来评判呢？

这就要看最后那0.1%了，谁坚持下来了，把最后这0.1%的事做好了，谁就赢了。所以，我们看到，在一场比赛中，平局的现象毕竟是少数的，大多数的比赛还是分出了胜负，因为大部分人还是输给了那0.1%。

一件没有结果的事，做是做了，但是它有什么意义呢？但不幸的是，在企业中，有类似想法的员工大有人在，在他们看来：我只是企业雇佣的一名员工，我

在这里上一天班就有一天的薪水,至于执行得如何,企业有没有赚到钱,那是老板和企业自己的事,与我无关。

所以,大部分人都只是做到99.9%,虽然可能已经尽力了,但却将最终结果好坏抛在脑后,企业不给这样的员工任何奖励也是理所当然的。那么,我们应该如何一步到位地执行,第一次就把任务"做好"而不是"做完"呢?

二、执行落地法则

法则1:纠正"差不多"心态,执行任何一项任务都要严格要求自己。

纵观市场上的名牌企业,为什么它们的牌子百年屹立不倒,经久不衰?因为他们不但在产品品质上精益求精,对于人的管理也更加精益求精,他们从不允许自己的员工做事时总是一副"差不多"的心态。

在这个竞争激烈的社会,要想做得出色,受到认可和欢迎,就必须严格要求自己,这也是把事情做好的保证。如果总是觉得"差一不二"就行了,那你将永远停留在"做完"那一步。

法则2:在执行中树立自己的品牌,既然做就要做好。

在如今这个年代,人们对于一份工作的渴望,早已不再是谋生的工具那么简单,每个人都渴望在职场中闯出一片天地,业绩出色,有所作为。所以,很多人对于职业的情感都是神圣的,工作更多地成了一种精神支柱。

既然如此,一次高效的执行不仅可以带给你一个圆满的成果,还能使你渐渐树立起自己的品牌,产生源源不断的工作动力。所以,既然做就做好,这样一来,你的整个工作流程就会变成一种良性循环,任务就会轻松地一步到位搞定。

法则3:对自己和结果负责,提高核心竞争力。

执行得不好,说到底其实是一个人对自己和结果不负责任的表现,而这样的人在职场中是很难提升自己的竞争力的。因为竞争力的基础是执行力,执行不到位,甚至谬以千里,你之前描绘再好的蓝图也只是一张废纸,你交出来的最终结果对企业没有任何价值,不过是在浪费人力、物力、财力罢了。

(原载:春暖花开公众号,2015年12月22日)

向自己挑战！任正非：
今天的市场竞争是"班长战争"

哈佛商学院营销学教授西奥多·莱维特说过一句话："顾客不是想买一个1/4英寸的钻孔机，而是想要一个1/4英寸的钻孔！"我们关注的都是产品，如果你的思维没有在顾客的角度，那么转型不可能成功，因为只有真正回到顾客才可以成功。

转型到底做什么？转型真正要做的就是提供解决方案。从我的角度看，我们不缺乏转型的思想、观点、逻辑，我们最缺的是行动，转型必须用行动检验，必须提供解决方案。我跟很多人都讨论转型，可能很多企业都讨论过这个问题，可是你会发现你的经理人或者你的团队不断地跟你说转型的时候，他的动作还是按他的经验，所有的动作可能最后只是从他的经验中拿出一个解决方案草草了事，甚至当你想选拔一些年轻人，他们也会说你一定会失败，为什么？因为大家觉得经验很重要。从思维上来讲，我们如果真的在做转型，最重要的是看行动不是看你说什么，最重要的是你有没有解决方案，而不是看你整个体系或者系统怎么设计。

转型最核心的是什么？其实是效率。二次世界大战，同盟国之所以取胜，是因为美国用了泰勒的科学管理原理，让其一国生产的物质比其他所有参战国的总和还多。在今天，我们虽然说中国的GDP很高，甚至一切发展都非常漂亮，但是有一点我们非常清醒，在效率上我们没有非常明显的进步。没有效率上的进步，我们看到的结果就是要耗费资源去获得这个增长。如果国家和企业要真正地转型，我相信其中本质上的要求就是提高效率，而核心我认为就是人的投入产出，这是在做转型中我个人非常建议大家要关注的问题。

当然转型的难题是，在整个组织中怎么去做调整，也就是组织转型。我们现有的组织形式都是职能、专业分工加流程，包括如何在流程体系建设当中加快决策速度，最后让组织去有效实施。最近我们在新希望集团内部也在做创新研讨，我们发现很大的难题就是如何保证决策在一线得到实施。今天组织上最大的要求是什么？就是让权力能够去到一线。用任正非的话讲：今天的市场竞争是一个"班长战争"。我自己进入新希望六和的第一个动作就是拆分组织单元，必须让所有的决策和资源进入到一线，因为只有一线才能带来顾客的增长。所以未来的组织结构我相信应该被打碎，也许不在未来，现在就应该被打碎。

互联网厉害的原因就是可以去中心化、去平台化和去权威化。新的组织模式基本上是要求一个一个项目、一个一个团队或者一个一个经营单元独立完整地面对顾客，获取顾客的满意度。这是对组织者变革很重要的要求，换个角度说组织转型的核心就是要持续地向顾客做出反应。

（原载：春暖花开公众号，2016年1月21日）

领导者的气质与魅力
能否决定企业的成败

任正非在2000年被美国《福布斯》杂志评选为中国50富豪第3位。1987年，任正非创办深圳华为技术有限公司，成为中国市场GSM设备、交换机产品及接入系统的佼佼者。当年他倾其8000万的"第一桶金"，全部投入到大型程控交换机的研发上，一举奠定华为的江山；并指出华为要"死死抓住核心技术"，不管外界风吹雨打，毫不动摇。他领导着自己一手创办的华为一面居安思危，一面翘首等待着春天的来临。

2002年美国《财星》杂志，谢企华以第18位列入世界50名商界女强人。在中国的钢铁业界，谢企华是个标志性人物，被称为"驾驭钢铁航母的铁娘子"，她领导中国规模最大的钢铁联合企业——宝钢集团。在中国加入世贸的一年间，谢企华直面严峻形势，坚决进行产品结构调整，使宝钢战胜挑战获得发展；同时，她还灵活运用世贸规则，保障本应属于中国钢铁企业的合理权益，在与美国的钢铁反倾销案中笑到最后。

2002年5月，东京，秋叶原，繁华都市繁华地段的家电大卖场里，海尔在其创建的第18年利用三洋的销售渠道销售的第一批家电产品在秋叶原上市；更重要的是海尔产品在日本锁定了高价位形象。张瑞敏在《读卖新闻》等十几家日本著名媒体前，目光和善，保持谦虚的微笑；他的讲话内容始终没有离开日本消费者的需要："产品质量好比是运动会的参赛资格，但只有根据用户的需求不断创新才能拿到名次。"

《财富》杂志2003年精心选择了十几位全球最有代表性的商业领袖作为其系列广告的代言人。柳传志站在落地玻璃窗前，极目远眺，表情坚毅。"一个学生"，印有柳传志照片的广告这样描述这位有影响力的中国商业领导人。他在1984年创办的联想公司，先是以IBM、惠普作为学习榜样，然后以联想独特的方式主导了中国本土PC市场。

46岁的李东生在2003年行将结束时完成了一笔令人震惊的兼并，他领导的TCL公司与世界最大电子消费产品供应商之一的法国汤姆逊公司结成了全球最大的彩电制造联盟。"中国不再仅仅是生产廉价产品的一个车间，而且是一个准备以其精良产品占领西方市场的优秀企业辈出的地方。"法国《回声报》这样评论。性格腼腆的李东生描绘了这家成立于1981年的企业的未来前景，它要在2010年进入全球500强的行列。

并不是只有这些入选的先锋企业才具备远见卓识的企业领袖，我们发现紧随其后的更多飞速成长的企业，和先锋企业一样，不断追求和开拓领先的行业标准：比如，光明乳业的王佳芬，希望集团的刘永行，创维集团的黄宏生，格兰仕的梁庆德，美的集团的何享健，娃哈哈集团的宗庆后等等。

时至今日，如果没有这样一些富于雄心、试图改进世界的人物，我们对中国企业在世界商业领域的地位或许仍然有些不知所措。商业世界里需要英雄辈出的气氛，没有这些英雄，很难将中国商业领域中属于中国自己的这部分内容区别出来。更重要的是，对中国来说，商业的繁荣也意味着一个不断繁荣昌盛的社会和国家。我们想揭示先锋企业领导者的自身才干，这也意味着我们希望关注的是这些领导者对所遇到的各种情形的自发的、油然而生的反应。客观地说，只有这些油然而生的反应才能提供"英雄领袖"人物自身才干的最好线索。另外，我们相信中国的商界是由具有杰出头脑与富有热情心灵的企业家组成。这里探讨的虽然是这些先锋企业的领导人，无意间我们可能涵盖和汇集了许多其他正在成长的企业领导人的特征，因为很多企业处在初创阶段，往往会更容易突出创业期间第一任领导者的个人作用。我们将以先锋企业的领导者作为范例，希望能在他们的十几年耕耘中感受到一些令人震撼的启发。

（原载：春暖花开公众号，2016年2月26日）

医治大公司病，症结在哪里

有两组美国的数据，第一个是，应届毕业生有50%更有意愿去100人以下的小公司。第二个是，这些年轻人两年内离职率接近67%。在最近互联网的冲击下，企业会遇到一些前所未有的挑战，对大企业来说更加明显，甚至会有你之前不可想象的事情发生。

比如这两组数据，几年前我们会想象得到有这样的情况发生吗？这么多刚毕业的年轻人，首选的工作居然不是大公司。

我们今天讲大公司病，这是个蛮大的题目，但是有一些关键的要素，是最值得我们关注的。

大公司大在哪里

一是规模，二是人数。通常来讲，规模超过100亿美元，人数超过2千人，就可以称之为大公司。但是中国公司规模超过100亿美元不太容易，但是2千人以上的就很多，所以，大公司得病的基本原因就是人数太多。

公司得不得病的表象

先考虑企业内部体制、机制设计是不是出了问题，体制指的是治理结构的问题，机制则意味着公司运营。大的公司部门多，在这两方面表现得更加突出。

三个努力的方向

好的文化，不断优化的治理结构，还有企业家自身是不是清醒，能意识到公司的问题所在。

新希望六和是怎么做的

新希望六和也是一个大公司,这几年里专注"瘦身",在三个方向努力。首先是调整组织结构,三年内调了5次,目标是让人和事、人和责任高效组合。其次是重新回归农牧业主营业务的本质,根据消费者对产品的需求重组生产结构,与主营业务、与市场重新连接。第三,根据市场的变化,再调整管理、生产结构,不断折腾、提高效率。

大公司什么时候需要调整

在技术和市场进行整体性变化乃至颠覆的时候,这个时候大公司最需要调整自己,最近几年,在互联网大潮的冲击下,几个知名大企业都在做调整,三星、IBM等,3万亿的阿里巴巴出现了,同样是3万亿传统零售商沃尔玛要不要调整?今年一季度,华为智能手机的出货量一度超过了苹果,我相信苹果也是要调整的。

怎么看待互联网的冲击

互联网技术有两个特点,一是技术更新特别快,二是跟日常生活贴合非常紧密。但是技术革新一定是机会,而不是敌人,不要太多地惧怕,甚至拒绝,而是要拥抱技术,拥抱互联网,此时它对你来说,就会变成机会。

大企业的优势

大企业储备有很多优秀的人才,特别是企业家本身,把一家企业做大,一定经历了起起伏伏,他会积极主动地调整自己的事业方向。大企业能够整合的资源是很丰富的,进军新市场也有更强大的实力支撑。

(原载:春暖花开公众号,2016年4月25日)

下一轮的赢者可能是你

谁能保持对未来的敏感，谁能以开放的心灵面对新思维，谁就更有可能成为下一轮的赢家。彼得·德鲁克提出以下三个问题来说明远景使命的关联与区别。我们的事业是什么？——使命；我们的事业将是什么？——我们所能确定的环境变化；我们的事业应该是什么？——远景。远景描绘的是组织的长期目标，也就是未来10年或20年后的状况。它应该能够向员工提出挑战，发动和激励员工努力工作，确定个人的发展方向。因为21世纪企业组织的成功依赖于了解和满足未来，所以远景必须指明未来的前景，敏感和开放地适应未来变化。

凭借对未来的敏感与开放的思维，企业领导者制定的远景必定包含展望未来的价值主张。如果企业所设定的远景本质上只展现了企业短期内可预见和试图追求的目标，远景所起到的指引方向和制定战略的作用就几乎不可能实现。我们确信正确的战略必定基于正确的远景，只有有预防性和远瞻性的远景才能引领企业设计有效的预防战略。正如我们强调的那样，领导者和利益共同体是企业远景使命产生和提升的重要因素。我们看到21世纪的商业领袖处在一个全新的运营环境之中：他们作为经济力量代表者所掌握的显著增长的权力，需要与投资者所代表的社会责任，以及新一代被称为知识劳动者的劳动人口所代表的需求之间取得平衡。

既然经营环境已经有了如此剧烈的变化，全球化对工作环境的影响又体现在何处？实际上，所有的公司从根本上来说都是社会性企业。企业领导者需要对人们处理全球化经济的方式有深入的理解：全球化的账户管理、营销、电子商务、采购、理财和运营等方面，而立足于21世纪全球化知识经济的环境中，企业领导者还必须通过社会科学贡献的成果理解人们的感受；敏感于对员工、股东、消费者的感受，以开放的思维有效提升远景使命的"高瞻远瞩"能力。

从这个角度讲，领导者首先必须具备对于风险的敏感和判断的能力。企业内部管理因素受到未来大环境的影响，全球化的一项直接后果就是使全球化环境中的职业劳动者感受到更大的风险、焦虑和无序。也许这听上去过于戏剧化，但是领导者在制定激励员工和组织成员的远景过程中，有必要考虑一下如何让远景稳定军心和激励人心。另一方面，外部风险来自于自然和传统之中那些相对不变的因素，比如农业中的自然灾害。在前现代、"前全球化"时期的社会中，这类风险很大程度上是周期性的，并且可以通过历史经验获得预期。然而世界向现代和全球化方向演进，与此同时，人为风险开始出现。人为风险是没有历史先例的，因而难于预测：回顾历史来看，这方面的例子包括全球温室效应，1998年长期资本管理公司的倒台引发东亚经济体的崩溃，"千年虫"电脑事件，航空旅行的风险——它是那场"9·11"恐怖人为灾难的直接后果之一。

全球化带给这个世界的商业机会和它潜在的威胁是同样多的。由于21世纪充斥着全球化企业结构的网络特征，从表面上看，似乎掩盖了众多不同地理区域和文化类型的网络结构为沟通造成了可怕的困难。然而这其中隐藏着许多威胁：一个全球企业的领导者在会议和电子媒介之外还能找到什么样的渠道和自己的员工进行沟通呢？最高组织所确立的"经久不衰"的远景如何能在世界各地保持洞悉消费者消费意愿的能力，又如何能带动世界各地员工的工作动机呢？

创立于1892年的通用电气公司，如今已经走过了一百多个年头，却依然焕发着无限生机。是什么支持着这家伟大的企业历经岁月而屹立不倒？答案是对科学技术和创新能力的重视。在GE，技术创新是亘古不变的话题，自从创始人"发明大王"爱迪生开始，GE人就不断地追求着能够改变世界的创新技术。回顾GE的愿景和价值观可以看出，GE通过激发个体的最大潜能，使员工和组织发挥出最大的创新能力，它十分重视全球智力资本及其提供者，鼓励员工向公司提供新的主意、新的创意，然后鼓励大家互相分享；同时它也从未停止将这些想象力付诸实践，以让人们的生活越来越美好为使命，致力于推动全球的创新技术发展。这使得GE具备了对个体价值的关注与开放的思维和对未来企业贡献于社会价值的敏感，从而指引着GE在不断变化的环境中通过长远的眼光和灵活的变革去延续下一个神话。

（原载：春暖花开公众号，2016年5月4日）

为什么从事管理工作多年执行力依然不足

三分靠战略，七分靠执行，没有了执行，工作计划做得再细致也终将付之东流。

我们常说理论来源于实践，彼得·德鲁克也说"管理不在于'知'，而在于'行'"，而理论的实践需要有很强的执行力，那么强大的执行力怎么培养？你是否也曾对自己的执行力有过怀疑？怎样才能人尽其才、物尽其用？这时候执行力就尤为重要了。

一、目标必须是明确而且要达成共识

大的执行力其实是取决于四个方面的要求，首先第一个就是目标必须是明确而且要达成共识的。其实我们很多时候执行力不够好的一个很大原因，是我们对目标本身有质疑或者怀疑，或者不确定。

当目标不能明确或者达成共识时，它就没有了牵引的力量，其实也就不太可能有执行力了。大部分情况下一些公司一些组织不具备执行力，可以考虑检讨目标是不是真正达成一致了，这是我们第一个需要关注的。

二、讲清指令

我们在讲强大执行力的时候，是需要管理者能够把指令讲清楚，我在教组织管理的课程时候，也常常跟学生讲，我们常常怪组织执行力不够，很大原因大家都会认为说因为下属能力不足，或者这个企业文化不够好，或者激励不到位等等,坦白讲这些都不是首要的因素,首要因素可能因为管理者本身指令不清楚,下属并不知道要执行什么。当下属没有办法去执行的时候,也当然不会有执行力了,所以是否有强大执行力取决于中层到高层的管理者。

三、有能够去执行的人

如果要形成强大的执行力,很关键是要有能够去执行的人,我们一直在强调在管理当中其实要激活人,管理最重要的是让合适的人在合适岗位上,大部分情况下,我们并没有很认真去对待这个人能不能把能力激发出来,如果他不能够把能力激发出来的时候,执行力也是不可能做得到的。就像我们说让加西亚去送信,为什么选到加西亚的时候这个信能够送到,就是因为这是一个能够执行的人,我们一定要把能够执行的人找到,并且让这个能够执行的人在组织里面得到发挥,愿意去发挥。

四、好的企业文化

还有一点需要强调的就是一个组织最重要的是要构建一种好的企业文化,这些好的企业文化实际上对那些愿意执行、愿意担当、愿意承担的人能够给予包容、欣赏、支持、信任,我们没有形成这样一种文化对责任负责、对目标负责、对绩效负责,其实你想形成执行力是很困难的。

我们一些组织没有办法有执行力是因为我们在评价员工的时候,评价工作的时候,是用了多元的指标,而其中有一些指标其实是跟执行力不相关。如果你的多元评价跟执行力不相关,你是很难得到执行力的。

所以要想得到一个强大的执行力,至少以上四个方面是比较重要的。大家对照四个方面看自己的组织,如果能够这样去做应该会有很好的执行力。

(原载:春暖花开公众号,2016年6月6日)

企业停滞不前?
是你的组织结构出了问题

影响组织结构改变的因素非常多,包括管理路线及作风、企业规模、员工性质、组织目标、策略、组织环境的稳定性、部门之间的差异、所担负的任务、文化等。

于是我们常常可以看到,一个组织更换一个领导者,组织结构就会变换;员工的能力改变,组织结构有可能也会调整;所承担的任务不同,部门之间的矛盾加剧,有可能也导致组织调整结构。

也许这样调整组织结构是错的,因为领导风格或者员工性质,或者任务和部门之间的差异是影响组织结构的因素,但不是调整组织结构的影响因素。

影响组织结构调整的四个因素分别是策略、规模、环境和技术。这四个因素改变的时候,组织结构就需要做出相应的调整,否则结构会禁锢企业的发展。如果这四个影响因素没有改变的话,组织结构也可以不改变。

当然这是理论上的解决方法,下面讲一点我自己的理解,对于很多企业而言,会在发展的过程中遇到这样一些问题:什么时候应该聘请职业经理人?为什么无法保证战略落实到实际的执行中?为什么很多经理人无法获得合适的发展机会,而老板又认为没有办法把企业交给职业经理人?

这些问题有很多的解答,我尝试在组织变革的方面做出分析,也许可以帮助找到一些更为根本的原因。

其实,出现这些问题从组织管理的角度看,是组织结构不能适应企业发展所导致的。正如前面所言,在影响组织的关键要素中,战略、技术、环境和规模这四个影响因素改变的时候,组织需要做出相应的改变;同时我们还要知道,组织需要解决的是权力和责任是否匹配的问题,拥有权力的人必须承担相应的责任;

组织就是解决合适的人放在合适的岗位上这个问题的。

从简单的意义上讲，组织结构的设计更重要的是权力的分配，或者叫做授权和分权的设计。为什么一定要这样做呢？我们可以概括性地把企业发展分为以下几个阶段，这些阶段所要承担的战略目标不同、所处的环境不同、对技术的要求不同、企业发展的规模也不同，导致了对于组织的要求也不同。我们简单归纳如下：

第一阶段，创业阶段（直线型组织架构的特点）。

在创业阶段的企业，战略上更需要关注产品、品质以及销售数量的完成，创业能不能成功，不取决于你是否有一个好的企业管理和企业文化，也不取决于是否能把握市场的机会，更不取决于是否拥有优秀的人才，而是取决于你的产品是不是过关，是的话创业就会成功。

因此企业处在开创和寻找生存机会的时候，最为重要的是如何控制成本，如何确保质量，相应地就要求企业组织呈现出直线型组织架构的特点，只有这个方式才能成功。

直线型组织结构的最大特点就是所有权、经营权合二为一，就是企业的创业者既是经营者，又是所有者，企业很集权，企业家本人直接对成本、质量、产品负责，没有授权和分权，决策集中，效率最高，成本可控，从而使得企业具有竞争能力。

第二阶段，成长阶段（职能型的特点）。

企业经过了初创阶段，开始步入成长阶段，在这个阶段，企业需要关注的是销售网络建设、规模的扩张以及品牌的累积，因此企业最重要的是发挥企业资源的有效性，让企业在有限的资源下做到尽可能大的绩效结果。其根本标志是专业人士的引入，企业不再以经验来竞争，而是用专业的能力来竞争，所以在组织管理上是由专业人士负责企业的不同职能部门，财务是专业的财务、营销是专业的营销、研发是专业的研发、制造是专业的制造，甚至人力资源也需要专业的人力资源管理，所有的职能都是专业的职能在发挥作用。

这个阶段的组织呈现的是职能型的管理特点，企业所有者部分授权给职能部门进行管理，但是创业者依然要从事管理的工作，所有权和经营权依然合二为一，以确保公司职能部门获得明确的支持。

第三阶段，发展阶段（事业部制的特点）。

当企业步入发展阶段的时候，企业开始需要关注高层经理人团队的建设、企业快速成长的安排、企业系统能力的提升。这就要求企业调动经理人的积极性和创造性，关注企业在市场中的领导者地位，要求企业能够快速回应市场的要求，并能够引领行业和市场。根据这个阶段的特点和要求，企业的组织需要呈现出充分授权以调动经理人的积极性，同时又要求经理人能够承担起责任，所以这个阶段最主要的特征是，职业经理人的引入，企业步入职业经理人的时代，所有权和经营权分离，企业家退到董事会的层面，管理交给职业经理人。

第四阶段，持续发展阶段（董事会制的特点）。

当企业进入持续发展阶段，在战略上，企业所要面对的是文化价值认同和理念认同的问题，这个时期的企业最重要的是领导团队的打造，而非一人领导。这是因为当企业发展到这个阶段，任何一个人都已经没有能力去承担那么大的责任，最为关键的是保证决策是谨慎的决策。我在研究中国领先企业的时候，得出的一个结论是"行业先锋企业的决策是谨慎决策"，如果是这样，就要让企业保持在组织最优状态而非个人最优状态，因此这个阶段的组织呈现出董事会领导的格局而非一人领导的格局，其显著的特点是部分所有权和经营权又结合在一起，董事会承担起构建伟大公司的职责。

中国企业30年的发展，绝大部分企业已经进入第二阶段，部分企业进入第三阶段，而能够进入第四阶段的企业很少。如果中国企业处在第二、第三阶段，那么按照上述的阶段发展特征，大部分的中国企业都开始需要引进职业经理人了。

因此一家企业是否适合引进空降经理人或者内部提拔经理人，需要判断企业是否已经进入第三阶段，如果企业处在第二阶段，我更倾向于中国企业首先构建专业能力，打造专业队伍，如果专业能力和专业队伍建设不够，即便是运用了职业经理人的组织结构，依然会带来非常多的困惑，甚至会出现失控和丧失发展机会的可怕状态。因此，我建议所有的企业花力气和资源构建专业队伍，而不是急着选择聘用职业经理人。而一旦选择职业经理人的结构，就需要构建一个能够让职业经理人得到充分授权的环境。

作为老板，你需要把自己变成一个投资人的身份，做投资人需要做的事情，从管理的岗位上真正退下来，不断和职业经理人沟通战略，提供资源以及达成共识。如果你认为你无法离开管理岗位，也无法完全授权，我还是建议你不选择职业经理人的结构，当然这样你也要接受一个事实，那就是你的企业永远停留在发展的第二阶段，无法实现进一步的发展。

企业能够持续发展，一方面需要文化的力量，另一方面需要契合顾客，但同样重要的是需要有一个可以分享的结构，这也是为什么到了第四阶段需要董事会制，而且尤其强调部分所有权和经营权要合二为一。虽然目前能够进入第四阶段的企业不多，但是这些企业都是很好地设计了分享的组织结构，使得承担经营绩效的人能够和投资者一起分享成长，而这个分享的结构设计解决了持续发展的问题，而不仅仅是绩效的问题。

（原载：春暖花开公众号，2016年11月23日）

年底了，
明年目标究竟应该怎么设定

计划管理表现在管理方式上是目标管理，目标管理是由彼得·德鲁克提出来的最重要的思想，我也在前面的章节里强调组织管理的核心，就是目标牵引的能力。目标是成就的标准、成功的尺度、行为的诱因。彼得·德鲁克1958年就明确指出，管理成效取决于目标设置和目标协调。通过目标设置激发出动机：既为共同事业而奋斗又为个人需要而努力。

目标必须具体、明确、适当，且要事先制定。每一个人的需要可以通过个人目标的实现而得到满足。更重要的是，积极性的调动是重视目标和追求目标的过程，组织的领导人要使各级人员都能看到并达到个人的目标，这是调动积极性的关键。目标使人努力，努力使人取得成绩，成绩使人自信自尊，自信自尊使人有更大的成绩。（备注：彼得·德鲁克于1954年在《管理的实践》一书中，首先提出了"目标管理和自我控制"的主张。）

由此我们了解到计划的实现，是依据目标管理来进行的。目标管理包括两个部分，目标设置与目标管理。在目标设置理论中，德鲁克强调"目标既要有一定的难度又要切实可行"，沿着这个原则，在设置目标的时候，可以遵守四个基本的原则：

第一，目标一定要很明确，不能宽泛。比如不能设置这样的目标，"成为一流公司"，因为这个目标太宽泛，没有标准。比如"我们要做天底下最好的产品"，这个目标也是错的，因为最好的产品也是无法判断的。

第二，目标要可以衡量。目标一定可以衡量，可以检验，能够数量化并能够验证。

第三，目标之间要平衡。因为任何一个组织或者个人，都会有多个目标，所以目标之间要平衡。

第四，目标要有预算。可以书面说明，书面表达的目标可以保证符合逻辑。

一般的管理中，目标有两种，一种是经营性目标，是硬性的。比如财务上的销售额、利润、成本、质量等指标。另外一种是管理性目标，是软性的，比如效率、流程和服务。管理类的软性目标，请依照成本控制和效率提升来设置就可以了，比如部门预算、流程响应时间、内部服务满意度等。

目标管理是让职工亲自参与工作目标的制定，在工作中实行自我控制，并努力完成工作目标的一种制度，它是一种全局性的组织变革措施。目标管理的注意事项有：

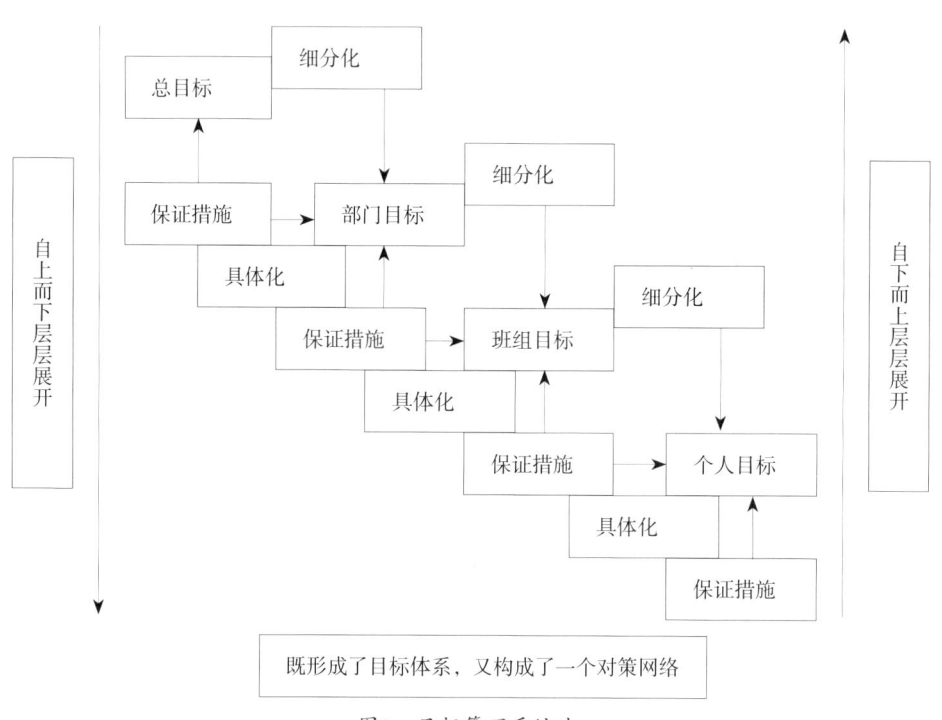

图1　目标管理系统法

第一，必须设定总目标，而分目标要与总目标方向一致；

第二，每一个职工的分目标就是企业总目标对他的要求，也是他对企业总目标的贡献，并依此对其进行监督和考核；

第三，承认每个职工有自我成就、施展才能和希望自治的需求；

第四，为了巩固成绩，必须注意人的行为，并予以激励。

因此，目标管理就是让每一个人都有目标，每一个人都有实现目标的措施。

我们可以用一张图把目标管理表达清楚。

采用目标管理的时候，就是采取上图所表达的方法。上图表明：目标自上而下层层分解，措施自下而上层层保证，目标管理的核心就是总目标成为每一个人的具体目标，而每一个人又把实现目标的每一项措施具体化和细分化，具体化和细分的措施可以确保目标的实现。自上而下地分解目标，自下而上地层层保证，这就是目标管理。

我们之所以在目标管理中做得不够好，主要是因为在目标层层分解方面做得不错，但是在措施具体化和细分化方面做得不好，更加没有做到层层保证。所以，需要管理者了解到目标管理的核心是实现目标的措施具体化，而不是目标分解具体化。真正目标管理的工作习惯，就是目标设定之后要有目标沟通，之后花更多的时间和每一个下属讨论实现目标的措施，只有把措施讨论清楚了，目标管理才能做到位。

（原载：春暖花开公众号，2016年12月26日）

企业文化
真是竞争优势的来源吗

所谓企业文化是指企业在长期的经营活动中形成的被全体成员普遍认可和遵循的具有本组织特色的价值观念、团体意识、行为规范和思维模式的总和。

当我们用战略管理的视角关注企业核心竞争力时，有四个标准帮助企业判别哪些资源和能力是核心竞争力：是否具有价值、是否稀有、是否难以模仿、是否不可替代。若用这四个标准来衡量，企业文化则最有可能是企业长期竞争优势的来源。

一、是否具有价值

企业文化有没有价值，首先要看它能否在企业获取市场的过程中作出贡献。过去20余年来，实业界人士和学者日益关注企业文化。令他们感兴趣的是：即使两个员工没有直接的外在联系，一些员工的行为也能影响其他员工的行为，在他们看来员工的行为则影响组织的长期运营绩效。

企业文化对员工的行为具有极大的约束性。企业文化在一定程度上界定了人们的行为能力，具有不同文化背景的人，处于相同的环境中会有不同的反应；企业新进的员工也会调整自己的行为以适应周围的环境，这些都是企业文化对人们思想和行为约束的表现，而长期的约束则导致了人们行为的惯性。一个习惯，不管是好是坏，都会给人们以舒适感和熟悉感，长久以来形成的文化氛围和行为方式，让人们往往不自觉地拒绝新的、不同的行为方式，而坚持自己已经熟悉、习惯了的"传统"。这是好的企业文化之所以能长期起作用，而坏的企业文化具有长期破坏性作用的原因。

简而言之，企业文化影响员工的行为，而员工的行为则影响利益相关者的感受，对内导致了部门、个人之间的互动方式，对外则影响了企业商业活动互动的方式。这两种互动的方式会直接影响企业的效率和效益，从而对企业的经营业绩产生直接的影响。

对于企业文化与经营绩效之间的这种假设，许多研究者也进行了实证研究。其中最为著名的是约翰·科特与詹姆斯·赫斯克特（1992年），两人在其专著《企业文化与经营业绩》中，总结了在1987～1991年期间对美国22个行业72家公司的企业文化和经营状况的深入研究，列举了强力型、策略合理型和灵活适应型三种类型的企业文化对公司长期经营业绩的影响，并用一些著名公司成功与失败的案例，得出以下结论：企业文化对企业长期经营业绩有着重大的作用。

企业文化在下一个10年可能成为决定企业兴衰的关键因素。1998年我也进行了与科特相类似的研究，通过发放300份问卷调查了广东四家高科技企业，获得了很明确的结论：高科技企业经营业绩与企业文化之间存在着一种正比例的关系。无论从理论分析，还是从实证研究的结果看，我们都可以毫不迟疑地得到：企业文化对企业来说是一笔巨大的财富。

二、是否稀有

企业文化是在长期的经营活动中形成的，是对其成长环境、能力、经验的归纳与变革，伴随企业的历史而生。它不仅与企业所处的国家、地区、行业等有关，而且与企业的创建者、强有力的领导者以及所处的生命阶段有关。

公司最初的文化大都反映了那些富有远见的创建者的价值观、信仰、喜好以及习性等。如老沃森的影子在IBM比起他本人活得更久，从员工的着装到公司的管理体制，无不体现着老沃森的思想，而且他有意识和系统地把那些在他任职期间曾经使IBM获得成功的价值观制度化。

对于那些具有强烈个性、魅力十足的继任者来说，企业往往是变革的试验田，在这里他们挥洒着智慧与远见，促使企业发生革新性的变化。TCL总裁李东生就是一例，在他的带领下，TCL创造了一个又一个辉煌业绩，从而也形成了TCL独特的合金文化。他认为TCL之所以能取得今日的成就，建立开放的企业文化体系是一个重要的因素。杰出的领导者对企业来说是不可多得的财富，他们对企业文化体系影响巨大。

处于不同生命周期的企业，会采用不同的控制系统，着重点不同，自然会带来不同的文化体系。一家初创的公司，创新的意识可能更强，而一家已经成熟的公司，强调的则是人们的做事方式，资源更多应用在控制系统上。创业者、继任者以及发展阶段都是具有历史特征的，是不可以重复的，在这些因素的影响下形成的企业文化对企业来说是非常宝贵和稀缺的。

三、是否难以模仿

企业文化从无形入手，它所倡导的价值观念、团体意识、行为规范和思维模式都是无形的，所关注的企业中的符号，如语言、规范、惯例和仪式，给人的感觉也是抓不住的。因此，许多企业文化理论者把这一特征描述成影响企业运作的无形的手。无形，就意味着难以学习与模仿。

近几年，阿里巴巴在国内做得比较成功，是一个以文化为特征的企业。众多企业去过阿里巴巴取经，这其中不乏大量网络企业。但浩浩荡荡的参观，回来后的结果却让人尴尬，企业依然保持原来的轨道运行，但阿里巴巴的东西就是学不到手，部分原因在于企业的执行力不够，更重要的是固有的企业文化在潜移默化起作用。这是无形的东西，无法模仿。

四、是否不可替代

所谓企业文化是指企业在长期的经营活动中形成的被全体成员普遍认可和遵循的具有本组织特色的价值观念、团体意识、行为规范和思维模式的总和。它不是实际的物质，而是以无形的形式存在于企业中。无形本身就是难以替代。

员工的行为是按照企业规范，通过与其他人的相互作用来满足其个人需要的过程。企业文化的持续性让生活在其中的个人心甘情愿地调整自己的行为以适应企业，直到将这些规范内化于心中，成为一种无意识的行为。从本质上说，这种规范也是无法用其他东西来替代的。

按照企业核心竞争力的四个衡量标准，企业文化无疑是企业核心竞争力的来源。

（原载：春暖花开公众号，2017年5月24日）

领导力不够？
做好这三点试试

面对未来的企业管理需要一个核心的要素就是重建领导力。不管人们如何理解领导力，领导力本身所需要具备的内涵都是明确的，即授权、激励和培训。

授权一直是管理者难以胜任的一项任务：一方面，很多人会认为根本无法授权，因为下属不成熟、没有能力，无法胜任工作；另一方面，很多人又认为根本就没有人愿意授权，因为权力是一种象征，是一种责任，更是地位。

一、授权的能力

我观察到即便很多人主观上愿意授权可还是无法授权。为什么人们无法授权呢？最根本的原因是人们没有真正理解授权是授什么。授权是个特定的概念，在职责上已经拥有的权力是不需要授权的，授权最根本的原因是需要完成特定的任务，因此运用授权的前提是有特定的责任需要承担，也正因如此，授权更大的意义是用来锻炼下属的。所以，授权的先决条件是责任而非其他，如果授权不是权责同下放，授权会导致权力泛滥和失控。

事实上，很多人感受到授权之后的失控并不是授权造成的，而是没有责任造成的。从这个意义上看，授权最根本的原则是保留最终确定责任的权力，该权力不授权；保留确定责任的权力，等于保留了责任界定的权力，同样也就确定了授权的有效性。

二、激励的能力

管理者的基本责任就是激励下属发挥绩效或者激励上级采用有价值的建议，激励所起到的作用是不言而喻的。

对管理者来说，最困难的是对有能力的下属如何激励的问题，而管理者所要解决的正是有能力的人如何用能力创造工作价值的问题。管理者之所以感到困难，是因为激励需要一些基本条件，但是这些条件被很多人忽略。那么这些基本条件是什么呢？

激励的基本条件是重要性、可见度、公平感。不管你运用何种激励措施和技巧，这些措施本身对于被激励者是否具有重要性是至关重要的，如果这些措施对于他们来说无关紧要，不管你花多大的努力，都不会得到激励的效果。人们常常容易犯的错误，是以自己对于一件事情的看法代替所有人的看法，把自己认为重要的当成所有人都认为重要的，其实并非如此。

可见度是另外一个容易被忽略的条件，激励需要用可见度来强化效果，所以激励需要表达可见度，没有可见度就没有激励的效果。而激励是否在一个公平、合理的环境下实施是第三个基本条件。就如奥运会的奖牌，因为世人瞩目而具有最强的可见度，因为与国旗、国歌同时出现而呈现出重要性，因为是通过公认的比赛规则，在体育运动场上竞争出来的，表现出无可置疑的公平感。这三者的结合使得奥运奖牌具有了不可估量的激励效应。

三、培训的能力

因为竞争的变化，因为知识的不断更新，更因为创新的要求，人们需要不断地得到提升。其实对于大部分管理者来说，最为紧迫的事情是培养接班人。一位有效的管理者就应该能够培养接班人，并储备接班人。培养下属是管理者的职责，一方面这能够产生工作绩效，更重要的是，管理者能够让自己有更多的时间和空间去处理更为重要的事情。所以有不少关于管理的著作中都描述管理者应该是一个教练、是一个老师。

我一直对GE选拔接班人的做法很感兴趣。杰克·韦尔奇花了10年的时间为GE培养未来的CEO；而更有价值的是，所有的1000位候选者，在选拔的过程中都得到了全面的提升，虽说最后只有一个人成为CEO，但是有1000人得到了培养，这1000人所积聚的能量,对于GE而言,就是持续10年的核心能力得以传播。

在第49届世界乒乓球锦标赛上,我刚好看到中国女队第16次夺冠,除了激动和赞叹之外,更有感于中国乒乓球队的领导力,因为正是不断地培训和培养,才使得中国乒乓球成为世界的领导者。

在领导这个职能上,人们过多地认为领导力来源于权力,我只能够承认部分正确。事实上,更重要的是如何影响别人去做领导者要做的事情,并能够做好!我曾经在讲授领导职能的时候,强调管理者面对的人,只有两种类型:能把事情做好的人和做不好事情的人。做好事情的人我们需要授权。做不好的也分两种情况:一种是不会做,一种是不愿意做。对于不会做的,我们应该培训;对于不愿意做的,我们应该激励。换言之,卓有成效的管理者,无论面对什么样的人,结果都是一样的,他们把事情做好;这关键在于授权、激励、培训。

近来,大家常常问我中国是否可以产生一个职业经理人阶层?我想大家关心这个问题是非常自然的,因为中国企业的发展进入了两权分离的阶段,如果没有大批的职业经理人,企业发展会受到阻碍,但是我不能够直接回答这个问题。影响职业经理人阶层出现的关键因素不是企业发展的阶段,而是中国企业家的素质是否上升到一个高度——能够与职业经理人共存。

如何建立老板和职业经理人之间良好的工作关系,主动权在老板那里,因此我认为企业家是否具有领导力很关键。之前看过用友公司的王文京与何经华的"分手",虽然双方战略上的分歧成为导火索,但是如果不能够很好地运用领导力,即便是在战略上保持一致,也很难让职业经理人把事情做好。

这10多年来我们注重了工商管理技巧的训练,但是忽略了领导力的培训,所以出现了"董事不懂事""老板像总裁"的普遍现象。这些现象不解决,职业经理人阶层就不会真正出现,也就不存在真正意义的企业发展。

(原载:春暖花开公众号,2017年3月6日)

服务的真谛是用心和创意带给顾客超值的体验

去南极是我最大的梦想之一,2011年1月我开始了这段旅程。一路上有很多的震撼、冰川、企鹅、鲸鱼、变化无常的天气、汹涌的波涛、灿烂的旭日与艳美的晚霞……很多很多,我还需要一些时间来仔细回味和感触。但是在船上的一件小事,却让自己感动不已,让我真切感受到什么是服务的真谛。

同舱的团友找不到自己的手机,我们翻遍了房间里的所有地方,还是无法找到,所以就和负责客房卫生的服务生说,手机不见了,请他留意,希望可以找到。和服务生说好之后就到餐厅去吃饭。回房间的路上,团友还说:"你说,我的手机会找到吗?"我还安慰她说"应该会找到"。当打开舱门的时候,真是一个大大的惊喜:一个白色的"小企鹅",握着团友的手机在等着我们回来,真是太惊奇了,那一刹那,我们都惊呼了起来,不仅仅是看到手机,是看到一个可爱的"小企鹅"。

服务生不仅找到手机,还用白毛巾折叠了一个企鹅,并让企鹅握着手机,真的是太神奇了,那份带给我们的惊喜简直无法用语言形容,这一刻,我开始理解服务的真谛的是什么:就是用心创造出意外的惊喜。

派因和吉尔赛说得对:到了体验经济时代,服务本身成为关键性的增值部分。

迪士尼乐园创造出独特、丰富的体验项目,用心去描绘、激发每个人心里潜藏的梦想。在迪士尼乐园,每一位员工都被称为"演员",米老鼠、唐老鸭就是表演的道具,员工的任务就是利用这些道具"制造欢乐",而管理阶层的任务就是"分配角色"。新员工到迪士尼乐园上班的第一天,并不会被告知"你的工作是保持这条大道的清洁",而是"你的工作就是创造欢乐"。迪士尼乐园利用服务创造出了独特价值:"制造梦想,激发快乐"。

这一次的公主号邮轮寻找手机的际遇，也让我感受这份"快乐和喜悦"，感受到由员工所创造出来的服务所带来的增值。很多时候，企业经常幻想留住所有顾客，这是不现实的。但是如果像公主号邮轮这样的服务，真的可以留住顾客，当我离开邮轮的时候，就告诉自己如果有机会选择邮轮，我还会选择公主号，因为这个小小的白毛巾企鹅。

　　服务来自于对每一个顾客的体验的认识，来自于对每一个顾客价值的理解，能够站在顾客的角度来看待问题，同时又超越顾客的想象，给顾客带来惊喜，这样的服务不是单纯的承诺，而是创造性的承诺，是用心和创意带给顾客超值的体验。

　　企业必须真正以顾客为中心，重要的不是产品和服务本身，而是能让企业员工释放出创造力的服务，不要一味将资源用在所谓服务设计身上，多些关注能让员工理解顾客和理解服务真谛的启发上。所有的员工如果都在实施服务体验的行动，置身于这样的服务环境中的顾客一定会分享到非常多的意外惊喜，进而认同企业并成为忠诚的顾客。这其中的关键是每个员工能够创造性地服务，使服务融入创意、喜悦和用心。

　　到南极是一个比较需要耐力的旅程，但是因为一个手机失而复得，反而让这个充满惊喜的行程具有了温馨的色彩。很多时候企业会认为服务是一个比较难以衡量的因素，也因为此企业常常把服务确定为承诺的条款，这些并没有什么错误，服务本身就是承诺和行动，但是一个真正带来顾客忠诚度的服务，却必须是给予顾客意外的惊喜，并超越顾客的期望价值，这说出来好像很难，但是如果员工愿意用心去做，又是非常容易做到的事情，最重要的还是员工的创意以及对于顾客导向的价值认同。用心，一切创意皆有可能。

（原载：春暖花开公众号，2017年5月17日）

管理总是失控？
我们需要改变的四个习惯

有效控制包括了一系列内容，绩效考核制度、报酬和奖励制度、员工纪律制度、目标管理制度、预算和管理信息制度、生产和操作控制制度等，其基础是全面预算管理。如何做到控制，是控制管理中最重要的部分。大部分企业如今都在实施全面预算管理，但是真正要取得成效，还需要有四个习惯的改变。

一、思维习惯的改变

要做有效的控制管理，首先第一点应该是思维习惯的改变，就是不要把预设的目标和计划，特别是预算看成是一个财务的工作，也不要把预算看成是一个编制的工作，预算其实最重要的是你的思维习惯。预算设计目标不是用已完成的数据做起点，而是要以战略为起点，如果做不到这一点，控制管理就无法达成。因为你的预算不以战略目标为起点，这本身已经和目标产生偏差。

所以大家的思维习惯一定要改过来，就是预算起点是战略，它与环境没有关系，与行情没有关系，与你的历史没有关系，与什么有关系？跟目标有关系。所以思维习惯的改变就是预算与历史没关系，与去年没关系，与今年没关系，与行情没关系，与市场也没关系，是与你的梦想也就是战略目标有关系，所以叫"预则立"。这是第一个改变——思维改变。

二、行为习惯的改变

在不断观察中国企业的一些管理习惯过程中，发现有三个行为习惯很有意思。
第一个行为习惯是比较喜欢看历史，总是评估自己与去年比增长了多少，如果按照优秀企业的案例来看,这是不对的,其实应该是跟行业平均增长水平比较,跟竞争力基准去比较,绝对不会跟自己去年所做的结果比较。行为第一个改变,就是不要跟自己的过去比,要跟市场当中的竞争力比较,跟行业平均水平去比较。

第二个有意思的行为习惯是:大家不习惯去找实际数据与目标和计划之间的关联。如果不知道实际情况与设定目标与计划之间的关联,又如何保证计划与目标能够得以实现呢?所以你就要很清楚地知道,你在做什么?如果要市场占有率增长,核心关键要素是什么?知道这些之后,行为就会跟着变,当这样变的时候,你就会很清楚地知道预算、考核是拿来干什么的。

第三个行为习惯是非常关键的,做全面预算管理,一定要让所有的资源放在产生价值的地方去,放在实现计划与目标的方向上去。换句话说,不产生价值的地方,不与目标与计划相关的地方,不应该给资源,只有这样预算才是有用的。能产生效益的时候才动用资源——要有这个能力和行为习惯,要有这样的控制习惯。

三、评价习惯的改变

控制管理第三个要改变的就是评价习惯的改变。我观察大家发现,在经营当中,管理者会简单地用财务指标做评价,而不是用经营标准做评价,只是满足于财务指标的理解,却忽略了计划与目标所设立的其他标准。有些时候,我也的确反对只谈论KPI,人们在管理习惯上,只对KPI负责,似乎这样做也没有什么错误。但是,如果只考虑KPI,就要求每一个需要关注的地方都要进行考核,没有设立KPI的地方,大家就会忽略,这样的评价习惯,导致了控制出现偏差。因为管理过程中并不是所有的要素都可以纳入KPI,相反,很多过程要素是无法用KPI来表达的,这也是为什么管理控制如此重要的原因,就是因为内控制本身就是一个过程。所以,需要大家养成用目标达成、计划达成来做评价的习惯,要全面实施计划管理,而不是仅仅只看KPI和财务数字。

四、对话习惯的改变

控制管理,核心是组织上下要养成同一个对话体系,用共同的标准来对话。我非常建议企业进行全面控制管理,为什么?因为这样就有共同的对话体系了,大家讲一样的标准、关注共同的要素、有相同的认知。这样就可以让整个经营管理进入一个非常容易理解的状态，这种理解就会达成共识，有了共识就可以解决问题。很多时候公司无法达成一致，你说你的，我说我的，并不应该完全归结为文化的问题，也许是并没有形成共同的标准，无法用一套相同的评价体系来做出评价。如果标准缺失，评价不一致，是无法对话并达成共识的，这一点显得尤为重要。

进行有效的管理控制，需要这四个习惯的改变，就是思维习惯、行为习惯、评价习惯与对话习惯的改变，我希望管理者能够彻底改变。同时，我认为一家企业能够真正做好的共同基础，就是预算与控制。

（原载：春暖花开公众号，2017年5月31日）

管理能力的
提升唯有知行合一

一、为什么所有人都可能成为领导者

企业转型也好，发展也好，其中一个核心要素是领导者。领导者是近几年比较受关注的话题，其实这里是谈领导力。领导力为什么非常重要，是因为它具有一些其他管理功能无法替代的功能。

第一，能够坚定信心。在转型中，如果不坚定信心，那就没有办法面对巨大的调整。

第二，保证组织的高效运转。我们常常说管理者或者领导，他具备的功能，不是说他卖了多少个产品，或者生产出多少个产品出来，更大程度上是说他可以组织很多人在一起高效地工作。

第三，在危机中他给大家希望。有些人一直问我说"什么样的领导是好领导"，我说永远能给大家带来希望，这就是最好的领导者。

那么领导者是天生的还是后天培养的呢？我们在小的时候看一个孩子会说，这个人长大了会当领导者，但是事实上，所有的人都可以成为领导者，因为领导者其实是一个不断历练的过程，如果没有经历过很多挑战，哪怕他天赋异禀，可能领导者的能力也不会被释放出来。但是当你愿意去坚守，愿意去坚持，愿意去默默地追求这个目标的时候，领导者的魅力和能力就会被释放出来。

就像我自己常常说，我去走戈壁，然后才爱上玄奘。我以前比较喜欢孙悟空，在走戈壁的时候让我懂一个道理：哪怕只有一个人，只要坚持你的目标，一直不放弃，你就可以推动人类的进步。领导者的核心定义就是你能影响别人去做你想做的事情，让更多人追随。如果是这样的逻辑，就可以不断地训练自己，不断地坚守，领导力也就被锻造出来了。

二、新常态下企业战略转型如何突破

2013年的5月底我到新希望六和,在进入公司的时候,其实就是一个标准的职业经理人,也就是说我必须承担绩效,必须是一个明确的责任担当者,整个公司的绩效也是要落到我身上,我和共同的班子一同去承担。当一个企业面对行业的调整、市场的变化、行业产能的过剩、整个大的经济环境的调整以及增长方式的改革的时候,新希望六和也不例外地都要面对,所以我们才遭遇到在它过去30年发展的历史当中,最困难的一年。

在这种情况下,我们做的努力是非常多的,我们把这3年或者未来再做3年称之为转型之年。在这转型之年里,我个人是从战略上先调,也就是说如果要调整落后的产能,必须知道这个产业的发展方向,所以根据整个产业做了一些判断,从一家饲料公司转向食品供应商,其实这是一个战略上的巨大转型。

但是战略转型的实现必须靠组织,如果没有组织的调整是不可能实现的,所以又开始推动组织转型。战略转型和组织转型双转型调整下,我们重新探讨自己在中国市场和国际市场中的地位,所以就有了全球化。在整个全球化的推进过程中,又要讨论怎么去拥抱互联网,怎么面对新技术下一个传统企业怎样具有互联网属性,所以我们就有了"新希望六和+"这样一个拥抱互联网属性的战略安排。这所有的一切,其实都会有两个最重要的基础,一个是文化,一个是人。

如果在文化上不能够根植到每个人的内心,调整是无效的。如果员工没有能力的提升,没有对变革和转型积极的拥抱,不能上下统一,转型也一定不能成功。

所以从战略转型到组织转型,到对产业价值的理解,到全球化,到拥抱新技术,到文化跟人的调整,我们做了多个维度的巨大的调整。比较幸运的是,我们不仅仅调整了,而且业绩也保持了增长。到今天,可以很高兴地看到,这家公司走到了一个非常良性的道路上。

三、职业经理人如何实现有效沟通

作为一个职业经理人,要求其实是很明确的,第一,他必须做出业绩。我跟很多人讲,不要太在意你是总裁或者总经理,唯一要在意的就是要用业绩说话。第二其实蛮重要的,能够跟董事会或者老板达成共识。所以我当时跟永好董事长之间,在重大问题上都明确地沟通,然后无论做任何的调整,都会很清晰地告诉他，沟通完之后，他也会很明确地坚定地支持。

四、企业推行"家文化"可能面临哪些问题

很多人知道我的观点，我不是特别强调"家文化"，因为中国文化的特殊性，我们总是希望领导像父母，同事像兄弟姐妹，但是这样的观点和追求，会带来一个问题，就是不谈绩效、不谈原则、不谈规则，所以我是一直坚持公司不应该是个家。

但是很多企业比较强调"家文化"，这就要看"家文化"是在什么背景下来谈。如果说是在一个共同的治理结构、意识规则和遵守公司制度安排的前提下，谈"家文化"我是比较赞赏的，因为这是表明管理者对员工的关心。

但是如果说我们谈到"家文化"，是不顾规则，只谈亲疏远近，只谈感情，那我是反对的，所以我基本上按照治理和规则下谈管理，然后再来谈对员工的呵护和关爱，这就是一个比较好的企业。

五、民营企业如何实现代际传承

中国大部分的民营企业是在20世纪80年代创立，发展到今天，都会遇到第一代领导人可能要往后退，第二代要上来的问题。另外一个原因是消费人群变了，所以也更需要第二代领导人上来，这的确是我们今天遇到的情况。关于代际的传承在全球其实是很受关注的话题，就像当时乔布斯离开的时候我们非常关心苹果，然后比尔·盖茨离开微软的时候我们非常关心微软，其实都是一样的。

我想这里核心的问题在这三点：

第一，组织的可传承性。在讲企业传承或者组织传承的时候，核心应该是靠组织不是靠个体。我们会发现一个好的企业组织的可持续性之所以会被表现出来，领导人一定是最重要的那个因素，但是如果组织的可传承性是被设计出来的时候，就会使得其不论是在一代、二代、三代都可以很好地被传承下来，第一个核心是组织的可传承性。那么在组织的可传承性当中，很明确的就是治理结构跟制度安排。

第二，信任。为什么会看到企业家把企业传给自己的孩子，很多人这样选择，我本人也蛮支持这个选择，原因就是信任程度不需要再去建立。中国文化有

一个挑战最大的地方，也是我自己做组织管理研究觉得难的地方，就是陌生人的信任关系很难建立。但是不建立信任是没有办法去做传承，因为传承必须在信任的前提下才能够充分授权他人去做创新。我一直强调说传承实际上是一个继承发扬，如果说只是传，没有创新和发扬，就传不下来。所以企业家、家族之间的传承的好处就是信任不需要额外再做。职业经理人来传承，那就必须要有信任的安排。

第三，传承当中遇到的挑战就是外部环境的变化。以前的传承会容易做一点，是因为外部环境相对稳定。比如说做家电，可能可以一直做。但是今天就必须做消费类电子，它就不再是家电。然后消费类电子的定位可能也不行，必须做智能的数字化产品。技术带来的是对企业的能力、文化、战略的要求，这时就会发现传承很难，因为外部的条件增加了难度。

所以，做好代际传承，首先还是要学习。因为要知道外部的变化，要对环境判断重构。其次，公司要去做有效的制度安排、组织安排。有了组织的安排，再把制度体系完善，包括信息化，包括所有的系统建设。所以一代企业家和他的子女的传承成功率高，还是职业经理人的成功率高，问题的核心在于组织可持续性、信任的文化和对外部环境的理解和适应能力。

六、职业经理人如何与老板建立信任

职业经理人建立信任的方法很简单，第一，拿业绩说话。明确地把业绩做出来，就可以表现出你的信任程度。在中国来讲，比如说美的就是职业经理人来接班，业绩做得非常好，信任自然建立。

第二，跟老板完整的信息沟通。一定要让老板了解到所有信息，信息沟通会让彼此建立很好的信任。

第三，更重要的是跟老板建立一种有效的工作模式。

另外，其实在很多场合我都讲过，一定要相信你的上司。相信上司这件事情很重要，我称之为确信的能力。你的上司跟你一定是要在一起工作的，你一定是支持他的工作，相信他的能力、他的判断，他成功一定是有道理的，这些都要很明确。

（原载：春暖花开公众号，2017年6月5日）

有价值的服务要
让顾客来决定

让顾客来决定什么是有价值的服务,这是对于服务判断的基本原则,如果打算从服务入手来获得竞争能力,就要把握这个基本的原则。竞争获胜的本质在于找到恰当的细分市场,把企业的所有资源用以满足这一细分市场的客户需求。成功地执行服务战略需要五个步骤:

第一步:了解并明确你的顾客;

第二步:确保你的顾客认识你;

第三步:随时知道你做得好不好;

第四步:要知道究竟哪里需要改进;

第五步:改进你自己。

要使这个战略有效,你必须专注于盈利。顾客愿意付钱是最可靠的信号,专注盈利可以使你随时知道自己有没有偏离航道。

一、了解并明确你的顾客

企业经常幻想留住所有顾客,这是不现实的。企业应该懂得每个顾客的价值,从而发展出越来越强的细分能力:从一般的人群细分成为基于需求的细分,最终成为基于购买和优先模式的特殊细分。

企业必须以真正的顾客为中心,重要的不是大顾客,而是能让企业盈利的顾客。不要一味将资源用在所谓大顾客身上,多些关注能让企业盈利的顾客。所有的顾客都应该享受服务,关键是要对每个层次的顾客提供相应的服务,使服务成本和潜在收入相匹配。必要时甚至要剔除一些服务成本太高的顾客。

因此另一个重要细分尺度是财务细分：了解每个细分部分的特殊顾客带来的利润率。如果能够根据利润率区分顾客，企业就能识别出对他们最有利的顾客的特征，并决定如何经济地为每个层级服务。

如果你不对自己的服务收费，你永远不会知道你的顾客的利润率。如果不对自己的服务收费，也绝不会有人关心到底应该对谁服务。

二、确保你的顾客认识你

公司能够透过清晰的制度表达并积极实现服务承诺，能大大加强顾客满意度。

当提到承诺时，很多公司通常会走进一些误区。例如有时候，公司认为让顾客高兴非常重要。因此试图为顾客做所有的事情。但是这个目标是不现实的，因为如此多的要求例如"方便""一致""便宜"，不可能全部都满足的，要想全都做好反而会导致这些公司在每个方面都做不好。如果想增加超过期望值的机会，公司就不应该集中于"顾客想要什么"，而应该是"顾客最重视什么"，把公司的大部分力量集中于一两件与顾客最相关的事情。

另一个误区是他们不明确告诉顾客具体的承诺，所以当他们没有满足顾客要求的承诺时，他们会感到很惊讶。一旦公司的顾客策略制定，他们需要给用户一个重要概念：告诉顾客他们的承诺并积极做到。

顾客满意往往被等同于顾客服务，但顾客满意比顾客服务的范围更广，它包含很多因素。例如提供服务类型，产品质量，价格可达成性。当提到使顾客满意，优秀的公司意识到不能试图满足所有人想要的所有事情，而要依靠一两个关键因素。

如果你不对自己的服务收费，就没有压力迫使企业明确自己的承诺。如果不对自己的服务收费，也绝不会有人关心客户最需要的到底是什么——我只管做那些我想到的事就好了。

三、随时知道你做得好不好

了解并且对顾客满意度做出反馈需要企业的眼光超出历史，超出表面现象，历史和表面现象不能帮助你检查问题。公司应该观察顾客对公司所作所为的反映（例如每个顾客的投资回报率），以及什么因素影响顾客满意度（例如员工流失率）。

客户愿意对你的服务付费，这就是最清楚的肯定，比任何市场调查都更加清楚有效。

四、要知道究竟哪里需要改进

顾客的直接回馈，无论好坏都是对市场趋势的了解，是形成新产品思想的最好来源。成功企业总是能够不断地从顾客投诉中学习，虽然看上去很荒谬，但确实公司可以从顾客投诉中获利，因为并不仅仅出现一个不满的顾客。

经过持续记录并评价顾客的不满、需求、回馈以及购买活动，公司能够找出未满足的需求以及潜在的问题，可以利用调查结果重新定义顾客策略，并改进操作执行。

不幸的是，如果你不收费，大多数顾客都不愿意告诉公司他们什么时候感到失望，相反，他们会告诉其他顾客。

付了钱的客户不一样，他们会来公司投诉。这一点很重要，投诉的顾客给了公司改正的机会，采取改进措施能够潜在地保留有价值的顾客关系，阻止负面的口头影响。

五、改进你自己

顾客满意度与股东价格相关联，这是一个真理。问题是企业中大多数人都不是股东，所以你需要有一个办法强迫他们持续地、始终如一地关注客户满意度。最简单的办法就是迫使他们不断地寻找能让客户买单的机会，客户买单的同时也就清楚地告诉了你，你做错了还是做对了。

敏锐的读者会发现，我现在谈的已经不仅仅是服务增值的问题，而是谈到了对服务进行收费能有效驱使企业本身提升竞争力。同样是米老鼠、唐老鸭，迪士尼乐园在全球长盛不衰，而迪士尼连锁零售店却表现平平，这是为什么？

迪士尼乐园收取了高额门票，就不得不创造出独特、丰富的体验项目，用心去描绘、激发每个人心里潜藏的梦想。在迪士尼乐园，每一位员工都被称为"演员"，米老鼠、唐老鸭就是表演的道具，员工的任务就是利用这些道具"制造欢乐"，而管理阶层的任务就是"分配角色"。新员工到迪士尼乐园上班的第一天，并不会被告知"你的工作是保持这条大道的清洁"，而是"你的工作就是创造欢乐"。迪士尼乐园利用服务创造出了独特价值:"制造梦想,激发快乐"。全球10个游客最多的主题公园,迪士尼占八席。而在迪士尼乐园之外的连锁零售店,却与其他商店没有区别,令人失望。

这正是因为迪士尼零售店没有收门票,所以也不费心设计有价值的服务。米老鼠还是米老鼠、唐老鸭还是唐老鸭,产品没变,服务却没带来增值,迪士尼零售店从来都是个平庸的竞争者。

借助这个例子让我再强调一下我的主旨:

服务与产品之间不是一个相互提升价值的关系,而是为顾客创造价值的两个同等重要的方面。两者不是互补关系,而是平行关系。产品的价值须由产品自己来解决,服务的价值须由服务自己来解决。决不能把服务当作弥补产品不足的手段,服务必须能够带来增值。如果服务没有增值,服务就没有意义。

(原载:春暖花开公众号,2017年6月14日)